suhrkamp taschenbuch
wissenschaft 72

Peter Szondi lehrte bis zu seinem Tode im Oktober 1971 Allgemeine und Vergleichende Literaturwissenschaft an der Freien Universität Berlin.

Von seinen Schriften sind in Buchform erschienen: *Theorie des modernen Dramas, Versuch über das Tragische, Satz und Gegensatz, Hölderlin-Studien, Celan-Studien, Lektüren und Lektionen.*

Mit der Aufkündigung der aristotelischen Wirkungsästhetik, die möglich wurde in dem Maße, wie eine objektive Ästhetik die traditionelle Einteilung der Dichtungsgattungen durch eine Lehre von deren Einteilbarkeit zu ersetzen beginnt, wurden Deduktion und historische Begründung von Dichtung gleichursprünglich. Im Unterschied zu einer praxisbezogenen Kunstlehre, der die Konzeptionen Schillers und Goethes verhaftet blieben, sucht diese Ästhetik ihre Begründung nicht im Material, der empirischen Mannigfaltigkeit der Kunst, sondern, seit Schellings *Philosophie der Kunst,* in deren Idee. Gleichwohl ist auch für sie das Spannungsverhältnis der Lehre zur konkreten Vielfalt der Poesie keine quantité négligeable. Erst der deutsche Idealismus vermochte dieses Spannungsverhältnis durch die Theorie der Vermittlung von Allgemeinem und Besonderem, Idee und Geschichte zu lösen.

Peter Szondi

Poetik und Geschichtsphilosophie II

Von der normativen zur spekulativen Gattungspoetik
Schellings Gattungspoetik

Herausgegeben von Wolfgang Fietkau

Suhrkamp

Studienausgabe der Vorlesungen
Aus dem Nachlaß von Peter Szondi herausgegeben von Jean Bollack mit Henriette Beese, Wolfgang Fietkau, Hans-Hagen Hildebrandt, Gert Mattenklott, Senta Metz, Helen Stierlin.

suhrkamp taschenbuch wissenschaft 72
Erste Auflage 1974

Satz und Druck: Georg Wagner, Nördlingen.
Printed in Germany
Umschlag nach Entwürfen
von Willy Fleckhaus und Rolf Staudt

Inhalt

Editorisches Vorwort

Mit dem in *Poetik und Geschichtsphilosophie* I publizierten Kolleg über *Antike und Moderne in der Ästhetik der Goethezeit* sind die beiden Vorlesungen dieses zweiten Bandes verbunden nicht nur durch den Problemkreis des Themas, sondern einen gemeinsamen Ursprung. Denn auch die beiden Vorlesungsreihen *Von der normativen zur spekulativen Gattungspoetik* und *Schellings Gattungspoetik* sind hervorgegangen aus jenem Kolleg, das Szondi im Wintersemester 1961/62 (Berlin) *Grundfragen der Poetik in den ästhetischen Schriften der Goethezeit* gewidmet und im Sommersemester 1964 (Göttingen) unter dem Titel *Ausgewählte Kapitel aus der Ästhetik der Goethezeit* wieder aufgenommen hatte.[1] Die Vorlesung des Sommersemesters 1965 über *Antike und Moderne in der Ästhetik der Goethezeit* untersucht die Überwindung der auf Aristoteles zurückgehenden Tradition der Wirkungsästhetik und der Mimesis vor allem unter dem Gesichtspunkt ihrer Folgen für die Dichtung und Dichtungstheorie einer Epoche, die sich von dem Nachahmungsprinzip zwar zu lösen beginnt, der Antike selbst aber in dem Maße verpflichtet bleibt, wie sie in Beziehung zu dem klassischen Vorbild ihre eigene Identität zu definieren sucht. Demgegenüber gilt das Interesse dieses Kollegs vom Sommersemester 1966 (Berlin) über *Gattungspoetik der Goethezeit* vor allem den veränderten Gesichtspunkten bei der Bestimmung der literarischen Genera an jener Wende, mit der die Wirkungs- durch eine Gehaltsästhetik abgelöst wird, eine Philosophie der Kunst, der Schelling dann den Namen gab.

Dem hier abgedruckten Text liegt eine überarbeitete Fassung dieser Vorlesung zugrunde, die Szondi im Winterseme-

1 Vgl. das Editorische Vorwort zu *Poetik und Geschichtsphilosophie* I, Frankfurt a. M. 1974.

ster 1970/71 (Berlin) unter dem Titel *Von der normativen zur spekulativen Gattungspoetik* hielt.
Am Ende des Kollegs vom Sommersemester 1966 hatte Szondi die Beschäftigung mit *Problemen der Gattungspoetik im 19. und 20. Jahrhundert* für das folgende Semester in Aussicht gestellt. Eine unter diesem Titel angekündigte Vorlesung ist dann jedoch ausgefallen. Von ihr gibt es ein Fragment, das wir im Anhang abdrucken. Voraussichtlich wären Fragen einer nach dem Zusammenbruch des Deutschen Idealismus wieder pragmatisch orientierten Poetik erörtert worden, andererseits die Theorien, insbesondere bei Lukács und Benjamin, die trotz der Absage an die spekulativen Systeme von einer philosophischen Intention bestimmt blieben. Was durch den Ausfall dieser Vorlesung nicht hatte dargestellt werden können, hat Szondi, wie es scheint, im Zusammenhang einer späteren Vorlesung nachholen wollen.
Das Kolleg vom Sommersemester 1967 ist angekündigt als *Gattungspoetik seit Schelling*. Je folgenreicher sich jedoch schon der Ausgangspunkt, Schellings Kunstphilosophie, bei der Untersuchung jenes Weges erwies, wie ihn Szondi im Jahr zuvor schon von *Schelling, Solger zu Hegel, und dann über Vischer ins 20. Jahrhundert, nicht zuletzt zu Lukács und Benjamin* hatte verfolgen wollen, desto knapper dürfte die Zeit für dessen extensive Darstellung geworden sein. Die Analyse, die wie Szondis *Versuch über das Tragische*[2] ausgeht von Schellings Deutung des *König Ödipus*, mit der die noch unprogrammatisch begründete Philosophie des Tragischen die Poetik der Tragödie ablöst und aufhebt, beschränkt sich fast ausschließlich auf Schelling. Deshalb wird die Vorlesung hier unter dem von Szondi später selbst geänderten Titel *Schellings Gattungspoetik* veröffentlicht.
Obwohl Teile der Vorlesung *Von der normativen zur spekulativen Gattungspoetik*, insbesondere die Schlegel und Hölderlin gewidmeten (6-10), von Szondi zu Aufsätzen (*Gat-*

2 *Versuch über das Tragische*. Frankfurt a. M. 1961.

tungspoetik und Geschichtsphilosophie. Mit einem Exkurs über Schiller, Schlegel und Hölderlin[3] sowie *Friedrich Schlegels Theorie der Dichtarten. Versuch einer Rekonstruktion der Fragmente aus dem Nachlaß*[4] ausgearbeitet worden sind, wird hier der ausführlichere Vorlesungstext wiedergegeben.

Bei der Einrichtung der Vorlesungen für den Druck wurden einleitende Zusammenfassungen vorangegangener Vorlesungsteile, soweit sie keine neuen Gesichtspunkte enthalten, fortgelassen. Syntaktische Kürzungen hat der Herausgeber gelegentlich da vorgenommen, wo Wiederholungen ihren Grund in den Bedingungen des mündlichen Vortrags haben. Technische Hinweise, Auseinandersetzungen mit der Sekundärliteratur etc. wurden größtenteils aus dem Text gerückt und als Anmerkungen gesetzt. Die entsprechenden Stellen sind durch * kenntlich gemacht. Im übrigen folgt die Edition den Prinzipien, wie sie in den editorischen Notizen der vorangegangenen Vorlesungsbände dargestellt sind.

W. F.

3 In: *Hölderlin-Studien. Mit einem Traktat über philosophische Erkenntnis.* Frankfurt a. M. 1967. 2. Aufl. 1970.

4 In: *Euphorion*, Bd. 64 (1970).

Von der normativen zur spekulativen Gattungspoetik

I

Unter dem Titel *Von der normativen zur spekulativen Gattungspoetik* möchte ich den Versuch fortsetzen, die Grundkonzeptionen der deutschen Ästhetik in den letzten Jahrzehnten des 18. Jahrhunderts unter dem wechselnden Gesichtspunkt verschiedener Problemkreise darzustellen. Wie bei der Beschäftigung mit den Vorstellungen von Antike und Moderne, mit der Überwindung des Nachahmungsklassizismus im geschichtsphilosophischen Selbstverständnis von Vor- und Frühromantik, wird es sich aber auch hier nicht einfach darum handeln dürfen, die Antworten zu diskutieren, die auf eine Frage der allgemeinen Poetik in einer bestimmten Epoche und in einem bestimmten Land gegeben wurden. Denn die Frage selber ist, zumindest in der Art, in der sie gestellt wird, historisch bestimmt und um 1800 nur aus den Intentionen einer kunstphilosophischen Schule, der des Deutschen Idealismus, zu begreifen. Das liegt im Fall der Gattungspoetik, deren aristotelischer Ursprung allen vertraut ist, ungleich weniger klar auf der Hand als bei den Konzeptionen von Antike und Moderne, die als historische nicht nur eine spätere, sich als Moderne verstehende Epoche voraussetzen, sondern auch ein historisches Denken, von dem wir wissen, daß es selber seine geschichtlichen Entstehungsbedingungen hat, die Überwindung der Aufklärung. In dieser Form wird man für die Gattungspoetik freilich keinen terminus post quem ansetzen können. Seit es eine Reflexion über die Dichtung gibt, gibt es den Versuch, die Mannigfaltigkeit der Werke zu ordnen, d. h. Gattungen zu unterscheiden, verbunden mit der normativen Tendenz, die Dichter zur Respektierung der durch die Gattung (angeblich) gesetzten Grenzen oder gar zu der Nachfolge der für die Gattung als exemplarisch erkannten Dichter der Vergangenheit anzuhalten. Versteht man aber unter Gattungspoetik etwas Spezifischeres, nämlich die Lehre von den drei Gattungen oder Dichtungsarten – Epik, Lyrik, Dramatik –, oder genauer noch: die Lehre von der Einteilung der Dichtung in diese drei Gattungen, die Lehre von ihrer Einteilbarkeit in sie – und in diesem Sinn soll der Ausdruck hier verstanden werden –, dann hört die Goethezeit auf, eine unter vielen Epochen in der Geschichte der Gattungspoetik zu sein; ihre Ästhetik wird zu dem Rahmen, in dem sich die so verstandene Theorie der poetischen Gattungen allererst ausgebildet hat, überhaupt erst hat ausbilden können.

Die Gründe dafür werden in den Einzelanalysen der Positionen Goethes und Schillers einerseits, Schellings andererseits deutlich werden müssen. Dem sei hier nur ein allgemeiner Hinweis auf den Entstehungszusammenhang der so begriffenen Gattungspoetik mit der Ästhetik der Goethezeit vorausgeschickt. Die Lehre von den drei poetischen Gattungen, die nicht etwa nur die drei wichtigsten wären, neben denen es noch zahlreiche kleinere gäbe, sondern d i e drei Gattungen, in die sich die Dichtung gliedert, diese Lehre kann nur bestehen – und konnte nur entstehen –, sofern sie sich nicht allein auf die Ebene des Positiven, auf das Material der vorhandenen Werke stützt und sich mit ihrer Ordnung begnügt, sondern den Schritt wagt vom Gegebenen zur Idee, von der Historie zur Philosophie, vom Deskriptiv-Induktiven zum Spekulativ-Deduktiven. Nur eine Ästhetik, die sich als Philosophie der Kunst und nicht als der Praxis dienende Kunstlehre versteht, kann die These von der Einteilbarkeit der Dichtung in drei Gattungen aufrechterhalten – eine These, die ihre Begründung schwerlich im Material, in der Vielfalt der Dichtungen, vielmehr erst in deren Idee finden wird. Aber selbst die philosophische Begründung der Ästhetik, wie sie im Deutschen Idealismus geleistet wurde, schafft die Schwierigkeiten, denen die so verstandene Gattungspoetik gegenübersteht, nicht aus der Welt, sondern bietet allenfalls die Handhabe, diese Schwierigkeiten als philosophische Probleme zu reflektieren. Das

Spannungsverhältnis, in dem die Lehre von den drei poetischen Gattungen zu der konkreten Mannigfaltigkeit der Poesie steht – einer Mannigfaltigkeit, die zudem nicht synchron immer schon gegeben ist, sondern sich in der Geschichte realisiert –, darf von einer Theorie, die sich als philosophische begreift, nicht einfach übersehen, als quantité négligeable behandelt werden. Aufbewahren und auflösen aber kann dieses Spannungsverhältnis, in dem die Gattungspoetik recht eigentlich ihre Bedingung hat, nur ein Denken, dem es um die Vermittlung von Allgemeinem und Besonderem, von Idee und Geschichte geht – also nur die identitätsphilosophische Systematik des Deutschen Idealismus. Darum kommt die Lehre von der Einteilbarkeit der Dichtung in drei Gattungen hier erst nach Haus.

Die Gattungspoetik der nachidealistischen Zeit hat nicht etwa mit der philosophischen Betrachtungsweise, wohl aber mit dem Systemgedanken gebrochen. Das historische Denken, eine Gegenkraft zu aller Systematik, ist von Hegel und seinen Zeitgenossen zwar in einer bewundernswerten tour de force in das System selbst hereingenommen worden – mit der Identitätsphilosophie ging aber auch die Möglichkeit dieser Synthese unter. Emil Staiger hat in den *Grundbegriffen der Poetik* nicht nur auf die Synthese von Geschichte und System, sondern auch auf die von Geschichte und Kunstphilosophie, von Geschichte und Theorie, verzichten zu müssen gemeint. Die Ablehnung *jeder Art von Systematik* sei zu verstehen, *solange die Poetik den Anspruch erhebt, alle je geschaffenen Gedichte, Epen und Dramen in bereitgestellten Fächern unterzubringen. Da kein Gedicht wie das andere ist, sind grundsätzlich so viele Fächer nötig, als es Gedichte gibt – womit sich die Ordnung selbst aufhebt.*[1] Die Konsequenz, die Staiger daraus zieht, ist die Begründung einer Poetik, die nicht mehr die Gattungen Lyrik, Epik und Dramatik, sondern die Wesenheiten des Lyrischen, Epischen

1 E. Staiger, *Grundbegriffe der Poetik.* Zürich 1946, 6. Aufl. 1963, S. 8.

und Dramatischen bestimmen will. Aber es ist durchaus fraglich, ob die spezifische Individualität der einzelnen Kunstwerke es tatsächlich verbietet, von Gattungen zu reden, ob es nicht auch das historische Phänomen einer Gattung gibt, die zwar nicht mehr, wie in der Goethezeit, in ein System eingebaut werden kann, als Moment von dessen immanenter Dynamik: die aber für sich der philosophischen Erkenntnis offensteht, der sie ihre »Idee« enthüllt. Walter Benjamins Buch über das barocke Trauerspiel[2], zumal dessen erkenntniskritische Einleitung, hat zu einer so beschaffenen Gattungspoetik, für welche Idee und Geschichte nicht im System, sondern in der Geschichtsphilosophie miteinander vermittelt sind, den Grund gelegt.

Der Entstehungszusammenhang und die Affinität von theoretischer, d. h. über die Beschreibung und Bestimmung poetischer Praxis hinausgehender Gattungspoetik einerseits und dem Deutschen Idealismus andererseits spiegelt sich auch in der Ablehnung, die den gattungspoetischen Systemen der Goethezeit in der Ästhetik des Auslands zumeist widerfuhr. Diese Ablehnung machte es sich leicht, konnte es sich leicht machen, da eine Widerlegung ja nur als immanente Kritik möglich gewesen wäre. Auf die philosophischen Prämissen wollte man sich aber gar nicht einlassen: man begnügte sich damit, sie als philosophische – oder als deutsche – zu bezeichnen, und meinte, damit seine Sache getan zu haben. Zwei Beispiele hierfür: In der 1901 geschriebenen Ästhetik Benedetto Croces, dessen Ablehnung jeglicher Gattungstheorie freilich auch ihre ausführliche Begründung gefunden hat, heißt es in einem historischen Abriß der verschiedenen Lehren, der Anblick der deutschen Philosophie, die *den Einteilungen der Genres* [...] *alle Ehren der philosophischen Deduktion zuteil werden* lasse, sei belustigend, was Croce dann an Zitaten aus je einem System vom Anfang und vom Ende des 19. Jahrhunderts exemplifizieren

2 W. Benjamin, *Ursprung des deutschen Trauerspiels.* Berlin 1928, revidierte Ausgabe besorgt von R. Tiedemann. Frankfurt a. M. 1963.

will, an Schelling und an Eduard von Hartmann, deren Thesen er abschließend als *erhaben klingende Banalitäten* kennzeichnet.[3] Damit erübrigt sich für Croce nicht nur alle Widerlegung, sein Vertrauen auf die vis comica der Schellingschen Ästhetik (oder auf den Mangel an philosophischem Verständnis bei seinen eigenen Lesern) scheint so groß zu sein, daß er auch jede Analyse seiner Belustigung unterläßt. – Das andere Beispiel: In Wellek und Warrens *Theory of Literature* – in deren umfangreichen Bibliographien man übrigens Benjamins *Ursprung des deutschen Trauerspiels* vergebens sucht – wird in dem von Austin Warren stammenden Kapitel über die literarischen Gattungen E. S. Dallas, ein Engländer, erwähnt, der 1852 in London ein Buch mit dem Titel *Poetics: An Essay on Poetry* erscheinen ließ. Darin stehen folgende Zuordnungen: *Dramatik – zweite Person, Gegenwart; Epik – dritte Person, Vergangenheit; Lyrik – erste Person, Singular, Zukunft.* Warrens Kommentar dazu beschränkt sich darauf, diese Schemata des – wie er sagt – *begabten englischen Kritikers more German than English*[4] zu nennen.

Da es nun vollends scheinen könnte, als wäre die Einteilung der Dichtung in drei Gattungen eine Erfindung der deutschen Ästhetik des Idealismus, ist es an der Zeit, die Frage zu stellen, ob diese Dreiteilung nicht auch den Poetiken früherer Jahrhunderte vertraut ist[5*]. Die älteste Einteilung

3 B. Croce, *Estetica come scienza dell' espressione e linguistica generale. Teoria e storia.* Bari 1902. Deutsch: *Ästhetik als Wissenschaft des Ausdrucks und allgemeine Linguistik. Theorie und Geschichte.* Leipzig 1905, S. 436 f.

4 A. Warren, R. Wellek, *Theory of Literature.* New York 1942. Deutsch: *Theorie der Literatur,* aus dem Englischen übertragen von E. und M. Lohner. Bad Homburg 1959, S. 258.

5* Über diese Frage gibt es eine außerordentlich verdienstliche, durch großen Materialreichtum belehrende Arbeit von Irene Behrens: *Die Lehre von der Einteilung der Dichtkunst. Vornehmlich vom 16. bis 19. Jahrhundert. Studien zur Geschichte der poetischen Gattungen* (Beihefte zur Zeitschrift für Romanische Philologie, XCII., Halle a. d. Saale 1940), eine Doktorarbeit aus der Schule des Romanisten Curtius. Ich werde mich im folgenden weitgehend auf die Ergebnisse dieser Arbeit stützen, wenngleich ich ihrer Auswertung, die übrigens eher historisch als theoretisch orientiert ist, nicht durchweg der Dichtkunst in drei Gattungen findet sich in einem Zusammenhang, den man kaum erwarten würde. Zwar haftet aller Gattungspoetik etwas Autoritäres an, sei's als Vorschrift, wie in den Musterpoetiken, sei's als Deduktion aus einem philosophischen System. Aber während hier die Autorität den Poetiken selbst eigen ist – bzw. ihren Verfassern oder den von ihnen als Autorität anerkannten Dichtern –, steht die älteste Einteilung der Dichtungsarten im Dienst einer fremden Autorität, nämlich des Staates, und wenn sie die verschiedenen Arten zu dichten unterscheidet, so nicht, um die Arbeit der Dichter zu erleichtern, sondern die der Zensur. Gemeint ist Platos Dialog *Der Staat.* Im zweiten und im dritten Buch wird erörtert, was die Dichter sagen dürfen und was nicht. *Zuerst also, wie es scheint, müssen wir Aufsicht führen über die, welche Märchen und Sagen dichten, und welches Märchen sie gut gedichtet haben, dieses einführen, welches aber nicht, das ausschließen*[6], heißt es hier z. B., oder es wird gesagt, die Dichter seien zur Innehaltung gewisser Grundzüge zu nötigen, *nach denen* sie *erzählen müssen.*[7] Zu tadeln etwa sei, wenn *einer unrichtig darstellt in seiner Rede von Göttern und Heroen, wie sie geartet sind, wie wenn, was ein Maler malt, dem gar nicht gleicht, dem er sein Gemälde doch ähnlich machen wollte.*[8] Auf die Erörterung der erwünschten und der unerwünschten Inhalte poetischer Reden, wobei die Zensur zahlreicher Homerstellen beschlossen wird, folgt nun die Diskussion des Vortrags. Auf Grund einiger Beispiele stellt dabei Sokrates die These auf, *daß von der gesamten Dichtung und Fabel*

beipflichten kann. Einige wichtige Korrekturen der Thesen von Irene Behrens finden sich in dem 1968 erschienenen Buch von Klaus Scherpe, *Gattungspoetik im 19. Jahrhundert. Historische Entwicklung von Gottsched bis Herder.* Stuttgart 1968. Auch diesem Buch verdanke ich vielfache Belehrung.

6 Platon, *Politeia (Der Staat)*, zit. nach der Übersetzung von Friedrich Schleiermacher, mit der Stephanuspaginierung. In: Platon, *Sämtliche Werke*, hrsg. von W.F. Otto, E.Grassi, G.Plamböck, Hamburg 1959 (Rowohlts Klassiker), Bd. 3, II. Buch, 377c (S. 114).

7 Ebd., 378d u. 379a (S. 115).

8 Ebd., 377e (S. 115).

einiges ganz in Darstellung besteht, wie [...] *die Tragödie und Komödie, anderes aber in dem Bericht des Dichters selbst, welches* [...] *vorzüglich in den Dithyramben (zu) finden* sei, *noch anderes aus beiden verbunden, wie in der epischen Dichtkunst, und auch vielfältig anderwärts.*[9] Die Einteilung in drei Formen des dichterischen Vortrags erfolgt, wie man sieht, unter dem Gesichtspunkt des Verhältnisses, in dem der Dichter zu seinem Werk und zu seinen Gestalten steht. Tritt er nicht selber auf, sondern läßt seine Personen, sie nachahmend, in direkter Rede sich ausdrükken, so entsteht die Dialogform des Dramas. Eine zweite Form ist die, in der der Dichter selber spricht, als Beispiel steht bei Plato der Dithyrambos, also das Kultlied auf Dionysos. Als Verbindung beider Vortragsformen stellt sich schließlich Plato das Epos dar, in dem der Dichter bald selber berichtet, bald seine Helden in direkter Rede auftreten läßt.

Diese Klärung erfolgt im Zusammenhang des platonischen Dialogs in ganz bestimmter Absicht: nicht um ein System der poetischen Gattungen geht es Sokrates und seinen Freunden, sondern um die Einrichtung des richtigen Staates, wobei dann auch zu entscheiden ist, ob ein Dichter sich auf die eine Vortragsart zu beschränken hat oder ob er sich in beiden, im Erzählen und im Nachahmen, betätigen darf, ferner: wen die Dichter nachahmen dürfen und wen nicht (d. h. welchem Ideal die dramatis personae entsprechen müssen). Auch geht es um die Frage, ob die Nachahmung in der Kunst nicht die faktische Anverwandlung des Dichters an seine Gestalten zur Folge haben kann, so daß man ihm mit Rücksicht nicht nur auf sein Publikum, sondern auch auf ihn selbst die Nachahmung, d. h. die dramatische Gestaltung bestimmter Charaktere verbieten sollte.

Im Rahmen des Themas kann ich auf die Diskussion dieser Zusammenhänge verzichten und möchte mich daher auf die

9 A.a.O., III. Buch, 394c (S. 127).

Frage beschränken, ob die wiedergegebene These, daß es drei Arten des dichterischen Vortrags gebe, als eine Einteilung der Dichtkunst in drei Gattungen anzusehen ist, ob die Stelle im Dritten Buch von Platos *Staat* in nuce die früheste uns bekannte Gattungspoetik enthält.

Irene Behrens hat diese Frage nachdrücklich verneint und sich dabei auf folgende Argumente gestützt: 1. behandle Plato eine ganz andere Frage als die nach der Klassifikation der Dichtkunst in Gattungen; die Gattungen würden nur als Beispiele genannt; 2. werde dabei das Wesentliche und Bestimmende der einzelnen Gattungen gar nicht getroffen: so werde bei der Tragödie und bei der Komödie im Begriff der *Nachahmung* weder ihre Darstellung auf der Bühne, noch ihre Dialogstruktur erfaßt, vielmehr nur, daß die Erzählung in direkter Rede erfolgt; ähnlich werde der Dithyrambos nicht auf Grund seiner *wahren Kennzeichen*, nämlich seiner Zusammensetzung aus Text, Melodie, Rhythmus als Beispiel für die zweite Vortragsart genannt, sondern lediglich, weil in ihm der Dichter, ohne das Mittel der direkten Rede, selber spricht. Und als drittes Argument tritt der Einwand auf, daß man den Dithyrambos in der Aufzählung Platos nicht als Vertreter jener griechischen Gedichtarten ansehen darf, die wir heute *Lyrik* nennen würden, geschweige denn, daß es einen solchen Oberbegriff *Lyrik* in Platos Zeit gegeben hätte, dem der Dithyrambos zu subsumieren wäre.[10]

Damit sei keineswegs behauptet, daß diese drei Argumente, eines wie das andere, unzutreffend seien. Aber ich muß gestehen, daß keines von ihnen mich ganz überzeugt, und daß sie mir schon deshalb ungeeignet erscheinen, Platos Aufzählung der drei Vortragsweisen aus der späteren Gattungspoetik auszuklammern, weil einige von deren Grundproblemen bereits in diesen Argumenten impliziert sind, ohne daß auf sie reflektiert wurde. Wenn ich auf sie im

10 Vgl. I. Behrens, a.a.O., Kap. 2, S. 9-13.

folgenden kurz eingehe, so nicht so sehr, um die These von Irene Behrens zu widerlegen, sondern weil von den wenigen Sätzen Platos her schon ein Licht fällt auf grundsätzliche Fragen einer Theorie der literarischen Gattungen.

Es mag mit dem streng literarhistorischen Geist der Curtiusschule zusammenhängen, daß Irene Behrens die Tatsache, daß bei Plato von den poetischen Gattungen in einem weiteren Zusammenhang die Rede ist, bereits als Argument gilt, die Aufzählung Platos nicht als Entwurf einer Gattungspoetik gelten zu lassen. Dabei fällt auf, daß diese Einbettung der Diskussion der poetischen Gattungen in einen über die Dichtung hinausgreifenden Zusammenhang auch die Gattungspoetik der Goethezeit auf ihren Höhepunkten kennzeichnen wird: sollte man die Hegelsche Ästhetik aus der Geschichte der Gattungspoetik darum schon ausschließen, weil es Hegel, wie man mit guten Gründen annehmen darf, in erster Linie nicht um die Differenzierung von Epik, Lyrik und Dramatik ging?[11*] Aber wichtiger scheint die Einsicht, daß schon bei Plato der Entwurf eines Systems wenn nicht der poetischen Gattungen, so doch der poetischen Vortrags-, man könnte auch sagen: Ausdrucksweisen von einem archimedischen Punkt außerhalb der Poetik aus erfolgt. Es steht zu vermuten, daß darin eine Art Erkenntnischance für die poetischen Systeme liegt – woraus man freilich, wie es Croce getan hat, leicht auch auf die Poesiefeindlichkeit der Systeme als solcher schließen kann.

Das zweite Argument von Irene Behrens hängt mit diesem Problem zusammen. Es könnte scheinen, als sei die Mißachtung des Wesentlichen und Bestimmenden der einzelnen Gattungen der Preis, den man für ihre Systematisierung zu zahlen hat. So wenig wie vorhin können wir die Fragen, die sich aus dieser Kritik ergeben, schon jetzt klären. Aber die

11* Wir kennen die Antwort der Curtiusschülerin auf diese Frage leider nicht, denn Hegel wird in ihrer Arbeit auf unverständliche Weise kein einziges Mal genannt, was allerdings auch eine Antwort ist.

Frage ist zumindest zu stellen – und es soll nicht vergessen werden, daß den Anlaß dazu wiederum bereits die Platostelle gibt –, ob es in einem gattungspoetischen System um die Individualität der einzelnen Gattungen oder um das Verhältnis der einzelnen Gattungen zueinander geht, ob ihre Charakteristika spezifika nicht stets nur insofern in den Blick kommen, als sie den Charakteristika spezifika der anderen Gattungen kommensurabel sind, als es für sie ein tertium comparationis gibt. Sollten diese Fragen zu bejahen sein, so ergibt sich aus ihnen die nächste, ob diese Einschränkung es noch ermöglicht, die einzelnen Gattungen hinreichend zu bestimmen oder ob das ihnen Wesentliche, wie nach Irene Behrens bei Plato, tatsächlich verfehlt werden muß. Aber was ist wesentlich und was nicht? Die beiden Beispiele, die die Verfasserin gibt – Drama und Dithyrambos – zeigen bei näherer Überlegung, wie wenig beweiskräftig sie sind, wie komplex auch diese Frage ist.

Tragödie und Komödie werden bei Plato als Gattungen bestimmt, in denen der Dichter nicht erzählend auftritt, sondern das Reden den Personen selber überläßt. Es ist nun sehr fraglich, ob das, was diesem Charakteristikum gegenüber als das Wesentliche am Drama bezeichnet wird: daß es 1. aufgeführt wird und 2. die Rede der Personen nicht bloß direkte Rede ist, sondern Wechselrede, Dialog – wirklich als das Wesentliche zu gelten hat.[12] Denn weder ist ausgemacht, daß die Darstellung auf der Bühne ein Moment der ästhetischen Form des Dramas ist, wie sehr sie diese auch mitbestimmt, noch wird man übersehen können, daß die Charakterisierung bei Plato auch eine Form wie das Monodrama oder ein Gestaltungsmittel wie den Monolog als dramatisch begreifen läßt, während der Text eines Monodramas, richtete sich die Einteilung nach den genannten Charakteristika – Aufführung und Dialog – von einem epischen oder lyrischen Text sich nicht länger unterscheiden ließe. – Ähnlich

12 Vgl. I. Behrens, a.a.O., S. 12.

verhält es sich mit dem Dithyrambos, als dessen *wahre Kennzeichen*[13] die Zusammensetzung aus Text, Melodie und Rhythmus genannt werden. Das mag streng literarhistorisch richtig sein. Aber wie ein Drama, auch ohne daß es auf der Bühne dargestellt wird, Drama bleibt, so zeigt die Geschichte der Lyrik, und nicht nur der griechischen, daß die musikalische Begleitung, wie wesentlich sie auch in der Zeit ihrer Entstehung sein mag, in späteren Zeiten von der Lyrik abfallen kann. Man wird nicht leugnen, daß sie danach etwas anderes ist, als was sie früher war, und dennoch bestreiten, daß sie dies, was sie einst war, nun überhaupt nicht mehr ist. Ähnliches darf aus der romantischen Lyrik gefolgert werden: die Gedichte, die wir in den Romanen Eichendorffs und seiner Freunde in die Erzählung verstreut finden, sind Lieder, die gesungen wurden; sie werden gesungen in der Fiktion der Romane, aber ihre Melodie wird nicht mitgeteilt, und der Leser liest sie wie er die epischen Teile liest, ohne sie darum ineinanderfließen zu lassen.

Selbst wenn man auf diese Weise eingesehen hat, wie problematisch das Argument ist, bei Plato werde das Wesentliche der Gattungen[14] verfehlt, wird man sich hüten, die Frage, ob die Einteilung bei Plato als eine gültige Gattungspoetik anzusehen sei, zu bejahen. Aber auch hier stellen sich mit jeder Antwort neue Fragen, so die, was eine gültige Gattungspoetik denn sei, ob es sie überhaupt geben könne. Die Zuordnung von Tragödie und Komödie zu der nachahmenden Vortragsweise, die des Dithyrambos zu jener, in der der Dichter selber auftritt, mag richtig sein und – gegen Irene Behrens – Wesentliches treffen. Dennoch wird man sich fragen, ob es nicht epische Formen, Romane, gibt, in denen einzig der Erzähler spricht, und andererseits Gedichte mit dialogischer Struktur. Mit solchen Fragen ist das dritte Argument berührt, dem zufolge Plato den Dithy-

13 A.a.O., S. 11.
14 Vgl. I. Behrens, a.a.O., S. 13.

rambos keineswegs als Vertreter dessen genannt haben kann, was wir »griechische Lyrik« nennen, denn ein solcher Oberbegriff habe damals noch nicht existiert. Aber sowenig wie bei der Frage, ob es Plato um die Einteilung der Dichtung in Gattungen ging oder um etwas anderes, ist es die Intention, die hier entscheidend ist, zu fragen wäre vielmehr, ob nicht auch die anderen Formen der griechischen Lyrik sich derselben Vortragsart wie der Dithyrambos subsumieren lassen, ob Platos System nicht objektiv mehr umfaßt und darum gültiger ist, als das Festhalten an seiner subjektiven Intention wahrhaben will. Indessen bleibt auch dann die Frage, ob die späteren Formen der Lyrik und der Epik diese Einteilung nicht dennoch als unzureichend erweisen. Es ist, grundsätzlicher gefaßt, die Frage nach der historischen Standortsgebundenheit der gattungspoetischen Systeme, die Frage, ob sie nur gültig sind für einen gegebenen Stand der Dichtung, von dem sie abstrahiert sind, oder: ob sie mit dem historischen Wandel sich vermitteln lassen. Wie schon erwähnt, gehört die Synthese von Geschichte und System zu den Grundzügen der Gattungspoetiken des Deutschen Idealismus, während einzelne gattungspoetische Versuche im 20. Jahrhundert die Spannung zwischen System und Geschichte überspringen, indem sie – wie Staigers *Grundbegriffe* – auf ein Geschichtsjenseitiges rekurrieren.

In diesem Zusammenhang ist an der Einteilung Platos bemerkenswert, daß schon hier, in der frühesten uns bekannten Gliederung der griechisch-abendländischen Tradition, das Einteilungsprinzip nicht aus den vorhandenen Werken abstrahiert erscheint, wodurch das System in deren Geschichtlichkeit gefangengehalten würde. Vielmehr wird ausgegangen von einer Frage der poetischen Technik: der Frage nach der verhüllten oder unverhüllten Anwesenheit des Dichters im Werk. Ihre Beantwortung auf Grund der vorhandenen Werke der Dichtung wird zwar immer nur, wie es scheint, ein historisch fixiertes System entstehen lassen – was man Roman nennt, kann im Lauf der Geschichte der einen oder der anderen Erzählweise zugehören – als Einteilungsprinzip aber ist sie vom geschichtlichen Wandel nicht selber betroffen und kann von ihm nicht für ungültig erklärt werden.

Ein letzter Punkt sei noch erwähnt, der wiederum vorausweist auf die Poetiken der Goethezeit. Die dritte Möglichkeit des Vortrags, neben der nachahmenden und der erzählenden, ist nach Plato die Vereinigung beider, so wie sie im Epos zu finden ist, in dem bald der Dichter, bald seine Helden sprechen. Gegen die Postulierung eines solchen genus mixtum mag zweifellos manches eingewandt werden. Hat man weniger ein spekulatives, mehr ein von den Werken selbst abstrahiertes System vor Augen, so wird man mit Irene Behrens anmerken, daß von einer Vereinigung der beiden ersten Vortragsarten nur partiell die Rede sein kann, da man sonst *auf den Gedanken kommen müßte, das Epos als eine Mischung von Tragödie oder Komödie mit dem Dithyrambos anzusehen.*[15] So absurd nun ein solcher Gedanke in der Tat wäre, er verfälscht die Platonische Konzeption eines genus mixtum, indem er sie, wenn auch nicht im Sinne der Interpretation, auf die Ebene der Gattungen reduziert. Die Vereinigung ist aber keine reale, nicht die Gattungen werden vermischt, sondern die Vortragsweisen, denen sie ihre Existenz verdanken. Auch hier sei nicht behauptet, daß sich dabei eine zureichende Bestimmung der Epik ergibt. Wichtig ist aber die dritte Kategorie bei Plato, weil in ihr, auf Grund einer rein technischen, poetologischen Überlegung, jener Gedanke auftritt, der später, aus den eigensten Intentionen der idealistischen Philosophie wiedergeboren, seinen triumphalen Einzug in die Gattungspoetik der Goethezeit halten wird: der Gedanke, daß die drei Gattungen, dem Gesetz der Dialektik gehorchend, einander nicht fremd und auch nicht ebenbürtig sind,

15 I. Behrens, a.a.O., S. 11.

sondern die dritte Gattung aus der Synthesis der ersten beiden ihren Ursprung hat.
Dieser, wie sich später zeigen wird, zentrale Gedanke wird von Platos unmittelbarem Nachfolger, von Aristoteles, unterdrückt. Wäre die für die Wirkungsgeschichte der griechischen Poetik entscheidende *Ars grammatica* von Diomedes (wahrscheinlich aus der 2. Hälfte des 4. Jhs.) nicht sowohl von Plato als auch von Aristoteles inspiriert, so wäre Platos Konzeption möglicherweise nicht so folgenreich gewesen – wenn auf diesem Gebiet mit dem Begriff »Folgen« überhaupt etwas getroffen wird.
Die Poetik des Aristoteles ist so bekannt, daß ich mich darauf beschränken kann, die wesentlichen Abweichungen von dem Einteilungssystem, wie es sich bei Plato findet, zu nennen. Grundlegend dabei ist der Bedeutungswandel und Funktionswechsel, der dem Begriff der Nachahmung, der Mimesis, widerfährt. Nicht mehr ist Nachahmung, wie bei Plato, eine mögliche Art des dichterischen Vortrags, neben der gleichberechtigt die Erzählung steht, sondern Mimesis wird als Aufgabe aller Dichtung behauptet, und die von Plato erkannten Unterschiede kehren wieder als Differenzen in der Art der Nachahmung, in der Darstellungsweise. Diese freilich ist bei Aristoteles nicht das einzige Prinzip der Einteilung. Nicht nur die Art und Weise der Nachahmung könnten verschieden sein – so stellt schon das 1. Kapitel fest, sondern auch die Mittel, die die Nachahmung gebraucht, ferner deren Gegenstände. Es entstehen so drei Einteilungsschemata, die sich überschneiden; Aristoteles sagt im dritten Kapitel ausdrücklich, daß *in einer Hinsicht Sophokles auf dieselbe Weise nachahmend ist wie Homer, denn beide ahmen ernste Gestalten nach, in der anderen Hinsicht aber wie Aristophanes, denn beide ahmen handelnde und agierende Gestalten nach.*[16]

16 Die beiden Zitate aus Gigons Übersetzung der *Poetik* wurden durch eine wörtliche Übersetzung ersetzt, weil insbesondere das zweite Zitat den Sinn des griechischen Textes entstellt [J. B.]. Vgl. Aristoteles, *Poetik*, Übers., Einl. und Anm. von O. Gigon. Stuttgart 1972, S. 26.

Als die verschiedenen Darstellungsweisen – denen grundsätzlich die Platonischen Vortragsweisen entsprechen – nennt Aristoteles folgende Möglichkeiten, mit denselben Mitteln dieselben Gegenstände verschieden nachzuahmen:

... die Nachahmung kann *einerseits durch Bericht erfolgen, und zwar entweder so, daß man überdies noch zu etwas anderem wird, so wie Homer verfährt, oder so, daß man dieselbe Person bleibt, ohne sich in eine andere Gestalt zu verwandeln, anderseits derart, daß man die Personen insgesamt als handelnde und die (im Bericht) nachgeahmten Gestalten aktualisierende einführt.*[17]

Von der Gliederung Platos weicht diese Einteilung, wie man sieht, nicht unwesentlich ab. Epik und Dramatik werden einander schroffer, als es bei Plato der Fall ist, gegenübergestellt. Denn nicht mehr die direkte Rede kennzeichnet Tragödie und Komödie, wodurch sich eine Brücke von ihnen zum Epos als dem *genus mixtum* schlagen ließe, sondern die Einführung der Personen als handelnder, die direkte Nachahmung also eines Geschehens. Durch den Wegfall des *genus mixtum* reduziert sich das Schema des Aristoteles – gegenüber dem dreiteiligen Platos – auf ein zweiteiliges. Freilich darf über dieser Feststellung nicht vergessen werden, daß Aristoteles die erzählende Darstellungsweise unterteilt, danach nämlich, ob der Dichter eine andere Person vorstellt, wie es Homer macht, oder in eigener Person spricht.* Die letztere Möglichkeit scheint Platos zweiter Vortragsweise, der am Dithyrambos exemplifizierten, zu entsprechen, und so ist in der Aristotelesforschung auch versucht worden, sie als die lyrische zu identifizieren. Indessen

17 Vgl. ebd., S. 25.

* Wenn man sich auf den Text des Aristoteles selbst, und nicht auf dessen ungenaue Übersetzung bezieht, so wird deutlich, daß einerseits auch Aristoteles dasselbe dreiteilige Schema darlegt und andererseits auch für ihn Homer bald in eigener Person spricht, bald eine andere vorstellt. Die Gliederung unterscheidet sich also von der Platos nur insofern, als hier die dramatische Poesie als Nachahmung des im bloßen Bericht schon Nachgeahmten dargestellt wird. [J. B.]

scheint es sich dabei, nach der Ansicht Gudemans und anderer, lediglich um eine Form des Epos, und zwar um eine geringere, zu handeln, so daß das Aristotelische System mehr noch als das Platonische von der modernen Einteilung der Dichtung in die drei Gattungen Epik, Lyrik, Dramatik durch das Übergehen der Lyrik oder dessen, was heute als Lyrik zusammengefaßt wird, abweicht. Den Gründen, aus denen heraus Aristoteles die Lyrik aus seiner Darstellung ausgeschlossen haben mag, ist man in der Forschung auf vielen Wegen nachgegangen, bei Irene Behrens finden sich einige Hinweise darauf. Naheliegend ist die Überlegung, daß die Poetik ja nur fragmentarisch überliefert ist, aber das erklärt noch nicht, daß in der Übersicht der ersten Kapitel der Lyrik oder auch einzelner lyrischer Gattungen, wie dem Dithyrambos in seiner alten, undramatischen Form, kein Platz zugewiesen wird – es sei denn, daß sich die genannte Darstellungsweise, in der der Dichter selber spricht, dennoch auf Lyrisches beziehen läßt.

Vergleicht man die beiden Einteilungen nicht im einzelnen, sondern aus einer gewissen Distanz, zu der uns gerade der eigentliche Gegenstand dieser Vorlesung, die Gattungspoetik um 1800, verhilft, so wird man zweifellos die Aristotelische, die sich in den folgenden Kapiteln seiner Schrift konkretisiert, als die dichtungsnähere ansehen, die darum mit ungleich größerem Recht als die Skizze in Platos *Staat* eine Poetik heißen darf. Man wird aber auch den Verdacht nicht unterdrücken wollen, daß mit dem – entschiedener, als es bei Plato der Fall ist –, in den Werken selbst angesetzten Ausgangspunkt für die Systembildung Probleme, wie sie, von der Ästhetik der Goethezeit her gesehen, schon bei Plato sich abzeichnen, zugeschüttet worden sind – Probleme, die erst nach der Auflösung der nicht zufällig sich auf Aristoteles berufenden Poetiken des 16., 17. und 18. Jahrhunderts vom Deutschen Idealismus bedacht werden konnten.

2

Unter den mehr kompilatorischen als originellen Poetiken der Spätantike ist für unseren Gesichtspunkt[18*] besonders die schon erwähnte *Ars Grammatica* des Diomedes wichtig, als deren Entstehungszeit die 2. Hälfte des 4. Jahrhunderts angesetzt wird. Ähnlich wie Plato und anders als Aristoteles, denen beiden er verpflichtet ist, unterscheidet Diomedes im dritten Buch seiner *Grammatischen Kunst* drei genera: das *genus activum* oder *imitativum* (mit direkter Rede eingeführter Personen, also mit Dialog), das *genus enarrativum* oder *enuntiativum* (mit Erzählung des Dichters) und das *genus commune* oder *mixtum* (in dem beide Darstellungsweisen verbunden sind). Was aber diese Einteilung auf eine für die spätere Zeit folgenreiche Weise von Plato unterscheidet, ist der Umstand, daß Diomedes als Beispiel für das *genus enarrativum* nicht, wie Plato, den Dithyrambos anführt, sondern Lukrez, also das Lehrgedicht. Folgenreich ist diese Zuordnung, weil sie die in der abendländischen Poetik immer wieder begegnende Einteilung der Dichtung nicht in drei, sondern in vier Gattungen vorbereitet, derzufolge es neben Epik, Lyrik und Dramatik auch noch eine vierte Gattung gibt, nämlich die didaktische Poesie. Ist also bei Diomedes die Dreiergliederung aus Platos *Staat* auch übernommen, so macht die Bestimmung des *genus enarrativum* als des didaktischen Genus es noch fragwürdiger, ob hier von einer Vorwegnahme der lyrischen Gattung die Rede sein kann, und zwar um so mehr, als sich bei Diomedes, trotz der Dreiteilung, auch Spuren der Aristotelischen Gliederung, die eine dritte Gattung gar nicht kennt, gerade

18* Indem ich im folgenden der Wirkungsgeschichte dieser beiden frühen Gliederungen, Platos Einteilung und der Einteilung der Aristotelischen Poetik, nachgehe, bleibt der Blick auf die Frage nach dem Wiederauftreten bzw. der Beibehaltung der von Plato her bekannten Dreiereinteilung konzentriert – auch für das weitere stütze ich mich dabei auf das von Irene Behrens zusammengestellte Material sowie die schon erwähnte Darstellung von K. Scherpe.

in diesem Punkt finden lassen. An Aristoteles gemahnt bei ihm zunächst, daß er die gesamte Dichtkunst nach dem Kriterium einteilt, welches bei Aristoteles für die erzählende galt: ob nämlich nur die Personen reden oder nur der Dichter oder sowohl die Personen als auch der Dichter, wie es bei Homer und in der *Aeneis* der Fall ist.

Als Einfluß des Aristoteles hat man weiterhin, wenngleich nicht ohne auf Widerspruch zu stoßen, die Reservierung der ohne Einführung von Personen erzählenden Gattung für die didaktische Poesie aufgefaßt, was zur Folge hat, daß nun das *genus mixtum* die verschiedenartigsten Dichtungsformen umfaßt, nämlich neben dem Epos die Elegie, den Jambus, die Satire, und – nach einer nicht ganz gesicherten Überlieferung – auch die Lyrik. Als aristotelisch inspiriert ist diese Zuordnung von einem der Diomedesforscher bezeichnet worden, weil mit der Isolierung der didaktischen Poesie deren Ausschluß aus der Dichtkunst bei Aristoteles respektiert wird, so daß – in dieser Deutung – auch bei Diomedes nur die beiden anderen genera der Dichtung im strengen Wortsinn wären, d. h. auch bei Diomedes im Rahmen der platonischen Dreiteilung die aristotelische Zweiteilung fortleben würde.[19]

Gerade in diesem Punkt hat nun ein anderer Autor der Spätantike möglicherweise eine wichtige Rolle gespielt – »möglicherweise«, denn auch s e i n e Einteilung der Dichtung ist in der Forschung auf mannigfache Weise interpretiert worden, ja selbst seine Identität ist umstritten.

Es handelt sich um die *Chrestomatheia grammatike* von Proklos, die als *eine der wichtigsten Quellen der späteren Jahrhunderte* gilt.[20] Die Frage der Identität des Autors ist schon darum wichtig, weil es von dem bedeutenden Neuplatoniker Proklos (410-485), von dem möglicherweise auch die *Chrestomathie* stammt, einen Kommentar zu Platos *Staat* gibt, in dem mit geringfügigen Abweichungen die Ein-

19 Vgl. I. Behrens, a.a.O., S. 27-29.
20 I. Behrens, a.a.O., S. 31.

teilung Platos wiederkehrt. In der *Chrestomathie* dagegen, die nur auszugsweise überliefert ist und darum manche Fragen offen läßt, erscheint die Dreiteilung auf die aristotelische Zweiteilung reduziert. Wichtig für die späteren Poetiken und auch für die Wirkungsgeschichte der platonischen Einteilung ist nun, daß unter den von Proklos in der *Chrestomathie* behandelten lyrischen Formen der Dithyrambos besonders ausführlich dargestellt wird. Der Dithyrambos, das ursprünglich nur Dionysos, dann auch anderen Göttern und Helden geltende Kultlied, aus dem das griechische Drama erwuchs, figurierte in seiner älteren, noch nicht dramatischen, Form bei Plato als Beispiel für die erzählende Gattung, für jene, die die Stelle der lyrischen Gattung späterer Systeme einnimmt. Bei Aristoteles hingegen tritt er als halbdramatische Gattung auf, d. h. es ist bei ihm von dem neueren Dithyrambos die Rede. Proklos nun behandelt den Dithyrambos, wie gesagt, als lyrische Form, ja er nennt ihn ausdrücklich *Ode*. Bedenkt man, daß die Ode noch bis in das 18., in Frankreich sogar ins 19. Jahrhundert hinein, die lyrische Form kat'exochen ist – wovon noch zu sprechen sein wird –, so ist die Möglichkeit nicht auszuschließen, daß über die lange Zeit weiterwirkende *Chrestomathie* des Proklos die Dreiteilung aus Platos *Staat* im Sinne der modernen Dreiteilung in Lyrik, Epik und Dramatik verstanden oder umgedeutet wurde, indem nun die Gattung, für die Plato den Dithyrambos als Beispiel anführt, dank dessen Behandlung bei Proklos als einer lyrischen Form, als Ode, entgegen ihrer näheren Bestimmung bei Diomedes als einer didaktischen Gattung, als lyrische aufgefaßt werden konnte. Soviel – und das Letzte nur als Hypothese formuliert – zu den antiken und spätantiken Poetiken, von denen im Mittelalter – wie aus der Arbeit von Irene Behrens hervorgeht – vor allem das Diomedische System tradiert und als Einteilungsform anerkannt wird. Daß es dabei auf weite Strecken kaum mehr zu erkennen ist und daß seine Verwandlungen in keiner Weise als Weiterführung, als Fortschritt aufzufassen sind, hat

Gründe, die seltsam und charakteristisch genug sind, um hier kurz angedeutet zu werden. Was die Lehre von den Gattungen im Mittelalter kennzeichnet, ist die Entfremdung der Begriffe, der termini technici, von dem, was mit ihnen, in ihnen begriffen werden soll. Diese Entfremdung hat mehr als eine Ursache. Einmal hängt sie zusammen mit der Gefahr, die sich bereits bei den spätantiken Poetiken abzeichnet, der Gefahr der historischen Diskrepanz zwischen Theorie und Praxis. So fällt schon bei Proklos auf, daß er unter den lyrischen Formen auf den Dithyrambos besonders nachdrücklich eingeht, obwohl es sich dabei – wie man in der Forschung betont hat – um eine längst verschollene Gattung handelt. Dieser anachronistische Zug, der sich auch an der sehr unvollständigen Rezeption der römischen Literatur in den zeitgenössischen Poetiken aufweisen läßt, gewinnt nun im Mittelalter besondere Bedeutung durch ein neues Faktum, nämlich durch das Aufkommen der volkssprachlichen Literaturen. Zwar gibt es einzelne Belege dafür, daß die gattungsmäßige Identität von geistlichem Spiel und antikem Theater erkannt wurde, so wird – nachzulesen bei Creizenach – 1204 das Rigaer Prophetenspiel bezeichnet als *ludus quem Latini comoediam vocant.*[21] Dennoch gilt, daß zwischen dem Fortleben der antiken Poetik und der Dichtung des Mittelalters eine Barriere steht, daß die überlieferte Lehre von den Gattungen an der zeitgenössischen Literatur nicht zu neuem Leben erwacht, sondern an ihr meist vorübergeht, als ginge diese sie gar nichts an.

Die zweite, womöglich noch gravierendere Ursache für die Entfremdung der Begriffe von ihren Gegenständen, für das fortschreitende Absterben der Termini, die dann unverstanden als leere Hülsen tradiert werden, liegt in der mangelhaften Überlieferung der antiken Dichtung selbst, die mit jenen Begriffen geordnet werden sollte. Fachausdrücke der Poetik, der Rhetorik, der Metrik werden von den Lehrbü-

21 W. Creizenach, *Geschichte des neueren Dramas.* 1. u. 2. Auflage Halle 1911, S. 7.

chern vor dem Vergessen bewahrt, die Dichtungen selber aber erhalten sich zum Teil nur in Form von Zitaten, von Beispielen für rhetorische Figuren und für Versmaße, am Leben. Vollends fällt in Vergessenheit die Realität der dramatischen Dichtung, ihre Existenz auf dem Theater. Der zitierte Satz über das Rigaer Prophetenspiel, in dem der Begriff *comoedia* für ein aufgeführtes geistliches Spiel verwendet wird, ist insofern nicht repräsentativ, als noch lange Zeit unter Komödie wie auch unter Tragödie Vers- oder Prosaerzählungen begriffen werden, wobei der traurige bzw. fröhliche Ausgang über die Bezeichnung als Tragödie oder als Komödie entscheidet. Dantes *Divina Commedia* ist das bekannteste Beispiel für diesen terminologischen Sachverhalt; weniger bekannt ist, daß im Mittelalter auch die überlieferten dramatischen Werke der Antike, so vor allem Terenz, nicht in ihrer Eigenart erkannt wurden, sondern die Vorstellung herrscht, sie seien von einem Rezitator vorgelesen worden, während das von den Repliken markierte Spiel auf einer hinter dem Rezitator befindlichen Bühne pantomimisch ausgeführt wurde.

Ein Licht auf das gespenstische Eigenleben der Begriffe wirft die Diskussion, die sich an dem Titel von Dantes Hauptwerk entzündet hat, nachdem gegen Ende des 15. Jahrhunderts der Brauch sich durchgesetzt hatte, die Namen der antiken dramatischen Gattungen Tragödie und Komödie auch auf neuzeitliche Schauspiele anzuwenden, was natürlich bedeutet, daß man nun unter Tragödie und Komödie wieder eine dramatische Gattung verstand. Die Poetiken der Renaissance standen vor der Aufgabe, den Titel, den Dante seinem Werk gegeben hatte, erklären, ja verteidigen zu müssen. Verteidigen: denn sie konnten nicht in der Art moderner Begriffsgeschichte erklären, daß Dante den Ausdruck *Commedia* in dem zu seiner Zeit gültigen Sinn verstanden hat – dazu fehlte der Renaissance das historische Bewußtsein, das sich erst Jahrhunderte später ausbilden sollte –, während das Geständnis, daß Dantes Werk einen Namen hat, der ihm nicht zukommt, wegen der Autorität des Dichters sich verbot. So sann man auf Mittel und Wege, die Zugehörigkeit der *Divina Commedia* zur antiken Gattung der Komödie zu erweisen. Eine dieser Argumentationen, vielleicht die halsbrecherischste, sei schon deshalb erwähnt, weil sie zeigt, daß die Entfremdung der Begriffe von ihren Gegenständen keineswegs nur Komödie und Tragödie betraf. Zu diesen beiden Formen des Theaters kam in der nacharistotelischen Poetik das Satyrspiel hinzu, so bei Horaz, in der spätestens seit Quintilian als *Ars poetica* bezeichneten *Epistula ad Pisones.* Die Ähnlichkeit der Namen Satyr und Satire, unterstützt durch den Umstand, daß der Satirendichter Horaz gelegentlich die alte Komödie als Vorbild der Satire bezeichnet hat, führte später zu einer Verschmelzung der beiden Begriffe Satire und Satyrspiel, nach dem Untergang des antiken Theaters sogar zu einer Ineinssetzung der beiden Gattungen. Eine der Folgen dieser Ineinssetzung war, daß im späteren Mittelalter die personifizierte Satire oft nackt erscheint. Das Bild, das die entblößende, entlarvende Funktion der Satire trifft, geht indessen wahrscheinlich auf eine Stelle der Horazischen *Ars poetica* zurück, in der von den entblößten, mit Bocksfellen nur notdürftig bekleideten Satyrn die Rede ist. – Dieser kleine Exkurs über die Satire war nötig, um die ingeniöse Antwort eines der Renaissancetheoretiker auf die Frage, warum die *Divina Commedia* eine Commedia sei, verständlich zu machen. Wohl auf Grund auch zeitkritischer, satirischer Züge, wie sie auch für das heutige Danteverständnis vorhanden sind, wurde die Zugehörigkeit der *Divina Commedia* zur Gattung der Satire erwogen, die ihrerseits als eine Form der antiken Komödie gelten konnte, nachdem die Verwechslung von Satyrspiel und Satire eingetreten war. Daß die *Divina Commedia* keine dialogische Struktur hat, verschlug dabei wenig, denn die Vergessenheit, in die das Moment der theatralischen Aufführung geraten war, hatte zur Folge, daß die uns von Plato bzw. Diomedes her bekannte Dreiteilung auch für die Satire drei verschiedene Möglichkeiten abgab: *o rappresentativa, o narrativa, o mista,* wie es in der *Difesa della Comedia di Dante* von Mazzoni[22] heißt, dessen Hauptthese freilich eine andere ist: nämlich die Zugehörigkeit von Dantes Dichtung zur Gattung des Monodramas.

Unter dem Gesichtspunkt der antiken Gattungspoetik und deren abendländischer Wirkungsgeschichte ist das Mittelalter, dessen gestörtes Verhältnis zu den überlieferten antiken Begriffen und den zeitgenössischen Dichtungen wir – ohne an eine Übersicht, geschweige ins einzelne gehende Darstellung zu denken – an dem einen Beispiel Dantes beleuchten wollten, tatsächlich die Epoche der Dunkelheit, als die sie sonst, wohl zu Unrecht, lange Zeit verschrien war. Bevor wir uns der Wiederbeschäftigung mit Aristoteles in der Renaissance und ihren Folgen zuwenden, sei aber noch einiges nachgetragen, was die Begriffe Drama und Epos betrifft. *Drama,* genauer: *Dragma* bezeichnet in der Dichtungstheorie des Mittelalters ein philosophisches Prosawerk, das sich aus Fragen und Antworten aufbaut. An die Stelle des Wechsels von Rede und Gegenrede tritt also der Wechsel von interrogatio und responsio, Frage und Antwort. Der Name *Epos* hingegen erfährt nicht eine Veränderung des mit ihm Bezeichneten, sondern gerät in völlige Vergessenheit, obwohl die Gattung selbst am Beispiel von Virgils *Aeneis* dem Mittelalter wohlbekannt bleibt.

Ist das Mittelalter für die Gattungspoetik recht eigentlich eine Epoche von Mißverständnissen, die man nicht einmal produktiv nennen kann, so das 16. Jahrhundert ein Neubeginn, und zwar aus zwei Gründen. Die Überwindung des Dunkels verdankt sich der Aristoteles-Renaissance, der Fortschritt der Dreiteilung der Dichtung in Richtung auf die Moderne jener Blüte der italienischen Lyrik um Petrarca und seine Zeitgenossen, die am Ursprung der keineswegs

22 Jac. Mazzoni, *Difesa della Comedia di Dante.* Cesena 1587, Bd. I, § 399. Vgl. I. Behrens, a.a.O., S. 96.

raschen und geradlinigen Entwicklung steht, deren Ende dann die Aufnahme der Lyrik als der dritten Gattung neben Epik und Dramatik markiert.
Die erste Übersetzung der Aristotelischen Poetik ins Lateinische stammt aus dem Jahr 1498, zehn Jahre später, 1508, erscheint die erste Ausgabe des griechischen Textes, 1536 eine revidierte lateinische Übersetzung, 1548 schließlich der erste große lateinische Kommentar von Robortello. Von nun an werden Epos und Tragödie auf Grund der Poetik des Aristoteles bestimmt, während auf dem Gebiet der Lyrik weiterhin große Unsicherheit herrscht. Robortello glaubt zwar, Aristoteles habe den Dithyrambos in seiner älteren Form, also als Loblied auf Bacchus, erwähnt – während bei ihm bereits die neuere halbdramatische Form gemeint ist; auf Grund dieser Fehlinterpretation, auf die Irene Behrens hinweist, kann dann Robortello meinen, daß Aristoteles auch die Lyrik behandelt habe.
Die berühmteste Renaissance-Poetik ist das 1561 posthum erschienene Werk von Scaliger: *Poetices libri septem.* Während in anderen Lehrbüchern seiner Zeit Dante und Petrarca bereits gleichrangig neben den antiken Dichtern erscheinen, spricht Scaliger nur von den antiken Gattungen entsprechend seiner klassizistischen Intention, der es um die Wiederbelebung der antiken Poesie geht. Dante wird nicht besprochen, Petrarca nur als lateinischer Dichter. Damit hängt wohl zusammen, daß der Standort der Lyrik im Scaligerschen System der Gattungen unklar ist, während sein Zeitgenosse Minturno, in dessen Werken *De Poeta* und *L'Arte Poetica* die Canzonen Dantes und Petrarcas ebenso vorbildlich genannt werden wie die Pindars und des Horaz, die Dreiteilung der Dichtung im heutigen Sinn bereits kennt. Minturno unterscheidet: Epos, szenische Poesie und Lyrik. Scaliger dagegen greift auf die Einteilung des Diomedes zurück und gliedert die Dichtkunst auf folgende Weise: 1. *narratio simplex* (Beispiel: Lukrez), 2. *dialogus* (Beispiel: antike dramatische Formen) und 3. *mistum = Epicum.* Wie

Diomedes scheint auch Scaliger die einzelnen lyrischen Formen hier dem *genus mixtum* zuzuweisen, ändert diese Einteilung aber im letzten Buch seiner Poetik, wo die Lyrik der *narratio simplex* zugeordnet wird – ein Wiederauftreten der Platonischen Zuordnung des lyrischen Dithyrambos zu dieser Gattung.

Dieser Widerspruch innerhalb von Scaligers Poetik wie auch der Gegensatz, der sich zwischen seiner Gliederung und der anderer italienischer Renaissancetheoretiker, wie Minturno, gezeigt hat, mögen deutlich genug erweisen, daß die Einteilung der Dichtkunst in Epos, Drama und Lyrik in der Renaissance zwar nicht mehr unbekannt war, auch nicht, wie bei Plato, auf dem Wege der Interpretation erst erschlossen werden muß, daß sie sich aber keineswegs als d i e Einteilung, an der nicht mehr zu rütteln wäre, eingebürgert hatte.

Wie in Italien so findet man – den Untersuchungen von Irene Behrens zufolge – auch in den englischen und spanischen Poetiken der Renaissance und des 17. Jahrhunderts vereinzelt Gliederungen, die dieser Dreiteilung entsprechen oder sich ihr doch annähern. Dafür je zwei Beispiele:

In dem 1570 erschienenen Werk *The Schoolmaster*[23] von Roger Asham wird das *genus dicendi* eingeteilt in 1. *genus poeticum*, 2. *genus historicum*, 3. *genus philosophicum* und 4. *genus oratorium;* und das *genus poeticum* wiederum in 1. *Comicum*, 2. *Tragicum*, 3. *Epicum* und 4. *Melicum*. *Melicum* steht für lyrische Poesie, wobei auch das Wort *Lyrici* bei Asham vorkommt. Es liegt nun auf der Hand, daß sich die beiden ersten Klassen, *Comicum* und *Tragicum*, wenn es von Asham auch nicht getan wird, zusammenfassen lassen, wodurch sich die heutige Dreiteilung der Dichtung ergibt. Indessen weist Irene Behrens darauf hin, daß diese Vier- bzw. Dreiteilung für die englischen Renaissance-Poetiken durchaus nicht repräsentativ ist, Asham mit ihr vielmehr

23 Vgl. G. Smith, *Elizabethan Critical Essays*. Oxford 1904, S. 23, u. I. Behrens, a.a.O., S. 118.

allein steht, während die meisten Schriften der Zeit darin übereinstimmen, daß sie eine Einteilung in acht Gattungen vornehmen. Eine solche Einteilung hat freilich mit der uns von Plato her bekannten nicht nur inhaltlich, sondern auch ihrer Intention nach nichts mehr gemein. Die Einteilung in acht Gattungen entsteht nicht auf Grund eines Einteilungsprinzips, wie der Frage Platos, ob der Dichter in seinem Werk unverhüllt auftritt; die acht Gattungen ergeben darum auch kein System im strengen Wortsinn. Vielmehr werden die Werke selber geordnet, wobei die historisch und formal sehr unterschiedlichen Gattungsbezeichnungen ein Hinweis mehr sind für den zufälligen und darum auch variablen Charakter dieser Zusammenstellungen, für die als Beispiel die Achterliste von Sir Philip Sidney aus dem Jahr 1583 angeführt sei: *Heroick, Lyrick, Tragick, Comick, Satyrick, Iambick, Elegiack, Pastorall,* wobei Sidney diese als die *most notable* bezeichnet und darum mit dem unsystematischsten aller Ausdrücke, einem *and certaine others,* schließt.[24] Läßt sich den Systemen eines Diomedes oder Scaliger das Starre und Unerbittliche ankreiden, so diesen Einteilungen ihre Nachsicht, ihr Nichtaufhören-Können. Das wußte Shakespeare, als er im *Hamlet* diese Klassifizierungen der Lächerlichkeit preisgab. – War Asham ein, freilich isolierter, Vertreter der Drei- bzw. Vierteilung im 16. Jahrhundert, so ist es Milton im 17. Aus seiner Schrift *Of Education* (1644) zitiert Irene Behrens den Satz: *Poetry* [...] *that sublime Art which* [...] *teaches what the laws are of a true Epic poem, what of a Dramatic, what of a Lyric.*[25] Aber wiederum gibt dies, nach I. Behrens, nicht eine damals allgemein gültige Einteilung wieder, denn in einer fast gleichzeitig erschienenen Schrift von Ben Jonson werden fünf Gattungen unterschieden, außer den drei auch heute geläu-

24 *The Defence of Poesie.* In: S. P. S., *The prose works of Sir Philip Sidney.* Ed. by A. Feuillerat. Repr. vol. 1-4. Cambridge 1962, S. 34. Vgl. I. Behrens, a.a.O., S. 119-120.

25 *Of Education.* In: *The works of John Milton.* New York 1931-40. Vol. 4, S. 286. Vgl. I. Behrens, a.a.O., S. 125.

figen die elegische und die epigrammatische Dichtung.[26*] Nun noch aus dem spanischen Bereich zwei Beispiele. An die Viererenteilung Ashams erinnert ein Satz aus dem *Don Quijote* des Cervantes, in dem gesagt wird, der Dichter könne sich episch, lyrisch, tragisch und komisch zeigen. Entscheidender ist ein Passus, in dem der Spanier Cascales, der 1617 seine *Tablas poéticas* erscheinen ließ, auf eine an dieser Schrift geübte Kritik antwortet und sagt: *es gibt nicht mehr als drei Gattungen, nämlich die epische, die lyrische und die szenische, denn obwohl sich die Tragödie und die Komödie streng genommen unterscheiden, sind sie beide dramatischer Art (se representan en el tablado), so daß sie als eine einzige Gattung, nämlich als die dramatische, betrachtet werden.*[27]
Irene Behrens, deren Forschungsarbeit die Suche nach ausdrücklichen und unausdrücklichen Erscheinungsformen der modernen Dreiteilung der Dichtkunst in der Geschichte der Poetik bestand, hat guten Grund, auf diese Stelle bei Cascales besonders hinzuweisen, wird doch hier zum ersten Mal die Dreiteilung nicht bloß vertreten, sondern mit Nachdruck postuliert und verteidigt. Wie wenig aber auch damit eine neue Epoche beginnt, zeigt die französische Poetik des 16., 17. und 18. Jahrhunderts, die bekanntlich das zuerst übernommene, dann bekämpfte Muster darstellt für die deutsche Poetik der Aufklärung und der Goethezeit.
Die Rolle, welche die Lyrik Petrarcas und seiner Zeitgenossen in den italienischen Poetiken spielt, zeigt sich ex negativo in den französischen Lehrbüchern des 16.-18. Jahrhunderts. Trotz der bedeutenden französischen Renaissance- und Barockdichtung, trotz dem französischen Petrarkismus, wird das, was wir heute unter *Lyrik* begreifen, streng getrennt in die Gattung der von antiken Vorbildern, zumal

26* *Timber or Discoveries,* posthum 1641. In: B. J., *Discoveries,* 1641. Vgl. I. Behrens, a.a.O., S. 124. Klaus Scherpe (a.a.O., S. 61) vertritt hingegen die Ansicht, *daß in der englischen Theorie des 17. Jahrhunderts die umfassenden Gattungsbezeichnungen ›lyric‹, ›epic‹ und ›dramatic‹* [...] *bereits fest etabliert sind.*
27 Vgl. I. Behrens, a.a.O., S. 129.

Pindar, inspirierten Ode hohen Stils, die allein als Lyrik gilt, und den kleinen Formen, der *petite poésie* – wie der Ausdruck heißt –, zu der selbst das Sonett gehört. Das hat zur Folge, daß in den französischen Poetiken eine Drei- bzw. Vierteilung der Dichtkunst (Vier-, wenn Tragödie und Komödie selbständige Gattungen darstellen) noch später und noch seltener auftritt als in den italienischen Werken der Zeit. Poetik ist weniger System als Klassifikation; nicht Einteilung, die von der Einheit, sondern Gruppierung, die von der Vielfalt ausgeht. Erst 1746 wird die Dreiteilung der Dichtung, unter fragwürdiger Berufung auf Aristoteles, in dem auch für die deutsche Poetik sehr wichtig gewordenen Werk von Batteux *Les Beaux Arts reduits à un même principe* in die französische Dichtungstheorie eingeführt. Dieses eine Prinzip, auf das die einzelnen Künste zurückgeführt werden, ist das aristotelische Prinzip der Mimesis, der Nachahmung, als des Wesens aller Künste. Indem Batteux auch die Lyrik – die bei ihm, im Gegensatz zur französischen Überlieferung, zum ersten Mal mehr umfaßt als das Gebiet der Ode im hohen Stil, nämlich, wenngleich nicht ohne Einschränkungen, auch *la plupart des Chansons françoises*[28], – indem Batteux die Lyrik in diese aristotelische Bestimmung der Kunst aufnimmt, wird an der Funktion des Mimesisbegriffs von neuem die Historizität auch der poetischen Systeme deutlich. Nicht nur das bloße Vorhandensein der Gattungen schlägt sich in ihnen nieder, sondern auch ihre historische Erscheinungsform. Aristoteles hatte den Begriff der Nachahmung nur darum auf alle Dichtungsarten anwenden können, weil bei ihm der Dithyrambos als halbdramatische Form erschien. Batteux aber behauptet, Aristoteles habe drei Gattungen unterschieden, deren erste der *Dithyrambe ou la Poésie lyrique* sei. Von dem in der Literaturwissenschaft heute geltenden Lyrikverständnis her, das sich wesentlich an der »Erlebnislyrik« der Goethezeit

28 Ch. Batteux, *Les Beaux Arts réduits à un même principe*. Im ersten von fünf Bänden der *Principes de la Littérature*. Paris 1764, S. 306.

und der Romantik orientiert, scheint Nachahmung das Wesen der Lyrik als subjektiver und spontaner Ausdrucksform, zu verfehlen. Aber nicht minder verfehlt man die Eigenart der Lyrik im 17. und im frühen 18. Jahrhundert, wenn man ihre höchst vermittelte, emblematisch festgelegte Sprache nicht als solche erkennt – erst auf dem Hintergrund dieser Form der Lyrik aber hat Batteux' Einordnung der lyrischen Dichtung in die Formen der Nachahmung ihren guten Sinn. Er spricht es selber aus in dem Satz: *De même que dans la Poésie épique et dramatique on imite les actions et les mœurs; dans le Lyrique, on chante les sentiments, ou les passions imitées* ...[29]

Hat auch Batteux um die Mitte des 18. Jahrhunderts die Dreiteilung der Dichtkunst in die französische Poetik eingeführt – und wir wissen, daß die italienische, die englische und die spanische Theorie sie zu diesem Zeitpunkt längst gekannt haben –, so bürgert sie sich dennoch nicht als die allgemeingültige Gliederung ein. Irene Behrens macht dies durch den Hinweis auf Diderots *Encyclopédie* deutlich. Nicht nur bleibt dieser die Dreiteilung im Sinne von Batteux fremd, sie kennt verschiedene Einteilungen. Im ersten Band der *Encyclopédie* wird zwar eine Dreiteilung mitgeteilt, aber ihre Gattungen heißen: *poésie narrative, poésie dramatique* und *poésie parabolique;* während im 26. Band fünf verschiedene Gattungen unterschieden werden: 1. *poésie fabulaire ou de récit,* 2. *poésie de spectacle ou dramatique,* 3. *poésie épique,* 4. *poésie lyrique* und 5. *poésie didactique.*[30]

Da diese historische und vergleichende Übersicht nur die Aufgabe hat, den Hintergrund zu skizzieren, auf dem die deutsche Gattungspoetik um 1800 zu sehen ist, brauche ich die französische Entwicklung hier nicht weiter zu verfolgen. Wie am Beispiel jener Verankerung der Lehre von der Einteilbarkeit der Dichtung in den Systemen des Deutschen

29 Ebd., S. 311, vgl. I. Behrens, a.a.O., S. 169.
30 Vgl. I. Behrens, a.a.O., S. 174.

Idealismus bereits angedeutet wurde, hält die französische Poetik auch noch im 19. Jahrhundert das Problem durchaus nicht in dem einen Sinn für gelöst, wie es nach der Epoche des Deutschen Idealismus den Anschein hat. Was aber die Vorgeschichte der Gattungspoetik der Goethezeit betrifft, so ist die Nahtstelle zwischen französischer und deutscher Theorie das Werk von Batteux, das nicht nur mehrfach übersetzt, sondern von den Übersetzern auch kommentiert wurde. Wichtige Änderungen in der deutschen Auffassung lassen sich in der Geschichte der Batteux-Rezeption konkret fassen.[31*] Batteux' Werk wurde übersetzt von Johann Adolf Schlegel, dem Vater der Brüder Schlegel, im Jahr 1751; drei Jahre später erschien ein *Auszug aus des Herrn Batteux ... Schönen Künsten* in der Übersetzung Gottscheds; schließlich gab auch Karl Wilhelm Ramler 1769 eine mit eigenen Zusätzen vermehrte Übersetzung Batteux' unter dem Titel *Einleitung in die Schönen Wissenschaften* heraus. Am weitesten von dem gattungspoetischen Standpunkt der späteren Zeit ist Johann Adolf Schlegel (1751) entfernt, der in der vierten seiner zur Batteux-Übersetzung hinzugefügten Abhandlungen gegen Batteux behauptet, daß es keine bestimmte Zahl von poetischen Gattungen gebe. Es heißt hier, es bestehe die Möglichkeit, daß noch ein fünfter Erdteil gefunden werden könnte, *gegen den Süderpol zu. Laßt uns eben dies von der Poesie sagen! nichts läßt sich bei ihr schwerer bestimmen, als eine gewisse Anzahl von Gattungen, auf die sie sich einzuschränken genötigt sein soll.* [...] *Vielleicht würden wir in Erfindung derselben noch glücklicher sein, wenn wir nicht zu schüchtern wären, von den Fußstapfen der alten manchmal abzuweichen.* [...] *Laßt uns gerecht sein, und glauben, daß unsre Nachkommen vielleicht noch andre Gattungen hinzufügen, und sich wundern werden, daß sie den Genien unsrer Zeiten verborgen geblie-*

31* Darüber informiert vorzüglich das Buch von K. Scherpe, a.a.O., S. 85 ff.

ben sind...[32] Allein das Wort *hinzufügen* wie auch die Erfindungsmetaphorik machen deutlich, daß hier nicht die auf Platos *Staat* zurückgehende Tradition der nach einem bestimmten Prinzip erfolgenden Einteilung der Dichtkunst fortgeführt wird, sondern jene gleichfalls aus der Antike, zumal aus der Rhetorik stammende Praxis der Feststellung und Klassifizierung eines vorgefundenen vielfältigen Materials. Ramler, der Batteux-Herausgeber von 1769, wird an einer Einteilung der Poesie nach bestimmtem Prinzip festhalten, von Batteux aber in anderer Weise abweichen, indem er nämlich die auf Diomedes zurückgehende Tradition fortsetzt und die didaktische Poesie als selbständige Dichtungsgattung bezeichnet, und zwar als vierte neben der erzählenden, der dramatischen und der lyrischen.

Hatte schon Batteux, wie kurz erwähnt, unter Lyrik nicht allein die Ode hohen Stils verstanden, so wird diese Überwindung der exklusiven Lyrik-Auffassung, welche deren Auffassung als der dritten Gattung der Poesie lange Zeit im Wege stehen mußte, von Gottsched beschleunigt, indem er in seiner Batteux-Bearbeitung von 1754 die Begriffe Ode und lyrische Poesie über die Vorbilder der Griechen und Römer hinaus revolutionär auf die deutsche Dichtung des Mittelalters überträgt. Lyrik ist bei Gottsched nicht mehr an Erhabenheit gebunden, sie ist die Poesie der Empfindung.

Damit stehen wir unmittelbar vor der Schwelle der Goethezeit, deren gattungspoetische Konzeptionen nicht denkbar wären ohne die emphatische Stellung, welche die Lyrik, in schroffstem Gegensatz zu den bis jetzt erwähnten Auffassungen des Klassizismus und der Aufklärung, bei Herder erringt. Im Rahmen der Lehre von der Naturpoesie erklimmt die Lyrik eine Stufe, die sie hierarchisch über, historisch vor die anderen Gattungen stellt. *Die Ode,* heißt es bei Herder – und auch bei ihm noch steht das Wort ein

32 J. A. Schlegel, *Von der Einteilung der Poesie*, 4. Abhandlg., S. 306 ff., beigefügt Batteux' *Einschränkung der schönen Künste auf einen einzigen Grundsatz*. Leipzig 1751.

für die Lyrik insgesamt – *die Ode, verglichen mit den übrigen Dichtarten, ist beinahe ihre Quelle und Leben, sie ist die Ader des Dramas und der Epopöe, der drei einzigen Arten der eigentlichen Dichtkunst.*[33]

33 J. G. Herder, *Sämtliche Werke*, Hg. B. Suphan. Berlin 1877, Bd. 1, S. 465.

3

Herders Behauptung markiert eine Position, die man auch bei seinen Zeitgenossen antrifft. Sie darf als die Position der Vorromantik, mit wichtigen Vorläufern in der Aufklärung selbst, angesehen werden. Dabei handelt es sich um die Unterwanderung der seit der Antike tradierten klassifikatorischen Gattungspoetik zugunsten der Beschreibung einzelner Gattungen. Diese Kritik an der überlieferten Gattungspoetik hat verschiedene Motive und arbeitet mit verschiedenen Argumentationen. In den historischen Darstellungen der Poetik, die auf die Aufklärung allzu rasch die sog. Goethezeit oder den Deutschen Idealismus folgen lassen, lange Zeit vernachlässigt, erhielt diese wichtige Übergangsphase in der Geschichte der Gattungspoetik eine zuverlässige Beschreibung in dem schon öfter zitierten Buch von Klaus Scherpe.[34*] Der Hinweis auf sie ist freilich nötig, weil man die gattungspoetischen Konzeptionen Goethes und Schillers, wie sie in ihrem Briefwechsel des Jahres 1797 erarbeitet werden, nur auf diesem Hintergrund verstehen kann: auch ihnen geht es nicht um Klassifikation oder System, sondern um die Unterscheidung von epischer und dramatischer Dichtung.

Andererseits bleiben die Ideen Schillers und Goethes, obwohl in ihnen eine Auseinandersetzung mit der philosophischen Poetik ihrer Zeitgenossen stattfindet, jener Tradi-

34* Der zweite Teil dieses Buches behandelt unter dem Titel *Kritik und Dissoziierung der normativ-systematischen Gattungspoetik* (a.a.O., S. 169 ff.) die gegen das klassifikatorische System gerichteten Tendenzen bei Alexander Gottlieb Baumgarten, bei Bodmer und Breitinger, bei Johann Adolf Schlegel und Johann Georg Sulzer, bei Klopstock, Gerstenberg und Herder. Ginge es in dieser Vorlesung um die Auflösung der Aufklärungspoetik und nicht vielmehr um die Begründung der spekulativen Gattungspoetik des Deutschen Idealismus, so wäre auf die genannten Autoren hier einzugehen. Mit Rücksicht auf das Thema ist es aber gerechtfertigt, auf diese Übergangsphase, über die das Buch von Scherpe vorzüglich informiert, nur hinzuweisen.

tion verhaftet, der erst die von Schelling inaugurierte Philosophie der Kunst den Abschied erteilen wird, einer Überlieferung, die man die aristotelische nennen kann. Zwar haben beide, Schiller in seinem Aufsatz *Über naive und sentimentalische Dichtung* (1795), Goethe in den späteren *Noten und Abhandlungen zu besserem Verständnis des West-östlichen Divans* (1819) den Versuch unternommen, die Gattungsunterschiede anders als bloß pragmatisch, von der Realität des Kunstwerks und des Künstlers ausgehend, zu begründen, und sind damit in die Nähe der Intentionen des Deutschen Idealismus geraten, ohne indessen den entscheidenden Schritt zum spekulativen System zu tun. – Darum wohl wurden zumal Goethes Gedanken von 1819 in der Poetik des 20. Jahrhunderts, die am System nicht mehr festhalten konnte und zu der allzu terre-à-terre wirkenden Poetik der Aufklärung nicht zurückkehren wollte, wieder aufgenommen: bei Julius Petersen und Emil Staiger. Trotz diesen isolierten Versuchen, die Pragmatik zu überwinden, bleibt Goethes und Schillers gattungspoetisches Denken im Wesentlichen der auf Aristoteles zurückgehenden Betrachtungsweise treu, d. h.: es bleibt eine Betrachtungsweise. Am 10. März 1801, vier Jahre nach ihrer gemeinsamen Bemühung um die Eigenart des Epischen und Dramatischen, meldet Schiller aus Jena nach Weimar eine Neuigkeit, die in der Tat eine war: *Schelling* – so schreibt Schiller an Goethe – *will eine Deduction der verschiedenen Kunstgattungen a priori liefern, worauf ich begierig bin.*[35] Demgegenüber ist alles, was Goethe und Schiller in ihrem Briefwechsel und in dem von Goethe 1797 niedergeschriebenen (erst 1827 gedruckten), aber mit beider Namen versehenen kleinen Aufsatz *Über Epische und Dramatische Dichtung*[36] festhal-

35 *Der Briefwechsel zwischen Schiller und Goethe*, im Auftrag des Goethe- und Schiller-Archivs nach den Handschriften herausgegeben von H. G. Gräf und A. Leitzmann. In drei Bänden, Leipzig 1912, Bd. II, Nr. 796. Künftig: *Briefwechsel*.

36 In: J. W. Goethe, *Sämtliche Werke*, Jubiläumsausgabe in 40 Bänden, Stuttgart u. Berlin o. J. (*Schriften zur Literatur* 1) Bd. 36, S. 149 ff., und

ten, nicht deduktiv, sondern induktiv gewonnen; die Gattungen werden auf Grund ihrer Beziehung zu der Dichtung selbst begriffen, also a posteriori.
Fragt man, wie eingangs beschrieben, nach der Einteilbarkeit der Dichtung, nach den Prinzipien der gattungspoetischen Systeme, so gehört streng genommen die Darstellung der Goethe-Schillerschen Erkenntnisse noch in die Prähistorie der idealistischen Poetik. Das soll hier nicht etwa kritisch angemerkt werden, vielmehr zur richtigen Einschätzung des Stellenwerts von Goethes und Schillers Thesen in der Geschichte der Gattungspoetik wie auch zur Erklärung dafür, warum im folgenden nicht von drei Gattungen die Rede sein wird, sondern nur von zweien. Denn nicht um die Einteilung der Dichtkunst ging es Schiller und Goethe in ihrem Briefwechsel, geschweige denn um die Deduktion der drei Gattungen, sondern um den Vergleich von Epik und Dramatik, genauer: des epischen und des dramatischen Kunstwerks.
Wie dieser Vergleich in ständigem Rückgriff auf einzelne Werke der beiden Gattungen durchgeführt wird, so soll er auch wieder in die Praxis einmünden. Nicht als Selbstzweck gemeint, steht er vielmehr im Dienst einer von Schiller und Goethe gemeinsam unternommenen Erkundung, deren Ziel in den Briefen immer wieder beim Namen genannt wird. *Ich habe jetzt,* schreibt Goethe an Schiller am 22. April 1797, *keine interessantere Betrachtung als über die Eigenschaften der Stoffe, in wie fern sie diese oder jene* [d. h. die epische oder die dramatische] *Behandlung fordern. Ich habe mich darinnen so oft in meinem Leben vergriffen, daß ich endlich einmal ins klare kommen möge, um wenigstens künftig von diesem Irrtum nicht mehr zu leiden.* Und am 15. September desselben Jahres schreibt Schiller, an »Hermann und Dorothea« *würde sich vielleicht durch eine Art Induction zei-*

Schillers Werke, Nationalausgabe, Hg. (seit 1961) L. Blumenthal u. B. v. Wiese. Weimar 1943 ff., Bd. 20: Philosophische Schriften, 1963, S. 57 ff. (Im folgenden zitiert nach der Nationalausgabe.)

gen lassen, daß bei jeder andern Wahl der Handlung etwas hätte unbestimmt bleiben müssen. – Verbindet man mit diesem Satz nun den andern, daß die Bestimmung des Gegenstandes jedesmal durch die Mittel geschehen muß, welche einer Kunstgattung eigen sind – daß sie innerhalb der besondern Grenzen einer jeden Kunstspecies absolviert werden muß, so hätte man, däucht mir, ein hinlängliches Criterium, um in der Wahl der Gegenstände nicht irre geleitet zu werden.

Mit *Hermann und Dorothea* ist zugleich das Werk genannt, das neben *Wilhelm Meisters Lehrjahren* und neben dem *Wallenstein* die beiden Dichter veranlaßt, in ihren Briefen mit einer darin sonst kaum auftretenden Kontinuität das ganze Jahr 1797 hindurch das Verhältnis von Epik und Dramatik zu behandeln. Einen Tag vor Weihnachten 1797 schickt dann Goethe den zu einem entscheidenden Teil aus den gewechselten Briefen kondensierten Aufsatz an Schiller, je zwei Briefe gehen zwischen den Jahren, von Jena nach Weimar und von Weimar nach Jena, und im letzten, vom 30. Dezember, schließt Goethe die Diskussion mit den Worten: *Die theoretischen Betrachtungen können mich nicht lange mehr unterhalten, es muß nun wieder an die Arbeit gehen.* Nur noch wenige Male wird die Frage in den Briefen der folgenden Jahre aufgeworfen. Das hängt sicherlich auch damit zusammen, daß Schiller sich später oft in Weimar aufhielt und das Gespräch den Briefwechsel ersetzen konnte. Schreibt z. B. Goethe am 22. August 1798 an ihn: *Ich habe wieder neue Grillen über das Tragische* [i. e. Dramatische] *und Epische, die ich Ihnen bei der nächsten Zusammenkunft mitteilen will,* so dürfte im Jahr zuvor manches im Gespräch statt in Briefen geklärt worden sein. Aber der dezidierte Abschluß im Brief vom 30. Dezember, die Souveränität, mit der Goethe von der Theorie Abschied nimmt, um sich wieder der Praxis zu widmen, beleuchtet schlagartig einen Unterschied zwischen ihm und Schiller, einen Unterschied, der in dem Umstand wiederzufinden ist, daß von den drei

Werken, mit denen die Diskussion der Gattungsfrage in engstem Zusammenhang steht, die beiden Goetheschen – die *Lehrjahre* und *Hermann und Dorothea* – bereits vollendet sind, während Schiller gerade im Kampf um die Gestaltung des störrischen Wallensteinstoffes nach dem Rettungsgürtel der Theorie greift.

Freilich ist es nicht dieser Unterschied, subjektiv-arbeitspsychologischer Natur, sondern es sind objektive Unterschiede, die es lohnend erscheinen lassen, hinter den Aufsatz *Über Epische und Dramatische Dichtung*, in den Goethes und Schillers Einsichten ungeschieden Aufnahme fanden, zurückzugehen und die Genesis dieses Aufsatzes in dem Briefwechsel Stufe für Stufe, Motiv für Motiv, zu verfolgen. Weiterhin spricht für eine genauere Darstellung der Korrespondenz der Umstand, daß nur in ihr, und nicht mehr im Aufsatz selbst, der historische Kontext sichtbar wird, in dem für Goethes und Schillers Bewußtsein ihre Klärung der Prinzipien von Epik und Dramatik steht, der Zusammenhang mit dem Grundproblem des Klassizismus, nämlich dem Problem der Nachahmung, der Mimesis. Was in den Briefen zuweilen als Polemik gegen die Antiklassizisten durchbricht, ist in dem Aufsatz dann unterdrückt; dieser zeugt gleichsam nur noch durch das, was er verschweigt, von dem wie sehr auch prekären, von Goethe später nicht festgehaltenen, Triumph der Klassik. Dieser Triumph ist abzulesen daran, daß die Fragestellung im Aufsatz gänzlich unhistorisch geworden ist, was beispielsweise zur Folge hat, daß unter epischer Dichtung nur noch das Epos verstanden wird und nicht auch der Roman, der in der geschichtlichen Entwicklung an die Stelle des Epos getreten war. Liest man dagegen den Briefwechsel, so wird deutlich, daß Schillers außerordentlich intensive Beschäftigung mit dem *Wilhelm Meister* im Jahr 1796, die sich in mehreren langen Briefen niedergeschlagen hat, die Beschäftigung mit einer Gattung, welche Schiller fremd war, die Diskussion der Gattungsfragen zwischen den beiden Dichtern entscheidend mit ausgelöst hat.

So sind in einem Brief vom 8. Juli 1796, der vor allem auf das 8. Buch der *Lehrjahre* eingeht, die beiden Stellen zu finden, in denen sich das Thema des nächsten Jahres ankündigt. Schiller entdeckt, daß der Roman Goethes sich in einer Hinsicht der Epopöe, in einer anderen dem Drama nähert. Die Verwandtschaft mit dem Epos findet Schiller darin, daß der Roman *Maschinen hat, die in gewissem Sinne die Götter oder das regierende Schicksal darinn vorstellen;* diese Anleihe beim Epos wird von Schiller hier nicht beanstandet, hingegen wünscht er, daß *über den innern Geist, über die poetische Notwendigkeit jener Anstalten* – gemeint ist die Aktivität der Gesellschaft im Turm – mehr *ästhetischer* Aufschluß gegeben werde. – Kritisch vermerkt Schiller dann, daß die Einbildungskraft in dem Roman zu frei mit dem Ganzen zu spielen scheint, und sieht darin *eine gewisse Condeszendenz gegen die schwache Seite des Publikums,* die Goethe dazu verleitet habe, *einen mehr theatralischen Zweck und durch mehr theatralische Mittel, als bei einem Roman nötig und billig ist, zu verfolgen.*[37] Bedenkt man, daß sowohl Schiller als auch Goethe, in Übereinstimmung mit der überlieferten Poetik, die Eigenart der dramatischen Gattung in engstem Zusammenhang mit der Theatralik, also wirkungsästhetisch sehen, so ergibt sich, daß Schiller hier an eine Grenzüberschreitung des Romans zum Drama hin denkt.

Dies sind jedoch, wie gesagt, nur Vorzeichen der Diskussion, die im Frühjahr 1797 einsetzt. Schiller, das Szenarium seines *Wallenstein* entwerfend, denkt – wie er schreibt – über sein *eigenes Geschäft und über die Behandlungs-Art der Tragödie bei den Griechen nach.*[38] Was ihn von Goethe unterscheidet, ist nicht nur die schon erwähnte innige Verknüpfung der Problematik der eigenen Arbeit mit der Reflexion über die generelleren Probleme, die ihm einen Weg aus seinen Schwierigkeiten bahnen soll, sondern auch die stän-

37 *Briefwechsel,* Bd. I, S. 192 f., Nr. 186.
38 *Briefwechsel,* Bd. I, Nr. 291.

dige Hinsicht auf die Griechen. Aus dem Vergleich der Behandlungsarten der Tragödie bei den Griechen und bei sich selbst folgert Schiller, daß *der ganze Cardo rei* [der Hauptpunkt also] *in der Kunst liegt, eine poetische Fabel zu erfinden.*[39] Und nun folgt die wichtige Explikation, die bereits in diesem ersten Brief der gattungspoetischen Diskussion deren Zusammenhang mit dem Problem der Mimesis, der Nachahmung der Wirklichkeit, herstellt. *Der Neuere* – schreibt Schiller – *schlägt sich mühsehlig und ängstlich mit Zufälligkeiten und Nebendingen herum, und über dem Bestreben, der Wirklichkeit recht nahe zu kommen, beladet er sich mit dem Leeren und Unbedeutenden, und darüber läuft er Gefahr, die tiefliegende Wahrheit zu verlieren, worin eigentlich alles Poetische liegt. Er möchte gern einen wirklichen Fall vollkommen nachahmen und bedenkt nicht, daß eine poetische Darstellung mit der Wirklichkeit eben darum, weil sie absolut wahr ist, niemals coincidieren kann.* Auf die Charaktere der Tragödien angewandt, besagt diese Einsicht, daß die griechischen Charaktere *mehr oder weniger idealische Masken und keine eigentlichen Individuen sind*[40] wie in Shakespeares oder in Goethes Stücken. Damit ist freilich nichts Neues behauptet, vielmehr der Kernpunkt der Sturm-und-Drang-Dramaturgie wiederaufgenommen, der – etwa in Herders Shakespeare-Aufsatz von 1773 – die Eigenart der neuen Werke gegenüber den Musterpoetiken der Aufklärung rechtfertigen soll. Schiller dagegen, obwohl ihm das Bewußtsein geschichtsphilosophischer Differenz durchaus nicht fremd war (wie ja der Aufsatz über das Naive und Sentimentalische bezeugt), läßt die von Herder postulierte Gleichberechtigung der verschiedenen Behandlungsweisen nicht gelten und bekämpft die naturalistische Tendenz, indem er der idealisierenden der griechischen Tragödie (Masken statt Individuen) – dies ist kennzeichnend – von der dramaturgischen Praxis her den

39 Ebd.
40 Ebd.

Vorzug gibt: *Man kommt mit solchen Charakteren* (i. e. wie *Kreon im Oedip und in der Antigone bloß die kalte Königswürde* ist) *in der Tragödie offenbar viel besser aus, sie exponieren sich geschwinder, und ihre Züge sind permanenter und fester.*[41] Was sich in der Arbeit als das Praktikablere erweist, erschleicht so die Würde des Gattungsmäßigen und verhilft einem Stil, hier dem Klassizismus, zum Sieg, statt daß die Forderungen der veränderten historischen Lage, welche Wahrheit nicht mehr jenseits der *Zufälligkeiten und Nebendinge* darzustellen erlaubt, die Gattung selber modifizieren dürften. Hegel hat dafür, trotz seiner gleichfalls klassizistischen Grundhaltung, mehr als seine Zeitgenossen einen Blick gehabt und ihn in der Behandlung der Romanform fruchtbar gemacht, während bei Schiller und Goethe der Klassizismus nicht zuletzt darin triumphiert, daß der abschließende Aufsatz über das Epische und das Dramatische die Möglichkeit des Romans mit keinem Wort mehr erwähnt.[42]

Ein weiteres Zeichen für die Stärkung der klassizistischen Position, die sich der gattungspoetischen Diskussion in dem Maße verdankt, wie sich diese von jener Position ihre Resultate präjudizieren läßt, ist die schon ihrer Dezidiertheit und ihres provozierenden Schlusses wegen bemerkenswerte Kritik, die Schiller in einem Brief vom 20. Oktober 1797, kurz vor dem Abschluß der Diskussion also, an den *Lehrjahren* übt: *Auch den Meister habe ich ganz kürzlich wieder gelesen, und es ist mir noch nie so auffallend gewesen, was die äußere Form doch bedeutet. Die Form des Meisters, wie überhaupt jede Romanform, ist schlechterdings nicht poetisch, sie ist* [*und*] *liegt ganz nur im Gebiete des Verstandes, steht unter allen seinen Forderungen und partizipiert auch von allen seinen Grenzen. Weil es aber ein echt poetischer Geist ist, der sich dieser Form bediente, und in dieser Form*

41 Ebd.
42 Vgl. dazu: G. Lukács, *Der Briefwechsel zwischen Schiller und Goethe*. In: G. L., *Goethe und seine Zeit*. Bern 1947, insbesondere S. 65, 66.

die poetischen Zustände ausdrückte, so entsteht ein sonderbares Schwanken zwischen einer prosaischen und poetischen Stimmung, für das ich keinen rechten Namen weiß. Ich möchte sagen, es fehlt dem Meister (dem Roman nämlich) an einer gewissen poetischen Kühnheit, weil er, als Roman, es dem Verstande immer recht machen will – und es fehlt ihm wieder an einer eigentlichen Nüchternheit (wofür er doch gewissermaßen die Forderung rege macht), weil er aus einem poetischen Geiste geflossen ist. Buchstabieren Sie das zusammen wie Sie können, ich teile Ihnen bloß meine Empfindung mit.[43]

Schillers Kritik ist ganz von jener praktischen Grundfrage der Diskussion bestimmt, welcher Stoff welche Behandlungsweise fordert. Daß die Frage berechtigt ist, wird man nicht bezweifeln wollen, wohl aber, ob ihr nicht immer schon das Postulat einer Stimmigkeit im Kunstwerk vorausliegt, die als Kernstück des klassizistischen Programms historisch bedingt ist. Vollends fragwürdig wird aber Schillers Fragestellung durch die – wiederum klassizistische – Starre, die sich mit der Gegenüberstellung von prosaisch und poetisch zufriedengibt. Statt die Problematik des *Wilhelm Meister* gerade in der Vermittlung von Prosaischem und Poetischem zu sehen, nennt Schiller den Geist, der den *Wilhelm Meister* prägt, und die Zustände, die in ihm ausgedrückt werden, kurzerhand *echt poetisch* und stellt ihnen die Form des Romans als eine *prosaische* gegenüber. Für das Prosaische in Goethes Intention, gegen die sich die Romantiker, so Novalis, wandten, hatte Schiller keinen Blick, er sah Goethe klassizistischer als dieser war, wie denn der Briefwechsel sich überhaupt dadurch auszeichnet, daß Gegensätze oder auch nur Abweichungen in der Intention, in der Zielsetzung, von vornherein ausgeschlossen erscheinen und diskutiert nur die Mittel und Wege werden.

Nun folgt aus der Gegenüberstellung der Sophokleischen

43 *Briefwechsel*, Bd. I, Nr. 367.

und Shakespeareschen Charaktere – idealische Masken gegen Individuen – für Schiller keineswegs das Postulat einer Rückkehr zu den Griechen im Sinne des Winckelmannschen Nachahmungsklassizismus oder auch der französischen Klassik. Ganz verdrängt wurde der Sturm und Drang nicht. Nur drei Tage trennen den zitierten Brief von dem nächsten, in dem Schiller, anhand des *Julius Cäsar*, seine Theorie der dramatischen Charakterbehandlung differenziert und den einst von Herder gefeierten Realismus Shakespeares für die eigene Konzeption rettet. Es sei ihm *recht merkwürdig gewesen, wie er* [Shakespeare] *das gemeine Volk mit einer so ungemeinen Großheit behandelt. Hier, bei der Darstellung des Volkscharakters, zwang ihn schon der Stoff, mehr ein poetisches Abstractum als Individuen im Auge zu haben, und darum finde ich ihn hier den Griechen äußerst nah. Wenn man einen zu ängstlichen Begriff von Nachahmung des Wirklichen zu einer solchen Szene mitbringt, so muß einen die Masse und Menge mit ihrer Bedeutungslosigkeit nicht wenig embarrassieren* [Schiller spricht hier offensichtlich als Dramatiker, der Shakespeares Arbeitsweise nachvollzieht und die Schwierigkeiten erkennt, nicht als Leser], *aber mit einem kühnen Griff nimmt Shakespeare ein paar Figuren, ich möchte sagen, nur ein paar Stimmen aus der Masse heraus, läßt sie für das ganze Volk gelten, und sie gelten das wirklich; so glücklich hat er gewählt.*

Sind hier die Vertreter des Volkes mehr poetische Abstraktionen als Individuen, so ist klar, daß das Poetische erst durch den Vorgang der Abstraktion entsteht – während in der *Wilhelm-Meister*-Kritik apriorisch von *poetischen Zuständen* die Rede ist. Nicht anders wird man auch den Begriff der *Großheit* – Shakespeare behandle das gemeine Volk mit einer *so ungemeinen Großheit* – als einen Terminus der dramaturgischen Praxis und nicht etwa als ideologischen verstehen wollen. Dennoch bleibt die Frage, ob durch solche Angleichung des Shakespeare-Stils an den griechisch-klassischen die Probleme nicht eher verdeckt als erkannt werden. Denn Schiller fährt fort: *Es geschähe den Poeten und Künstlern schon dadurch ein großer Dienst, wenn man nur erst ins Klare gebracht hätte, was die Kunst von der Wirklichkeit wegnehmen oder fallen lassen muß. Das Terrain würde lichter und reiner, das Kleine und Unbedeutende verschwände und für das Große würde Platz.*[44] Man wird schwerlich behaupten können, daß es sich auch hier nur um das dramaturgische Problem handelt, die in ihrer Vielfalt und Größe nicht darstellbaren Volksmassen auf dem Wege der Auswahl einzelner Stimmen repräsentativ dennoch darzustellen. Soll der Volkscharakter, von dem auch Schiller spricht, nicht verfälscht werden, so ist nicht einzusehen, wie das Kleine und Unbedeutende verschwinden darf, um dem Großen Platz zu machen, gehört doch das Kleine, man kann auch sagen: Prosaische, bei Shakespeare konstitutiv zu dem Begriff des Volkes. Vielleicht war diese Rettung der Shakespeareschen Darstellung der Volksmassen für den Klassizismus nur möglich, weil Schiller ein römisches Stück Shakespeares zum Ausgangspunkt nahm, in dem die Figuren aus dem Volk selber schon klassizistisch stilisiert sind, im Gegensatz zu jenen, die rülpsend und fluchend die Schenken und Schlachtfelder der Shakespeareschen Historien bevölkern.

Schiller muß später klar geworden sein, daß eine typisierende Darstellung à la Shakespeare noch keine Absage an die Naturnachahmung bedeutet. In seinem die Diskussion des Jahres 1797 abschließenden Brief vom 29. Dezember erscheint das Drama nicht mehr als die Gattung, die der Klassizismus gegen den prosaischen Roman als sein Lieblingskind ausspielen kann, auch dieses bedarf der Erziehung, der Veränderung. Die Reform müßte man beim Drama anfangen, schreibt Schiller, und *durch Verdrängung der gemeinen Naturnachahmung der Kunst Luft und Licht ver-*

44 *Briefwechsel*, Bd. I, Nr. 293 (7. 4. 1797).

schaffen. Und dies, däucht mir, möchte unter andern am besten durch Einführung symbolischer Behelfe geschehen, die in allem dem, was nicht zu der wahren Kunstwelt des Poeten gehört und also nicht dargestellt, sondern bloß bedeutet werden soll, die Stelle des Gegenstandes verträten. Ich habe mir diesen Begriff vom Symbolischen in der Poesie noch nicht recht entwickeln können, aber es scheint mir viel darin zu liegen. Würde der Gebrauch desselben bestimmt, so müßte die natürliche Folge sein, daß die Poesie sich reinigte, ihre Welt enger und bedeutungsvoller zusammenzöge und innerhalb derselben desto wirksamer würde. Und Schiller fährt fort: *Ich hatte immer ein gewisses Vertrauen zur Oper, daß aus ihr wie aus den Chören des alten Bacchusfestes das Trauerspiel in einer edlern Gestalt sich loswickeln sollte. In der Oper erläßt man wirklich jene servile Naturnachahmung, und obgleich nur unter dem Namen von Indulgenz könnte sich auf diesem Wege das Ideale auf das Theater stehlen.*[45]

War schon die Annäherung der Shakespeareschen Typen aus dem Volk an die Gestalten der griechischen Tragödie (die Masken sind Kreon nichts als *kalte Königswürde*) forciert, so wird der Gegensatz zwischen ihnen und den hier skizzierten symbolischen vollends unüberbrückbar.

Das aber wird Schiller nicht entgangen sein, wie man denn aufhorchen muß, wenn er in den eben zitierten Sätzen über die Oper das Ideale sich auf das Theater stehlen läßt, statt ihm einen triumphalen Einzug zu bereiten. Man hat Grund zur Annahme, daß der Klassizismus in dieser seiner konsequenten Form für Schiller mehr eine Versuchung als ein Programm war. Eine Versuchung nicht nur, aber auch nicht zuletzt darum, weil Schiller mit der Überwindung des Kleinen und Unbedeutenden im Namen des Idealen zugleich sein aktuelles Formproblem, die Bändigung der Stoffmassen des *Wallenstein*, überwunden haben würde. Erlegen ist

45 *Briefwechsel*, Bd. I, Nr. 394.

Schiller der Versuchung nicht – oder nur einmal und mit Maßen, nämlich in der *Braut von Messina*, einem genialen Verdi-Libretto avant la lettre. Sowenig er zu dem Naturalismus der *Räuber* zurückkehrte, sowenig hat er das Drama wie später Goethe im *Faust II* zur Oper hin transzendiert; mehr noch als im *Wallenstein* hat er in den folgenden Werken, am deutlichsten im Fragment gebliebenen *Demetrius*, über dem er starb, die Geschichte in ihrer Vielfalt, die Handlung als Aktion nicht Einzelner, sondern als ein von Massen bestimmtes und das Schicksal von Massen bestimmendes Geschehen in die dramatische Form eingehen lassen wollen.
Aber das klassizistische Kernproblem der Naturnachahmung wirkt sich in Goethes und Schillers Diskussion der Gattungsunterschiede auch noch in anderer Weise aus, als wir bis jetzt gesehen haben. Denn Goethe erkennt, daß die realistische Tendenz die klare Scheidung der Gattungen untergräbt. In dem Brief, dem der Aufsatz beigelegt ist, also am 23. Dezember, schreibt er an Schiller: *Es ist mir dabei recht aufgefallen wie es kommt, daß wir Modernen die Genres so sehr zu vermischen geneigt sind, ja daß wir gar nicht einmal im Stande sind, sie von einander zu unterscheiden. Es scheint nur daher zu kommen, weil die Künstler, die eigentlich die Kunstwerke innerhalb ihrer reinen Bedingungen hervorbringen sollten, dem Streben der Zuschauer und Zuhörer, alles völlig wahr zu finden, nachgeben. Meyer* [der sog. Kunst-Meyer, Goethes Freund] *hat bemerkt, daß man alle Arten der bildenden Kunst hat bis zur Malerei hinantreiben wollen, indem diese durch Haltung und Farben die Nachahmung als völlig wahr darstellen kann. So sieht man auch im Gang der Poesie, daß alles zum Drama, zur Darstellung des vollkommen Gegenwärtigen sich hindrängt. So sind die Romane in Briefen völlig dramatisch, man kann deswegen mit Recht förmliche Dialoge, wie auch Richardson getan hat, einschalten; erzählende Romane mit Dialogen untermischt würden dagegen zu tadeln sein.* [...]

Diesen eigentlich kindischen, barbarischen, abgeschmackten Tendenzen sollte nun der Künstler aus allen Kräften widerstehen, Kunstwerk von Kunstwerk durch undurchdringliche Zauberkreise sondern, jedes bei seiner Eigenschaft und seinen Eigenheiten erhalten, so wie es die Alten getan haben und dadurch eben solche Künstler wurden und waren.[46]

Verschiedenes bedarf in diesen Sätzen des Kommentars. Die Voraussetzung der Goetheschen Argumentation ist jene Hauptthese des Aufsatzes, daß *der Epiker die Begebenheit als vollkommen vergangen vorträgt und der Dramatiker sie als vollkommen gegenwärtig darstellt.* Man würde es sich zu leicht machen, wollte man diese Unterscheidung mit dem Hinweis relativieren, daß in anderen gattungspoetischen Versuchen, etwa bei Emil Staiger, die Gattungen und die Tempora einander anders zugeordnet wurden, das Epische der Gegenwart, das Dramatische der Zukunft. Denn es läßt sich unschwer zeigen, daß diese verschiedenen Zuordnungen einander nicht aufheben, daß sie vielmehr alle ein Wahrheitsmoment haben und es zu Unterschieden nur deshalb kommt, weil sowohl die Gattungen als auch die Zeitformen, und schließlich auch die konstitutive Rolle der Zeitlichkeit für die Gattung, jeweils anders, nämlich unter verschiedenen Gesichtspunkten, gesehen werden. Konstatiert Goethe eine Tendenz zum Drama, zur Darstellung des vollkommen Gegenwärtigen – eine Tendenz, der sich etwa die Form des Briefromans verdankt –, so kann die Gegenüberstellung epischer Vergangenheit und dramatischer Gegenwart präzisiert werden, indem die epische Darstellung als Vergegenwärtigung eines Vergangenen in der Erzählung begriffen wird, die dramatische Darstellung aber als eine, die sich selber aufzuheben strebt, indem sie nicht die Darstellung von etwas, sondern ein im Augenblick allererst sich Ereignendes, eine nicht bloß ästhetisch vermittelte Gegenwart ist, sondern reale. Das nennt Goethe das *voll-*

46 *Briefwechsel*, Bd. I, Nr. 391.

kommen Gegenwärtige. Im Bereich des Epischen ist dafür der Briefroman in der Tat ein gutes Beispiel, da Briefe nicht erzählt, sondern zitiert werden, die Gegenwart der Briefe nicht durch epische Beschwörung, sondern durch das Zitat, also unvermittelt, unverwandelt, in das Kunstwerk eingeht. Die spätere Entwicklung des Romans wird Goethe gerade auf die Weise recht geben, daß sie Formen hervorbringt, die möglicherweise noch bessere Beispiele für das von ihm Gemeinte darstellen: ich denke etwa an die vollkommene Gegenwärtigkeit und – zumindest der Intention nach – unvermittelte Wiedergabe sinnlicher Gegenwart im *nouveau roman.* Der von Goethe festgestellte Drang zur *vollkommenen Gegenwärtigkeit* ist also strenggenommen der zum Abbau aller ästhetischer Vermittlung, der Versuch der Kunst, über ihren Schatten zu springen und den Bereich der Fiktion zu verlassen. Was in den letzten Jahren und Jahrzehnten in Richtungen der Literatur, Musik und bildenden Kunst, die alle die Empirie in Form von Dokumentenmontage, Happening, musique concrète, objets trouvés, unfingiert, tel quel, wiedergeben wollen und die von der Kunstkritik vielleicht nicht nur aus Rückständigkeit, sondern aus gutem Grund mißtrauisch betrachtet werden, weil ihnen gelingt, was sie intendieren: der Abschied von der Kunst – was in diesen Strömungen an den Tag tritt, ist von langer Hand vorbereitet gewesen und hat z. B. als Kassierung der epischen Distanz – der Ausdruck stammt von Adorno – die Entwicklung des Romans seit der Goethezeit maßgeblich bestimmt. Ihre frühen Zeichen sind die Wendung zum Briefroman und die ironische Illusionszerstörung in der Frühromantik.

Wenn ich auf diesen von Goethe nicht voraussehbaren historischen Zusammenhang seiner Feststellung hinweise, so nicht zuletzt darum, weil er der Ansicht Goethes widerspricht, es handle sich hier nur um ein *Streben der Zuschauer und Zuhörer,* dem die Künstler zu Unrecht nachgeben, da es doch ihre Aufgabe ist, *die Kunstwerke inner-*

halb ihrer reinen Bedingungen hervorzubringen. Mißlich an dieser Unterscheidung ist nicht zuletzt, daß ja auch die Künstler Zuschauer und Zuhörer sind – ihrer eigenen und der fremden Werke. Was Goethe als Versuchung des Publikums darstellt, dürfte eine sein, die sich im Künstler selbst – als sein Gewissen – gegen die Autorität der überhistorischen Gattungsmerkmale um der historischen Notwendigkeit willen regt. Der Durchbruch aber scheitert an dem unhistorischen Wesen der Gattungspoetik, wie auch Goethe sie noch begreift. So verraten die Sätze, die eine harmlose Konfrontation des Dichters und seines Publikums zu sein scheinen, bei näherem Zusehen die Krise, in welche die Poetik in der Goethezeit gerät: nicht mehr lange läßt sich die Lehre von den Dichtungsgattungen vor den Erkenntnissen des historischen Denkens, das sich mit Herder und dem Sturm und Drang längst etabliert hat, als ein Reservat von Geschichtsjenseitigkeit abschließen. Bei Hölderlin noch unausdrücklich, bei Fr. Schlegel und Schelling deutlicher, vollends bei Hegel, greift es auf die Poetik über, wird die Poetik historisiert. Demgegenüber beharrt Goethe auf der Unantastbarkeit vorgegebener Gattungsgesetze. Wie wenig ihm aber diese Forderung rational ableitbar war, zeigt sich darin, daß er sich eines magischen Ausdrucks bedient: *durch undurchdringliche Zauberkreise*[47] sollte der Künstler Kunstwerk von Kunstwerk – gemeint ist wohl eher: Gattung von Gattung – sondern. Daß dabei die griechischen Klassiker klassischer erscheinen als sie waren, wird man freilich gleichfalls nicht übersehen. Tadelt Goethe *erzählende Romane,* die *mit Dialogen untermischt*[48] sind, und verweist dabei auf die Alten, die jedes Kunstwerk bei seiner Eigenschaft und seinen Eigenheiten erhielten, so widerspricht ihm die griechische Poetik schon in ihrem frühesten Dokument, jener Stelle aus Platos *Staat,* in welcher die Kategorie des *genus mixtum* für eben diesen Fall geschaffen wird.

47 Ebd.
48 Ebd.

4

Wenn wir uns den spezifischen Merkmalen der beiden Gattungen zuwenden, wie sie Goethe und Schiller einerseits an den exemplarischen Dichtern der Antike – Homer für das Epos, Sophokles für das Drama – andererseits in der eigenen Arbeit feststellen und für künftige Produktion ihrer selbst und anderer normativ postulieren, so soll das wiederum nicht bloß als Interpretation des Aufsatzes, sondern auch in näherer Beschäftigung mit den Briefen des Jahres 1797 geschehen. Denn nur so werden die Thesen, die der kurze Aufsatz kahl zusammenstellt, plastisch, nur so zeichnet sich die persönlich-intentionelle als auch die ästhetisch-historische Dimension ab.
Eine erste wichtige Feststellung über das epische Gedicht, der zunächst noch keine entsprechende über das dramatische gegenübergestellt wird, findet sich in Goethes Brief vom 19. April: Da das epische Gedicht *in der größten Ruhe und Behaglichkeit angehört werden soll, so macht der Verstand vielleicht mehr als an andere Dichtarten seine Forderungen.*[49] Dem heutigen kunstphilosophischen Verständnis fällt die Selbstverständlichkeit auf, mit der hier die Eigenart des Kunstwerks, die nicht nur als Einsicht, sondern auch als Regel formuliert wird, aus der Art seiner Rezeption, also wirkungsästhetisch, abgeleitet ist. Als das Primäre erscheint die Ruhe und die Behaglichkeit, in der das Epos aufgenommen werden soll, danach muß es sich richten, und also auch den Forderungen des Verstandes mehr als andere Dichtungsarten nachkommen. Absichtlich mache ich nicht so sehr auf die Zugehörigkeit von Goethes Argumentation zur Wirkungsästhetik, als vielmehr auf deren Selbstverständlichkeit aufmerksam. Denn die Wirkungsästhetik war zu Goethes Zeiten, wie man weiß, nicht etwa eine unter

49 *Briefwechsel*, Bd. I, Nr. 300.

mehreren ästhetischen Schulen, sondern – sieht man von isolierten Außenseitern ab – bis in die 1790er Jahre hinein die einzige; ihre Autorität wurde so nicht nur durch eine ehrwürdige Genealogie, mit Aristoteles als Stammvater, verbürgt, sondern auch durch das Fehlen jeglicher Konkurrenz. Hätte man Goethe gefragt, warum das epische Gedicht in der größten Ruhe und Behaglichkeit angehört werden *soll,* ob das nicht selbst schon eine Folge der Eigenart des epischen Gedichts sei, und zwar eine Folge vielleicht gerade seiner Zugehörigkeit zur Sphäre des Verstandes, er hätte schwerlich auf der alten, uns heute verkehrt dünkenden, Ableitung der Wirkungsästhetik insistiert. Aber die Frage stellte sich damals noch nicht, erst die objektive Ästhetik, wie sie den identitätsphilosophischen Systemen des Deutschen Idealismus entstammt, rechnete mit der Wirkungsästhetik ab, besonders deutlich die Einleitung der Hegelschen Ästhetik. Es wird noch zu fragen sein, inwieweit Goethes gattungspoetischer Entwurf in den *Noten und Abhandlungen zum Divan,* fast ein Vierteljahrhundert später entstanden, die wirkungsgeschichtliche Betrachtungsweise der idealistischen Ästhetik anzunähern, sie in deren Geist zu modifizieren sucht.

Wenn man also den Goethe des Briefwechsels zwar als Vertreter, nicht aber als Vorkämpfer der Wirkungsästhetik ansehen darf, so ist bei Schiller noch mehr Vorsicht geboten. Schillers paradoxes Verhältnis zur Wirkungsästhetik hängt mit seiner Nähe zu Kant zusammen. In dessen *Kritik der Urteilskraft* beginnt die Wirkungsästhetik sich selber aufzuheben, indem die Analyse der Wirkung des Kunstwerks, die Frage nach dem Zweck, im Gegensatz zur wirkungsästhetischen Überlieferung, auf das Kunstwerk zurückverweist und dessen Zweckmäßigkeit als eine ohne Zweck erkennt. Die Paradoxie, die sich dergestalt schon vorbereitet findet, wäre wohl an den Tag getreten, hätte er oder Schiller ein ausgeführtes System der Ästhetik gegeben. Aber auch so läßt sie sich nicht übersehen, wenn man den gattungspoetischen

Ausführungen Schillers, die stets auf die Wirkung rekurrieren, folgende Sätze konfrontiert, die sich in einem einige Jahre später geschriebenen Brief an Goethe finden: *Ich gebe Ihnen vollkommen recht* – schreibt Schiller am 6. Juli 1802 – *daß ich mich bei meinen Stücken auf das Dramatischwirkende mehr konzentrieren sollte. Dieses ist überhaupt schon, ohne alle Rücksicht auf Theater und Publikum, eine poetische Forderung, aber auch nur insofern es eine solche ist, kann ich mich darum bemühen. Soll mir jemals ein gutes Theaterstück gelingen, so kann es nur auf poetischem Wege sein, denn eine Wirkung ad extra, wie sie zuweilen auch einem gemeinen Talent und einer bloßen Geschicklichkeit gelingt, kann ich mir nie zum Ziele machen, noch, wenn ich es auch wollte, erreichen. Es ist also hier nur von der höchsten Aufgabe selbst die Rede, und nur die erfüllte Kunst wird meine individuelle Tendenz ad intra überwinden können, wenn sie zu überwinden ist.*[50] Indem diese Sätze einerseits vom Dramatischwirkenden als einem Ziel sprechen, es aber andererseits als eine poetische Forderung verstehen, die jenseits aller *Wirkung ad extra* Bestand hat, erscheint die Wirkungsästhetik auf die Weise modifiziert, daß die Wirkung, aus der die Eigenart der Gattung abzuleiten ist, nicht mehr als empirische begriffen wird, sondern als eine ideale, die gleichsam in das Kunstwerk selbst eingegangen ist und es also auf paradoxe Weise von außen sowohl bestimmt als auch nicht bestimmt. Diese sublimierte Form der Wirkungsästhetik, die es erlaubt, die Aufführungs- und Darbietungsarten der verschiedenen Dichtarten zu deren Wesensbestimmung zu verwenden, ohne daß unter Aufführung und Darbietung die reale, theatergeschichtlich fixierbare, verstanden würde, findet sich im weiteren Verlauf von Goethes und Schillers Diskussion wieder, so besonders in der Einführung der Gestalten des Rhapsoden und des Mimen in dem Aufsatz *Über Epische und Dramatische Dichtung.*

50 *Briefwechsel*, Bd. II, Nr. 868.

Beim Wiederlesen der *Odyssee* sieht Goethe die Richtigkeit seiner Einsicht bestätigt, daß der Verstand an das epische Gedicht mehr als andere Dichtarten seine Forderungen macht. Allerdings zieht er daraus die Konsequenz, daß das Verstandesmäßige wohl erst auf Grund der Bearbeitung der *großen Vorstellungen* Homers durch die Grammatiker und Kritiker Alexandriens, die er als Verstandesmenschen etikettiert, in das Gedicht eingeführt wurde. Diese Bemerkung, die sich auf Wolf beruft, dessen *Prolegomena ad Homerum* zwei Jahre zuvor erschienen waren, interessiert hier nicht um ihres Inhalts willen, sondern als Ausdruck der gattungspoetischen Fragestellung Goethes, deren Eigenart im Zusammenhang der Wirkungsästhetik eben angedeutet wurde. An der Bemerkung fällt nämlich auf, daß das Verstandesmäßige zwar als Charakteristikum des epischen Gedichts bezeichnet wird, daß es aber zugleich als den Paradigmata aller Epen, den Werken Homers, *äußerlich*, nämlich als ein nachträglich Hinzugekommenes aufgefaßt werden kann. Läßt das einerseits vermuten, daß Goethe die Homerischen Epen in ihrer originalen Gestalt nicht auf das Epische reduziert wissen will, sondern sie auf einer den Gattungsunterschieden enthobenen, höheren und ursprünglicheren Stufe der Dichtung sieht, so zeigt es andererseits, daß die Gattungscharakteristika nicht, wie später in der objektiven Ästhetik, als unveräußerliche Wesenszüge des Werks erscheinen, sondern als etwas, das in der spezifischen Form der Rezeption, welche die Bearbeitung darstellt, post festum hinzukommen kann.
Eine Woche später greift Goethe auf den Zusammenhang von Epopöe und Verstand zurück und stellt nun unter diesem Aspekt der epischen Dichtung die dramatische gegenüber: *Im Trauerspiel kann und soll das Schicksal oder, welches einerlei ist, die entschiedne Natur des Menschen, die ihn blind da oder dorthin führt, walten und herrschen, sie muß ihn niemals zu seinem Zweck, sondern immer von seinem Zweck abführen, der Held darf seines Verstandes*

nicht mächtig sein, der Verstand darf gar nicht in die Tragödie entrieren als bei Nebenpersonen zur Desavantage des Hauptbelden usw. – Im Epos ist es gerade umgekehrt, bloß der Verstand, wie in der Odyssee, oder eine zweckmäßige Leidenschaft, wie in der Ilias, sind epische Agentien. Der Zug der Argonauten als ein Abenteuer ist nicht episch.[51]

Man darf diese Stelle, aus einem Brief vom 26. April 1797 als Fortführung und zugleich als Korrektur jenes früheren Abschnitts verstehen. Es ist, als hätte Goethe selber erkannt, wie unbefriedigend der Nexus ist, den er zwischen Epopöe und Verstand behauptet hat. Nicht erst dem Verstand des Lesers, der sie *in der größten Ruhe und Behaglichkeit* soll lesen können, entspricht die epische Dichtung, nicht von außen bestimmen die Forderungen des Verstandes die Progression der Epopöe, sondern deren Agens, das, was sie in ihren Helden selber fortbewegt, ist nichts anderes als der Verstand oder eine *zweckmäßige Leidenschaft,* d. h. eine Leidenschaft, die sich vor dem Richtstuhl der Ratio als zweckmäßige sehen lassen kann. Von den stofflichen Gegebenheiten und Verbindungen der griechischen Epopöe und der griechischen Tragödie her könnte man sich fragen, ob Goethes Gegenüberstellung nicht der Tatsache widerspricht, daß die Stoffe der griechischen Tragiker zumeist bei Homer vorgebildet sind. Treten denn die vom Schicksal oder von ihrer entschiednen Natur blind geführten tragischen Helden in den Epen zunächst als Verstandesmenschen auf? Sicher nicht. Aber der Widerspruch schwindet, wenn man Goethes einschränkende Bemerkung, der Verstand könne in der Tragödie bei Nebenpersonen auftreten – er denkt wohl an Kreon, den Gegenspieler des Ödipus und der Antigone – in ihrer Umkehrung auf die Epopöe anwendet und einräumt, daß die Nebenpersonen der Homerischen Epen vom Schicksal oder von ihrer Natur verblendete Men-

51 *Briefwechsel,* Bd. I, Nr. 304.

schen sein können, so Aias, dessen episodische Rolle bei Homer von Sophokles zur Handlung einer ganzen Tragödie gemacht wird, während die Hauptheiden der Epen in der tragischen Dichtung kaum eine Rolle spielen.

Indem Goethe als epische Agentien den Verstand und die zweckmäßige Leidenschaft, als dramatische das Schicksal und die entschiedne Natur des Menschen erkennt, gelingt ihm die Verknüpfung jener früheren Bemerkung über das Verstandesmäßige der Epen mit einer anderen Feststellung im selben Brief. Sie lautet: *Eine Haupteigenschaft des epischen Gedichts ist, daß es immer vor und zurück geht, daher sind alle retardierenden Motive episch. Es dürfen aber keine eigentlichen H i n d e r n i s s e sein, welche eigentlich ins Drama gehören.*[52] Was hier noch isoliert dasteht, stellt der spätere Brief in den Zusammenhang des Verstand–Schicksal-Gegensatzes: es ist bekanntlich zugleich einer der Brennpunkte der gattungspoetischen Diskussion Goethes und Schillers, besonders aber der Darstellung im Aufsatz *Über Epische und Dramatische Dichtung*. Es handelt sich um die verschiedenen Gesetze der Progression in Epos und Drama. Auf Grund dieser einander entgegengesetzten Arten der Handlungsbewegung in den beiden Gattungen werden die verschiedenen Möglichkeiten für Stellenwert und Funktion der Motive als Momente im Ganzen der Handlung aufgezählt und auf ihre Eignung für die epische oder die dramatische oder für beide Gattungen geprüft. Mit der Schaffung einer Kategorientafel der Motive, die deren Disposition für epische oder dramatische Behandlung (oder für beide) feststellen läßt, erfüllen Goethe und Schiller im Rahmen ihrer Diskussion die von ihnen selbst gestellte Aufgabe, die Klärung der Frage, welche Stoffe welche Behandlungsweise fordern.

Der Brief vom 26. April nun, in dem von den epischen und den dramatischen Agentien gesprochen wird, stellt die Hin-

52 *Briefwechsel*, Bd. I, Nr. 300.

dernisse und implizite auch deren Widerpart, das Vorwärtsschreitende, direkt auf ein Ziel Zulaufende, in den Zusammenhang von Fatalität und Verblendung im Drama. Dem entsprechend kann das ständige Vor- und Zurückgehen im epischen Gedicht als Ausdruck von dessen Rationalität begriffen werden. Zwar hat auch die epische Handlung, wie die dramatische, ein Ziel; aber der epische Held stürzt nicht blind darauf zu, sondern wird in seiner, wie Goethe sagt, zweckmäßigen Leidenschaft, veranlaßt, den Weg dahin ruhig abzuwägen, Vergangenes zur Begründung in die Gegenwart einzuführen und sich so von seinem Ziel vorübergehend zu entfernen, und zwar nicht durch ein Hindernis, das zu überwinden wäre, sondern durch einen Exkurs, der von ihm selber beschlossen wird.

In ihrer ausgeführten Form, in dem von Goethe niedergeschriebenen Aufsatz, hat die Kategorientafel folgenden Wortlaut:

Der Motive kenne ich fünferley Arten:

1. Vorwärtsschreitende, welche die Handlung fördern; deren bedient sich vorzüglich das Drama.

2. Rückwärtsschreitende, welche die Handlung von ihrem Ziele entfernen; deren bedient sich das epische Gedicht fast ausschließlich.

3. Retardierende, welche den Gang aufhalten, oder den Weg verlängern; dieser bedienen sich beyde Dichtarten mit dem größten Vortheile.

4. Zurückgreifende, durch die dasjenige was vor der Epoche des Gedichts geschehen ist, hereingehoben wird.

5. Vorgreifende, die dasjenige was nach der Epoche des Gedichts geschehen wird, anticipiren; beyde Arten braucht der epische so wie der dramatische Dichter, um sein Gedicht vollständig zu machen.[53]

Vergleicht man diesen gleichsam endgültigen Text mit den früheren Bemerkungen, so fällt auf, daß die retardierenden

53 *Über epische und dramatische Dichtung*, a.a.O., S. 38.

Momente, von denen es im Brief vom 19. April hieß, daß sie immer episch seien, nun als solche figurieren, deren sich beide Dichtarten *mit dem größten Vortheile bedienen.* Sodann wird man sich fragen, inwiefern das Vor- und Zurückgehen ein Merkmal der epischen Dichtung sein kann, obwohl die zurückgreifenden Motive auch dem Dramatiker zur Verfügung stehen, d. h. worin der Unterschied zwischen rückwärtsschreitenden und zurückgreifenden Motiven recht eigentlich besteht. Diese Fragen, in deren Erörterung ich hier nicht eintreten kann, hängen auch mit dem Problem der Exposition zusammen, deren unterschiedliche Erscheinungsformen in Drama und Epos im Briefwechsel gleichfalls diskutiert werden, und zwar mit Argumenten, die den Hintergrund für die bloße Zusammenstellung im Aufsatz abgeben und zu dessen Verständnis herangezogen werden müssen. Am 22. April schreibt Goethe an Schiller, das epische Gedicht habe *den großen Vorteil, daß seine Exposition, sie mag noch so lang sein, den Dichter gar nicht geniert, ja daß er sie in die Mitte des Werks bringen kann, wie in der Odyssee sehr künstlich geschehen ist. Denn auch diese retrograde Bewegung ist wohltätig; aber eben deshalb, dünkt mich, macht die Exposition dem Dramatiker viel zu schaffen, weil man von ihm ein ewiges Fortschreiten fordert, und ich würde das den besten dramatischen Stoff nennen, wo die Exposition schon ein Teil der Entwicklung ist.*[54] Schiller akzeptiert in seinem Antwortbrief vom 25. April diese Unterscheidung, führt als Beispiel für die ideale dramatische Exposition, die mit der Handlung zusammenfällt, den *Oedipus Rex* an, den er – damit beinahe einen dramaturgischen Terminus prägend – in einem Brief vom 2. Oktober *eine tragische Analysis*[55] nennen wird, *tragisch* wiederum im Sinne von *dramatisch,* wie man dann vom *analytischen Drama* sprechen wird.

Die einzige Einschränkung, die Schiller gegenüber Goethes

54 *Briefwechsel,* Bd. I, Nr. 302.
55 *Briefwechsel,* Bd. I, Nr. 364.

Unterscheidung von dramatischer und epischer Exposition macht, könnte zunächst als bloß terminologische Frage erscheinen; sie führt aber weiter zu drei wichtigen Punkten in der Differenzierung der epischen und dramatischen Dichtung, wobei alle drei von Schiller namhaft gemacht werden, so daß sie zugleich ein Licht werfen auf seine mit der Goethes nicht durchweg übereinstimmende Betrachtungsweise. Schiller gibt Goethe zu bedenken, daß es im epischen Gedicht eine Exposition streng genommen gar nicht gibt. *Da er* [der Epiker] *uns nicht so auf das Ende zutreibt wie dieser* [der Dramatiker], *so rücken Anfang und Ende in ihrer Dignität und Bedeutung weit näher aneinander, und nicht, weil sie zu etwas führt, sondern weil sie selber etwas ist, muß die Exposition uns interessieren.*[56]

Die epische Exposition, so erkennt Schiller, hat im Gegensatz zur dramatischen keinen funktionalen Charakter, sie ist selber etwas, interessiert um ihrer selbst willen. Das aber ist nur möglich, d. h. mit dem Strukturgesetz des epischen Gedichts in Übereinstimmung, weil zu dessen Wesenszügen – wie Schiller in seinem Brief vom 21. April feststellt –, *die Selbständigkeit seiner Teile* gehört. *Die bloße, aus dem Innersten herausgeholte* W a h r h e i t, so schreibt er, *ist der Zweck des epischen Dichters: er schildert uns bloß das ruhige Dasein und Wirken der Dinge nach ihren Naturen; sein Zweck liegt schon in jedem Punkt seiner Bewegung, darum eilen wir nicht ungeduldig zu einem Ziele, sondern verweilen uns mit Liebe bei jedem Schritte.*[57]

Diese Einsicht, die, wie man weiß, aus den späteren Gattungspoetiken nicht wegzudenken ist und z. B. auch Emil Staigers *Grundbegriffe der Poetik* entscheidend geprägt hat, veranlaßt Schiller dann zu einer zweiten, abstrakteren Formulierung. Weil der dramatische Dichter *seinen Zweck in die Folge und an das Ende setzt, so darf man ihm erlauben, den Anfang* [also die Exposition] *mehr*

56 *Briefwechsel*, Bd. I, S. 326, Nr. 303.
57 *Briefwechsel*, Bd. I, Nr. 301.

als Mittel zu behandeln. Er steht unter der Categorie der Causalität, der Epiker unter der Substantialität; dort – beim Dramatiker – kann und darf etwas als Ursache von was anderm dasein, hier muß alles sich selbst um seiner selbst willen geltend machen.[58]

Ein dritter Punkt in Schillers Reflexion über die Gattungsunterschiede – wobei die von uns ad hoc gewählte Reihenfolge weder chronologisch noch logisch ist – arbeitet mit den Begriffen »Mittel« und »Zweck«. Zwar hängt auch diese Unterscheidung mit den beiden vorausgehenden zusammen, führt aber einen ganz neuen Gesichtspunkt ein. Daraus erklärt sich, daß die Begriffe Mittel und Zweck, in nur scheinbar widersprüchlicher Weise, auf Epik und Dramatik gerade umgekehrt verteilt werden wie zuvor. Goethe hatte am 22. April im Zusammenhang eines neuen epischen Planes, des Gedichts *Die Jagd*, gesagt, er stehe – als epischer – unter dem allgemeinen Gesetz, *daß das eigentliche Wie und nicht das Was das Interesse macht.*[59*]

An diesem Satz übt nun Schiller in seinem Antwortbrief vom 25. April Kritik und ersetzt ihn durch die These, auf die es hier ankommt: *Indessen möchte ich jenes höhere epische Gesetz doch nicht ganz so aussprechen, wie Sie es getan haben. In der Formel: daß eigentlich nur das Wie und nicht das Was in Betrachtung komme p. p., dünkt es mir viel zu allgemein und auf alle pragmatische Dichtungsarten ohne Unterschied anwendbar zu sein. Wenn ich meinen Gedanken darüber kurz heraussagen soll, so ist er dieser. Beide, der Epiker und der Dramatiker, stellen uns eine Handlung dar, nur daß diese bei dem Letzteren der Zweck, bei Ersterem bloßes Mittel zu einem absoluten ästhetischen*

58 *Briefwechsel*, Bd. I, Nr. 303 (25. 4. 1797).

59* *Briefwechsel*, Nr. 302. Von diesem Plan, an dessen epischen Qualitäten Goethe zweifelte, ist im Briefwechsel übrigens immer wieder die Rede. Indem er als zweites Epos neben *Hermann und Dorothea* treten sollte, ihm gegenüber aber dramatische Züge aufweist, und nicht zuletzt darum schließlich aufgegeben worden sein dürfte, steht er in engstem Zusammenhang mit Goethes und Schillers gattungspoetischer Diskussion.

Zwecke ist. Aus diesem Grundsatz kann ich mir vollständig erklären, warum der tragische Dichter rascher und direkter fortschreiten muß, warum der epische bei einem zögernden Gange seine Rechnung besser findet.[60] Daß zwischen dieser Unterscheidung, die beim Epiker von Mittel, beim Dramatiker von Zweck sprechen läßt, und jener früheren, die anläßlich der Exposition es umgekehrt hielt, kein Widerspruch besteht, vielmehr eine Übereinstimmung, liegt daran, daß dort von einem Teil der Handlung, hier von der Handlung selbst die Rede ist. Die dramatische Handlung als solche ist für den Dichter der Zweck selbst, sie weist nicht über sich hinaus, darum sind ihr aber alle einzelnen Momente als Mittel untergeordnet, so auch die Exposition. Die epische Handlung ist gekennzeichnet durch die Selbständigkeit ihrer Teile, diese stehen, bezogen auf das Ganze des Gedichts, in keinem Funktionszusammenhang, was aber nur darum möglich ist, weil die Handlung selber Mittel ist, wie Schiller schreibt, *zu einem absoluten ästhetischen Zweck.* Welcher Art dieser *absolute ästhetische Zweck* ist, bleibt in dem Brief ungesagt, und es stellt sich die Frage, ob er dem Drama überhaupt fremd ist oder ob er vom Drama auf andere Weise erfüllt wird. Gegen die erste Möglichkeit spricht, daß sich daraus unschwer eine ästhetische Hierarchie ableiten ließe, in der die epische Dichtung dann über der dramatischen stehen würde – die Frage der Rangordnung der poetischen Gattungen spielt wie in der überlieferten Poetik auch im Briefwechsel eine gewisse Rolle, ohne aber zugunsten der epischen Dichtung entschieden zu werden. Die zweite Möglichkeit, die den von Schiller gemeinten, aber nicht näher bezeichneten ästhetischen Zweck auch von der dramatischen Dichtung erfüllen läßt, braucht der Briefstelle darum nicht zu widersprechen, weil diese den Blick nicht auf den ästhetischen Zweck, sondern auf die Handlung, genauer: auf den Stellenwert der Handlung,

60 *Briefwechsel,* Bd. I, Nr. 303.

richtet. Eine genauere Darstellung von Schillers Ästhetik und seiner Theorie der tragischen Kunst müßte auch die Frage beantworten können, ob die dramatische Handlung, im Gegensatz zur epischen, ihre Eigenart nicht darin hat, daß sie, gerade indem sie sich selber genügt, auch jenen ästhetischen Zweck erfüllt, zu dem die epische Handlung nur Mittel ist.

Schillers Beitrag zu der Differenzierung der epischen und der dramatischen Dichtung, wie er aus den genannten drei Punkten hervorgeht, auf die Epik bezogen: 1. Selbständigkeit der Teile, 2. Substantialität, 3. Handlung als Mittel zu einem absoluten ästhetischen Zweck, dieser Beitrag erweckt, anders als die eingangs zitierten Feststellungen Goethes, Zweifel an der Richtigkeit unserer aus diesen letzteren abgeleiteten These, die Differenzierung erfolge aufgrund wirkungsästhetischer Prämissen. Die Kategorie *Selbständigkeit der Teile* scheint auf eine werkbezogene Poetik zu verweisen, die Begriffe *Substantialität* und *absoluter ästhetischer Zweck* auf eine Ästhetik, die nicht mehr – wie die Etymologie besagt – eine Lehre von der subjektiven Wahrnehmung des Schönen wäre, sondern eine objektive Philosophie der Kunst. Aber dieser antiwirkungsästhetische Schein trügt. Was Schiller im Briefwechsel von Goethe unterscheidet, ist nicht etwa, daß er sich von dem wirkungsästhetischen Gesichtspunkt, wie er in der Aufklärung selbstverständlich war, abgewandt hätte, sondern daß er ihn, in der Nachfolge Kants, philosophisch fundiert. Spricht Goethe recht untheoretisch von *der größten Ruhe und Behaglichkeit*, in der das epische Gedicht angehört werden soll, so verankert Schiller seine an den Werken gemachten Beobachtungen in einer Anthropologie Kantischen Ursprungs. Sowohl seine Ausführungen über die Selbständigkeit der Teile in der Epik als auch die über den Mittel- bzw. Zweckcharakter der Handlung münden in eine Deutung, welche die pragmatische Ästhetik auf Kants *Kritik der Urteilskraft*, wenn nicht in sachlicher Übereinstimmung, so doch methodisch, zurückbezieht. So heißt es im Anschluß an den Satz, der Epiker lasse uns, weil sein Zweck schon in jedem Punkt seiner Bewegung liegt, nicht ungeduldig zu einem Ziele eilen: *Er* – der Epiker – *erhält uns die höchste Freiheit des Gemüts, und da er uns in einen so großen Vorteil setzt, so macht er dadurch sich selbst das Geschäft desto schwerer, denn wir machen nun alle Anforderungen an ihn, die in der Integrität und in der allseitigen vereinigten Tätigkeit unserer Kräfte gegründet sind. Ganz im Gegenteil raubt uns der tragische Dichter unsere Gemütsfreiheit, und indem er unsre Tätigkeit nach einer einzigen Seite richtet und konzentriert, so vereinfacht er sich sein Geschäft um vieles, und setzt sich in Vorteil, indem er uns in Nachteil setzt.*[61] Und aus der These, daß die Handlung für den Dramatiker Zweck, für den Epiker nur Mittel sei, folgt für Schiller, daß der Epiker *sich solcher Stoffe wohl tut zu enthalten, die den Affekt, sei es der Neugierde oder der Teilnahme, schon für sich selbst stark erregen, wobei also die Handlung zu sehr als Zweck interessiert, um sich in den Grenzen eines bloßen Mittels zu halten.*[62] Was an diesen Sätzen, denen aus dem Brief vom 29. Dez. über die Oper ähnliche an die Seite gestellt werden könnten, interessiert, ist nicht so sehr ihr anthropologisch-wirkungsästhetischer Bezug, als die spezifischere Frage, inwieweit hier Kantische Begriffe von Schiller auf die Gattungspoetik angewandt werden, die Frage, ob die Kantische Bestimmung des Schönen sich hier nach den beiden Gattungen Epik und Dramatik spezifiziert. Die Frage kann in diesem Rahmen nur gestellt werden, ihre Diskussion wäre natürlich nur auf Grund einer Darstellung der *Kritik der Urteilskraft* möglich.

Statt dessen möchte ich mich noch dem, die Diskussion Goethes und Schillers abschließenden, Aufsatz *Über Epische und Dramatische Dichtung* zuwenden, in Beschränkung auf jene Thesen des Aufsatzes, die den Unterschieden

61 *Briefwechsel*, Bd. I, Nr. 301.
62 *Briefwechsel*, Bd. I, Nr. 303.

zwischen den beiden Gattungen gelten, während die Ausführungen über das ihnen Gemeinsame übergangen werden müssen, nachdem das System der fünf Motivarten – vorwärtsschreitende, rückwärtsschreitende, retardierende, zurückgreifende und vorgreifende –, von denen die einen dem Epiker, die anderen dem Dramatiker oder auch beiden zugleich zugewiesen werden, bereits besprochen wurde. Was den von Goethe niedergeschriebenen Aufsatz von dem vorausgegangenen Briefwechsel unterscheidet, was in ihm als wesentliches Novum auftritt und für Goethes Anschauungen nicht weniger charakteristisch ist als die eben dargestellten kantianischen für Schiller, das ist 1. die Absicht, die verschiedenen Gesetze, nach denen der Epiker und der Dramatiker zu handeln haben, aus der *Natur des Menschen* herzuleiten, und 2. die Einführung der beiden gleichsam archetypischen, überhistorisch-natürlichen Figuren des Rhapsoden und des Mimen, welche diese Herleitung ermöglichen sollen. Man müßte sich, schreibt Goethe, *einen Rhapsoden und einen Mimen, beyde als Dichter, jenen mit seinem ruhig horchenden, diesen mit seinem ungeduldig schauenden und hörenden Kreise umgeben, immer vergegenwärtigen, und es würde nicht schwer fallen zu entwickeln, was einer jeden von diesen beyden Dichtarten am meisten frommt, welche Gegenstände jede vorzüglich wählen, welcher Motive sie sich vorzüglich bedienen wird; ich sage vorzüglich; denn, wie ich schon zu Anfang bemerkte, ganz ausschließlich kann sich keine etwas anmaßen.* Und dann heißt es in je einem längeren Abschnitt über den Rhapsoden und den Mimen:

Die Behandlung im Ganzen betreffend, wird der Rhapsode, der das vollkommen Vergangene vorträgt, als ein weiser Mann erscheinen, der in ruhiger Besonnenheit das Geschehene übersieht; sein Vortrag wird dahin zwecken, die Zuhörer zu beruhigen, damit sie ihm gern und lange zuhören, er wird das Interesse egal vertheilen, weil er nicht im Stande ist, einen allzulebhaften Eindruck geschwind zu balanciren, er wird nach Belieben rückwärts und vorwärts greifen und wandeln, man wird ihm überall folgen, denn er hat es nur mit der Einbildungskraft zu thun, die sich ihre Bilder selbst hervorbringt, und der es auf einen gewissen Grad gleichgültig ist, was für welche sie aufruft. Der Rhapsode sollte als ein höheres Wesen in seinem Gedicht nicht selbst erscheinen; er läse hinter einem Vorhange am allerbesten, so daß man von aller Persönlichkeit abstrahirte und nur die Stimme der Musen im Allgemeinen zu hören glaubte.

Der Mime dagegen ist gerade in dem entgegengesetzten Fall, er stellt sich als ein bestimmtes Individuum dar, er will daß man an ihm und seiner nächsten Umgebung ausschließlich Theil nehme, daß man die Leiden seiner Seele und seines Körpers mitfühle, seine Verlegenheiten theile und sich selbst über ihn vergesse. Zwar wird auch er stufenweise zu Werke gehen, aber er kann viel lebhaftere Wirkungen wagen, weil bey sinnlicher Gegenwart auch sogar der stärkere Eindruck durch einen schwächern vertilgt werden kann. Der zuschauende Hörer muß von Rechtswegen in einer steten sinnlichen Anstrengung bleiben, er darf sich nicht zum Nachdenken erheben, er muß leidenschaftlich folgen, seine Phantasie ist ganz zum Schweigen gebracht, man darf keine Ansprüche an sie machen, und selbst was erzählt wird muß gleichsam darstellend vor die Augen gebracht werden.[63]

Die beiden Gestalten, aus deren Charakter, Situation und Verhalten Goethe die Merkmale der beiden Dichtungsarten ableiten möchte, um sie dadurch aus der Natur des Menschen hergeleitet zu haben, sollte man – nach seinem Willen – vergegenwärtigen. Das aber dürfte schwerfallen. Denn nicht nur gibt es den Rhapsoden in unserer Zeit nicht, den Mimen, so wie ihn Goethe beschreibt, nämlich als Dichter, hat es im Zusammenhang dessen, was wir unter »Drama« verstehen, auch früher nicht gegeben. Mehr noch

63 *Über epische und dramatische Dichtung*, a.a.O., S. 57-59.

für diese beiden Gestalten als für die Urpflanze selbst dürfte gelten, daß sie, ihrem Anspruch auf Empirie zum Trotz, Geschöpfe der Spekulation, daß sie Ideen sind. Dabei geht es hier nicht um eine Richtigstellung, sondern darum, aus der von Goethe gewählten Betrachtungsweise, in der sich die archetypisierende Imagination als Beobachtung ausgibt, die Intentionen zu erkennen, die nicht nur hinter diesem methodologischen Einfall, sondern hinter Goethes gattungspoetischen Reflexionen insgesamt stehen. Die Rede vom Rhapsoden, als den man sich Homer vorstellen kann, zeigt, daß es Goethes Differenzierung von Epik und Dramatik gar nicht um eine Erkenntnis gegenwärtiger Formen der Epik geht, des Romans, aber auch der Versepen, die ja ebensowenig wie der Roman vom Dichter selber vorgetragen werden, und schon gar nicht hinter einem Vorhange.

Was indessen hier noch für Klassizismus, für Rückwendung zur griechischen Dichtung als Gegenstand der Nachahmung im Sinne Winckelmanns gehalten werden könnte, das wird von der Einführung der anderen Gestalt, des Mimen, der zugleich Dichter ist, vollends in seinem wahren Wesen enthüllt: als Naturphilosophie, die mit vermeintlich geschichtlichen Konkretionen zum Zwecke der Demonstration um so freier schalten und walten kann, als sie die Geschichte ohnehin als im Schoße der Natur immer schon geborgene behauptet. Nicht bloß die Intention, die Eigenart der Dichtungsarten aus der Natur des Menschen herzuleiten, ist bedenklich, da doch über diese Natur nicht anders als vermittels ihrer Äußerungen, also u. a. der Dichtungsarten, Aufschluß zu bekommen ist, bedenklich ist auch der methodische Streich, mit dem Goethe den hermeneutischen Zirkel, der das Reale und das Ideelle nur auseinander, nicht aber das eine ganz aus dem anderen verstehen läßt, entzweihaut: mit der Einführung von Gestalten, die Ideen sind, sich aber als Realitäten gebärden.

Schiller hat auf diesen, für ihn neuen Teil des Aufsatzes mit Sätzen geantwortet, die nicht mit Sicherheit entscheiden lassen, ob er sich der Fragwürdigkeit der Goetheschen Methode bewußt war oder nicht. In seinem ersten Antwortbrief nennt er *die Gegeneinanderstellung des Rhapsoden und Mimen nebst ihrem beiderseitigen Auditorium* ein *sehr glücklich gewähltes Mittel, um der Verschiedenheit beider Dichtarten beizukommen,* und er führt zur Begründung seiner Zustimmung an, daß einen nichts *bei einer dramatischen Ausarbeitung so streng in den Grenzen der Dichtart hält, und wenn man daraus getreten, so sicher darein* zurückführt, *als eine möglichst lebhafte Vorstellung der wirklichen Repräsentation der Bretter, eines angefüllten und bunt gemischten Hauses ...*[64] Daß aber ein solches Haus wohl noch nie einem Mimen lauschte, der zugleich der Dichter war, daß das Drama wesentlich in der Mehrzahl der Mimen einerseits, und in der Abwesenheit des Dichters andererseits sein Formgesetz hat, kann Schiller nicht entgangen sein. Seltsamerweise berichtigt er Goethes These in ausdrücklicher Form nur in dem anderen Punkt, den Rhapsoden betreffend. In dem zweiten Antwortbrief heißt es: *Ihr jetziges Geschäft, die beiden Gattungen zu sondern und zu reinigen, ist freilich von der höchsten Bedeutung, aber Sie werden mit mir überzeugt sein, daß, um von einem Kunstwerk alles auszuschließen, was seiner Gattung fremd ist, man auch notwendig alles darin müsse einschließen können, was der Gattung gebührt. Und eben daran fehlt es jetzt. Weil wir einmal die Bedingungen nicht zusammenbringen können, unter welchen eine jede der beiden Gattungen steht, so sind wir genötigt, sie zu vermischen. Gäb es Rhapsoden und eine Welt für sie, so würde der epische Dichter keine Motive von dem tragischen zu entlehnen brauchen, und hätten wir die Hülfsmittel und intensiven Kräfte des griechischen Trauerspiels und dabei die Vergünstigung, unsere Zuhörer durch eine Reihe von sieben Repräsentationen hindurchzuführen, so würden wir unsere Dramen nicht*

64 *Briefwechsel,* Bd. I, Nr. 392 (26. 12. 1797).

über die Gebühr in die Breite zu treiben brauchen.[65] Hier ist nicht bloß die geheime Absicht der Goetheschen These erkannt, das klassizistische Postulat der reinen Gattungen, das Verdikt gegen ihre Vermischung. Indem Schiller den pragmatischen Anspruch der These beim Wort nimmt, das historische Bewußtsein des nachaufklärerischen Klassizismus gegen diesen selbst wendet und auf das Fehlen der Rhapsoden in dieser Zeit aufmerksam macht, wird auch die Lehre von den zeitenthobenen, ewigen Gattungsunterschieden ihrer Grundlage beraubt. Fast schon belustigend ist die Antwort, die ihm Goethe darauf erteilt. Denn statt auf den Zusammenhang, den Schiller zwischen der Geschichte und der Gattungspoetik postuliert, einzugehen, ohne indessen auf dem Postulat der streng voneinander geschiedenen Gattungen, jener früher zitierten *Zauberkreise* zu insistieren, des Theoretisierens ohnehin müde, gibt Goethe nach, doch nur, um wieder die Natur, den Instinkt, triumphieren zu lassen: *Ich bin Ihrer Meinung* – schreibt er an Schiller, nicht ganz zu Recht, denn Schiller hatte es anders gemeint – *ich bin Ihrer Meinung, daß man nur deswegen so strenge sondern müsse, um sich nachher wieder durch Aufnahme fremdartiger Teile etwas erlauben zu können. Ganz anders arbeitet man aus Grundsätzen als aus Instinkt, und eine Abzeichnung, von deren Notwendigkeit man überzeugt ist, kann nicht zum Fehler werden.*[66]

Dieses Bekenntnis zur Natur, das nur dem Verstand die Möglichkeit zu irren zuschreibt und den Prinzipien darum um so bereitwilliger den Abschied gibt, steht auch hinter den späteren gattungspoetischen Reflexionen Goethes, von denen nunmehr zu reden ist.

65 *Briefwechsel*, Bd. I, Nr. 394 (29. 12. 1797).
66 *Briefwechsel*, Bd. I, Nr. 395 (30. 12. 1797).

5

Nicht nur der Aufsatz vom Dezember 1797, sondern alle Überlegungen in der Korrespondenz zu diesem Problemkreis behandeln die eine Frage: worin unterscheiden sich die epische und die dramatische Dichtung voneinander. Nicht ist hingegen die Rede in den Briefen von der dritten Gattung, der Lyrik, und ebensowenig von der Gattungspoetik selbst, der Lehre von der Einteilung der Dichtkunst in Gattungen. Zugleich aber dürfte sich gezeigt haben, daß in dieser Beschränkung auf ein Teilgebiet der Gattungspoetik dennoch vieles deutlich wird, was, weit über die genannte Frage hinaus, den historischen Standort von Goethes und Schillers ästhetischen Reflexionen betrifft, ferner deren Zusammenhang mit dem Klassizismus, mit dem Problem der Mimesis, der Nachahmung in der Kunst. Im folgenden möchte ich mich daher mit weiteren Schriften Goethes beschäftigen, meist aus der Zeit nach Schillers Tod, in denen entweder andere Teilgebiete der Gattungspoetik zur Sprache kommen, oder, wie in den schon öfter genannten *Noten und Abhandlungen zum Divan,* die Frage nach den Grundlagen des gattungspoetischen Systems selbst gestellt wird.[67]

Zuvor aber ist noch ein Blick zu werfen auf den Briefwechsel, nämlich unter dem Gesichtspunkt, wie Goethe und Schiller ihre Untersuchungen in der historischen Entwicklung der Ästhetik verstanden haben dürften, konkreter gefragt: mit welchen gattungspoetischen Schriften sie sich im Rahmen ihrer Diskussion auseinandersetzen und wie sie diese beurteilen. Dabei sehen wir ab von August Wilhelm Schlegels *Hermann-und-Dorothea*-Rezension, die – nach Ausweis eines Briefes vom 20. Dezember 1797 – Goethe

67 *Noten und Abhandlungen zu besserem Verständnis des West-Östlichen Divans. Goethes Sämtliche Werke,* a.a.O., (*West-Östlicher Divan),* Bd. 5, S. 145 ff.

veranlaßt hat, die Gesetze der Epopöe und des Dramas wieder zu durchdenken. Auch Friedrich Schlegel spielt übrigens eine Rolle im Briefwechsel. *Haben Sie Schlegels Abhandlung über das epische Gedicht, im 11ten Stück Deutschlands*[68], *vom vorigen Jahr, gesehen?*, schreibt Goethe am 28. April 1797 an Schiller. *Lesen Sie es ja! Es ist sonderbar, wie er, als ein guter Kopf, auf dem rechten Wege ist und sich ihn doch gleich wieder selbst verrennt*[69] – nämlich in der Behauptung, das epische Gedicht brauche keine Einheit zu haben. Darauf bezieht sich dann polemisch die These des Aufsatzes *Über Epische und Dramatische Dichtung*, beide seien dem Gesetz der Einheit unterworfen. Handelt es sich in dieser Auseinandersetzung mit den Brüdern Schlegel um Einzelfragen, so läßt sich der Beurteilung der zwei sowohl historischen als methodischen Extreme in der Geschichte der Gattungspoetik, des Aristoteles und Schellings, auch Goethes und Schillers Selbstverständnis ablesen.

Schon ziemlich früh in ihrer Diskussion, am 28. April 1797, schreibt Goethe an Schiller, er habe die *Dichtkunst des Aristoteles wieder mit dem größten Vergnügen durchgelesen.* Es sei *sehr merkwürdig, wie sich Aristoteles bloß an die Erfahrung hält und dadurch, wenn man will, ein wenig zu materiell wird, dafür aber auch meistens desto solider auftritt.*[70] Einige Tage später, am 5. Mai, antwortet Schiller mit einem wichtigen Brief, aus dem hier nur Bruchstücke zitiert seien. Er nennt Aristoteles einen *wahren Höllenrichter für alle, die entweder an der äußern Form sklavisch hängen, oder die über alle Form sich hinweg setzen. Jene muß er durch seine Liberalität und seinen Geist in bestän-*

68 Gemeint ist Fr. Schlegels Aufsatz *Über die Homerische Poesie. Mit Rücksicht auf die Wolfischen Untersuchungen.* In: *Deutschland*, 4. Bd. Berlin 1796 bei Fr. Unger, Elftes Stück Nr. II, S. 124-156. Wiederabgedruckt in: *Friedrich Schlegel 1794-1802. Seine Prosaischen Jugendschriften*, Hg. J. Minor (in 2 Bänden). Wien 1882, Bd. 1, S. 215 f. Künftig: JS.

69 *Briefwechsel*, Bd. I, Nr. 305.

70 Ebd.

dige Widersprüche stürzen, denn es ist sichtbar, wie viel mehr ihm um das Wesen als um alle äußere Form zu tun ist, und diesen muß die Strenge fürchterlich sein, womit er aus der Natur des Gedichts, und des Trauerspiels insbesondere, seine unverrückbare Form ableitet.[71] Verrät Goethes Brief eine gewisse Ambivalenz, indem Aristoteles, der von der Erfahrung, von den exemplarischen Kunstwerken ausgeht, also induktiv verfährt, seiner Solidität wegen gelobt, seiner allzu großen Materialität wegen etwas getadelt wird, so unterscheidet Schiller zwischen Aristoteles und den neueren Theoretikern, die sich auf ihn berufen, und kann darum Lob und Tadel auseinanderhalten. Die nächsten Sätze des Briefes nennen jene, die *an der äußern Form sklavisch hängen,* beim Namen. Er begreife jetzt erst, schreibt Schiller, *den schlechten Zustand, in den er* [nämlich Aristoteles] *die französischen Ausleger und Poeten und Critiker versetzt hat: auch haben sie sich immer vor ihm gefürchtet, wie die Jungen vor dem Stecken.* Und Schiller fügt hinzu, was schon fünfundzwanzig Jahre zuvor die These Herders war: *Shakespeare, so viel er gegen ihn wirklich sündigt, würde weit besser mit ihm ausgekommen sein, als die ganze französische Tragödie.*

Nun kann man zwar behaupten, es sei Aristoteles mehr um das Wesen als um die äußere Form zu tun gewesen, um so die klassizistische Poetik Frankreichs, und auch der deutschen Aufklärung, als eine Poetik, die das Wesen über der äußeren Form vergaß, ihrer Mängel zu überführen. Aber entscheidend sollte für die Beurteilung einer Poetik nur sein, inwiefern es ihr gelingt, Wesen und äußere Form aufeinander zu beziehen und ihre dialektische Einheit aufzuweisen. Wie sich die Formen in der Geschichte der Literatur ändern, so wandelt sich in der Geschichte der Philosophie das, was man unter Wesen versteht. So ist die Gattungspoetik einer doppelten Historizität unterworfen, die es mehr als fraglich

71 *Briefwechsel*, Bd. I, Nr. 309.

erscheinen läßt, ob an der aristotelischen Ableitung *unverrückbarer Formen* festgehalten werden kann.
Schiller ist das Problem, das sich mit dem empirischen Ausgangspunkt der Aristotelischen Poetik für ein historisches Denken stellt, nicht entgangen. Aber nur die belanglosere Frage, ob man Aristoteles heute ganz verstehen und würdigen kann, da wir doch die meisten Werke, aus denen seine Erkenntnisse abgeleitet sind, nicht mehr kennen, beantwortet er negativ. Für die andere Frage, wie die Aristotelische Poetik gültig bleiben kann, da doch ihre materielle Basis historischem Wandel unterworfen ist, findet er eine klassizistische Lösung. *Nirgends beinahe*, schreibt nämlich Schiller, gehe Aristoteles *von dem Begriff, immer nur von dem Faktum der Kunst und des Dichters und der Repräsentation aus; und wenn seine Urteile, dem Haupt-Wesen nach, echte Kunstgesetze sind, so haben wir dieses dem glücklichen Zufall zu danken, daß es damals Kunstwerke gab, die durch das Faktum eine Idee realisierten, oder ihre Gattung in einem individuellen Falle vorstellig machten.*[72] Die Individualität des Kunstwerks, die Umstände seiner Repräsentation mögen historisch bedingt und historisch einmalig sein. Der Geschichtlichkeit enthoben erscheint in dieser Sicht hingegen die Idee, die sich im Kunstwerk verwirklicht, und die Gattung, der es zugehört. Und indem es beiden ganz gerecht wird, erhebt das Kunstwerk sich selbst in einen übergeschichtlichen Bereich, in welchem es seinen exemplarischen Charakter behaupten kann. Erst Hegel, der die in der Kunst sich realisierende Idee als ihrerseits geschichtlich setzt und auch den Form- und Gattungsbegriff historisiert, schlägt hinter der langen Aristotelischen Tradition, in der auch Schiller noch steht, die Türe zu.
Wohl hat Schiller, im Gegensatz zu Goethe, eine gewisse Antiquiertheit der Aristotelischen Poetik empfunden: *Wenn*

72 Ebd.

man eine Philosophie über die Dichtkunst, so wie sie jetzt einem neuern Aesthetiker mit Recht zugemutet werden kann, bei ihm sucht, so wird man nicht nur getäuscht werden, sondern man wird auch über seine rhapsodistische Manier und über die seltsame Durcheinander-Werfung der allgemeinen und der allerpartikularsten Regeln, der logischen, prosodischen, rhetorischen und poetischen Sätze etc. lachen müssen, wie z. B. wenn er bis zu den Vokalen und Konsonanten zurückgeht.[73] Die Feststellung, daß die Schrift des Aristoteles über die Dichtkunst nicht dem entspricht, was eine Philosophie der Dichtung im Jahr 1797 – sieben Jahre nach Kants *Kritik der Urteilskraft* – zu sein hat, wird bereits durch die nähere Begründung, die eine Kritik mehr an der Darstellung denn an der Methode enthält, ihrer Spitze beraubt. Wenn dann Schiller hinzufügt, daß man nur zu bedenken habe, daß Aristoteles *eine individuelle Tragödie vor sich hatte und sich um alle Momente befragte, die an ihr in Betrachtung kamen,* und schon erkläre sich alles leicht und man sei sehr zufrieden, so wird er Aristoteles zwar historisch gerecht, begibt sich aber zugleich der Möglichkeit, eine dem philosophischen Bewußtsein des zu Ende gehenden 18. Jahrhunderts adäquate neue Poetik zu fordern. Hinzu kommt, daß jene *Philosophie über die Dichtkunst,* von der er in dem eben zitierten Abschnitt spricht, die objektive Ästhetik des Deutschen Idealismus keineswegs vorwegnimmt. Denn schon die kritisch-belustigte Hervorhebung des Eingehens aufs Detail, auf die Vokale und Konsonanten, zeigt, daß es Schiller vielmehr um eine Philosophie der Kunst ging, die in ihrer von Kant inspirierten anthropologischen Fragestellung die Einzelheiten des Kunstwerks notwendig überspringt, damit sie Einzelheiten seiner Wirkung auf den Menschen klären kann.

Die ersten Ansätze zu einer objektiven Kunstphilosophie, die das Allgemeine und das Besondere am Kunstwerk selbst

73 Ebd.

zu vermitteln bestrebt ist, folgen chronologisch – wenngleich ohne jeden Kausalzusammenhang – unmittelbar auf Goethes und Schillers Diskussion: in den Jahren zwischen 1798–1800 entstehen die Homburger Fragmente Hölderlins, 1802 las Schelling in Jena zum ersten Mal über die *Philosophie der Kunst.* Auf die erste Nachricht von Schellings theoretischen Intentionen reagierte Schiller bekanntlich mit großem, wenngleich etwas skeptisch gefärbtem Interesse. Ein knappes Jahr später, am 20. Januar 1802, äußert er sich dann dazu, freilich aus Anlaß nicht einer Publikation Schellings, sondern einer Rezension, die über die *Jungfrau von Orleans* in der *Allgemeinen Litteratur-Zeitung* von Johann August Apel erschienen war. Schiller findet *darin ganz frisch die Schellingische Kunstphilosophie auf das Werk angewendet. Aber es ist mir dabei sehr fühlbar geworden, daß von der transzendentalen Philosophie zu dem wirklichen Faktum noch eine Brücke fehlt, indem die Prinzipien der Einen gegen das Wirkliche eines gegebenen Falles sich gar sonderbar ausnehmen und ihn entweder vernichten oder dadurch vernichtet werden. In der ganzen Rezension ist von dem eigentlichen Werk nichts ausgesprochen, es war auch auf dem eingeschlagenen Weg nicht möglich, da von allgemeinen hohlen Formeln zu einem bedingten Fall kein Übergang ist.* [...] *Man sieht aber daraus, daß die Philosophie und die Kunst sich noch gar nicht ergriffen und wechselseitig durchdrungen haben, und vermißt mehr als jemals ein Organon, wodurch beide vermittelt werden können.*[74] Die Entstehungsbedingungen dieser Kritik Schillers an der Schellingschen Kunstphilosophie waren wenig günstig: Schiller schreibt über das, was nicht Schelling, sondern ein Schellingianer, und dieser nicht über einen dritten, sondern über ihn, Schiller, selbst geschrieben hat. Dennoch wird man seiner Kritik im wesentlichen recht geben müssen; und mit Bewunderung wird man im Postulat einer Vermittlung von

74 *Briefwechsel*, Bd. II, Nr. 833.

Philosophie und Kunst, das er negativ gegen Schelling wendet, das Programm erkennen, das Hegels Ästhetik verwirklicht – kraft der Dialektik, welche Induktion und Deduktion zusammenfallen läßt und die von Schiller geforderte Brücke von der Philosophie zum Faktum darum mit größerem Erfolg als Goethes und Schillers (zumindest vermeintlich) induktive und Schellings deduktive Methode schlägt, weil sie an der Überbrückung, an der Vermittlung ihr Wesen hat.

Ist dies der historische Fluchtpunkt, auf den die Linien jener idealistischen Ästhetik zustreben, vor deren Schwelle Goethes und Schillers gattungspoetische Diskussion, aus Treue zur Pragmatik, verharrt, so vertreten die französischen Klassizisten und ihre deutschen Nachfolger, von denen Schiller in seinem Brief vom 5. Mai 1797 sagt, sie hingen sklavisch an der äußeren Form, die Tradition, die in dem Briefwechsel überwunden werden soll. Ausführlicher als in seiner Korrespondenz hat sich Goethe mit ihr in den 1805 entstandenen *Anmerkungen zu Rameaus Neffe* auseinandergesetzt. Die Stelle findet sich in dem Abschnitt, der *Geschmack* überschrieben ist, und liest sich wie ein später Nachhall der Empörung, mit der sich dreißig Jahre zuvor die Stürmer und Dränger, unter ihnen Goethe, gegen den französischen Klassizismus wandten. Deren Vorgänger wiederum war Diderot. An eine Passage über den Geschmack im *Neveu de Rameau* anknüpfend[75], kritisiert Goethe, daß der französische Klassizismus im Namen des Geschmacks den Rang ihrer Dichter aus dem 16. Jahrhundert, so des du Bartas nicht habe wahrhaben wollen – ein Hinweis auf die Dichtung der Renaissance und des Barock, der bis ins 20. Jahrhundert hinein seine Aktualität nicht verlieren sollte, wobei, wie man weiß, Deutschland und England die schlesischen Dichter und *metaphysical poets* auch erst in

75 *Anmerkungen über Personen und Gegenstände, deren in dem Dialog »Rameaus Neffe« erwähnt wird.* In: *Goethes Sämtliche Werke,* a.a.O., (*Schriften zur Kunst,* 2), Bd. 34, S. 162.

diesem Jahrhundert neu entdeckt haben. Daß die Franzosen, wie Goethe schreibt, *das Gute und Treffliche* an einem Werk wie der *Semaine* (den sieben Schöpfungstagen) von du Bartas wegen der darin *vorkommenden Wunderlichkeiten* verkennen und im Rahmen ihrer Poetik verkennen müssen, führt ihn zu einer Kritik dieser Poetik selbst, welche als Gattungspoetik die Dicht- und Sprecharten sondert und jeder einzelnen Gattung – der Tragödie, der Komödie, der Ode – bestimmte *Vorstellungen, Gedanken, Ausdrucksweisen, Worte* zuweist, die den anderen Gattungen verwehrt bleiben. Nicht gegen diese Differenzierung, nicht gegen *die Absonderung der Dicht- und Redearten,* wendet sich Goethe, sie liege in der Natur der Dicht- und Redekunst. Aber nur der Künstler dürfe und könne die Scheidung unternehmen, er sei meist *glücklich genug, zu fühlen, was in diesen oder jenen Kreis gehört. Der Geschmack ist dem Genie angeboren.*[76] Die Abstammung dieser Sätze vom Programm des Sturm und Drang liegt auf der Hand, bemerkenswert ist aber der uneingestandene Widerspruch, in dem sie zu der gattungspoetischen Diskussion mit Schiller aus dem Jahr 1797 stehen. War doch deren Intention gerade, die Zusammenhänge zwischen den verschiedenen Stoffen und Motiven einerseits und den Darstellungsarten, also Gattungen, andererseits zu erkennen, weil man in Unkenntnis dieser Zusammenhänge sich immerfort vergreift, das Unterscheidungsvermögen also nicht im Gefühl vorgegeben ist. Gibt nun Goethe im Jahr 1805 das acht Jahre zuvor mit Schiller gemeinsam Festgestellte und auf den Begriff Gebrachte als apriorisches Wissen des Genies aus, so sollte man darin weniger eine Verfälschung der Tatsachen als ein Zeugnis dafür erblicken, daß für Goethe Wissen zur zweiten Natur werden kann, statt sich als ein Moment des Geistes der ersten Natur in den Weg zu stellen. Und der Berührungspunkt der Goethe-Schillerschen Korrespondenz mit

76 Ebd., S. 166.

den Poetiken des Aufklärungsklassizismus: das gemeinsame Thema der Zuordnung von Stoff und Gattung zueinander, zeigt nur mit aller Deutlichkeit, worin sich Goethe und Schiller von der überlieferten Gattungspoetik radikal unterscheiden, nämlich im Bemühen, zu verstehen, warum gewisse Stoffe und Motive die eine und nicht die andere Gattung fordern – während die klassizistische Dichtungslehre im Namen des Geschmacks autoritär über die Gattungen verfügte. In Wahrheit holen Goethe und Schiller nur nach, was in der Aufklärungsästhetik an Aufklärung, an Erkenntnis, versäumt wurde (Lessing ist eine Ausnahme und wohl auch selber ein Überwinder der Aufklärungsästhetik); erst im nachhinein konnte das von ihnen Erkannte zur Mitgift des Genies geschlagen und gegen den Verstandeskult der Franzosen ausgespielt werden.

Läßt sich Goethes Ablehnung der Gattungspoetik, wie sie die französische und deutsche Aufklärung kennt, formal in seiner Polemik gegen das willkürlich erstellte *Fächerwerk* der Dichtarten fassen, so wendet sie sich ins Inhaltliche, indem sie das Lieblingskind der Aufklärung, das immer wieder als vierte Gattung auftreten durfte, aus dem System der Dichtkunst vertreibt: das Lehrgedicht. Wie bereits erwähnt, war das Lehrgedicht in der Geschichte der Einteilung der Poesie an einem wichtigen Umschlagplatz, bei Diomedes, aufgetreten, und zwar als Beispiel für jenes *genus enarrativum*, für das Plato noch den Dithyrambos angeführt hatte. Wichtige Belege aus dem 18. Jahrhundert sind die *Encyclopédie* Diderots und die Batteux-Bearbeitung von Ramler aus dem Jahr 1769, die neben der erzählenden, der dramatischen und der lyrischen Poesie als vierte Art die didaktische nennt. Dagegen wendet sich Goethe entschieden in dem kurzen Aufsatz *Über das Lehrgedicht*, das durch das *Lehrbuch der Ästhetik* des Herbartianers Griepenkerl veranlaßt wurde und 1826 erschien. Der erste Satz lautet: *Es ist nicht zulässig, daß man zu den drei Dichtarten: der lyrischen, epischen und dramatischen, noch die didaktische hinzufü-*

ge.[77] Hatte Goethe in seinen *Anmerkungen zu Rameaus Neffe* gegen die Aufklärungspoetik eingewandt, daß ihre Einteilung vom Stoff statt von der Form ausgeht, so entdeckt er nun, ohne es expressis verbis zu sagen, ein Überbleibsel davon in der Lehre von der didaktischen Poesie als der vierten Dichtart, und kritisiert sie mit um so größerem Recht, als sie durch ihre inhaltliche Bestimmung das Einteilungsprinzip sprengt. Die drei ersten Dichtarten seien der Form nach unterschieden, darum könne die angeblich vierte, die didaktische, die von dem Inhalt ihren Namen hat, nicht in derselben Reihe stehen. Gegen dieses Argument läßt sich wohl nichts sagen, allenfalls wäre anzumerken, daß die Inkonsequenz, mit der hier Goethe abrechnet, keine isolierte ist, vielmehr die letzte, die aus der wüsten Unordnung übrigblieb, die über weite Strecken die Geschichte der Lehre von den poetischen Gattungen kennzeichnet. Wie eingangs dargestellt, wurde das Einteilungsprinzip auf Grund der Darstellungsweisen, wie es zum ersten Mal von Plato skizziert wird, bald mit einem anderen vermengt, das in der Differenzierung und Ordnung der vorhandenen Dichtwerke besteht, also streng genommen gar keine Einteilung, sondern eine Klassifizierung ist. Gegen die didaktische Dichtung als eine vierte Gattung spricht nicht bloß, daß sie ihren Namen vom Inhalt statt von der Form hat, sondern auch, daß sie die vierte ist: es wäre zu untersuchen, warum die verschiedenen Einteilungen in der Ästhetik – und ich denke nicht bloß an die in Gattungen – sofern sie konsequent ein systematisches Prinzip befolgen, die Zahl drei nie überschreiten.

Nun hat Goethe zwar bestritten, daß die didaktische Poesie eine vierte Dichtungsart, nicht aber, daß sie eine legitime Form der Literatur sei. Das Problem der Zuordnung versucht er zu lösen, indem er die didaktische Dichtung zwischen Poesie und Rhetorik einreiht. Das weitere, das er

77 *Über das Lehrgedicht.* In: *Goethes Sämtliche Werke,* a.a.O. (*Schriften zur Literatur,* 3), Bd. 38, S. 71.

über sie in dem kleinen Aufsatz ausführt, darf hier übergangen werden, wichtig ist nur die Begründung, welche diese Zwischenstellung erfährt: *Alle Poesie* – schreibt Goethe – *soll belehrend sein, aber unmerklich; sie soll den Menschen aufmerksam machen, wovon sich zu belehren wert wäre; er muß die Lehre selbst daraus ziehen wie aus dem Leben.*[78] Der Satz erinnert an Goethes bekannte These von dem Primat des Symbols gegenüber der Allegorie: beide Sätze bezeugen die Grundvorstellung, welche die Doktrin der Weimarer Klassik vom Schönen und vom Kunstwerk hat, und zeigen so noch einmal die innige Verknüpftheit gattungspoetischer Fragen mit denen der historischen Stilintention, hier des Klassizismus.

Als dessen Folge hatten wir in dem Aufsatz *Über Epische und Dramatische Dichtung* auch die Übergehung des Romans verstanden: Epische Dichtung war nur die Epopöe, Epiker nur Homer. Dies, obwohl der Briefwechsel selbst nicht zuletzt von Schillers an *Wilhelm Meisters Lehrjahren* gemachten Beobachtungen seinen Ausgang nahm. Aber in einem Brief vom 20. Oktober 1797 nahm Schiller manches von seiner ersten Begeisterung zurück, stellte der *wirklichen Welt* des Romans die *göttliche Dichterwelt* von *Hermann und Dorothea*[79] gegenüber, und Goethe erwiderte resigniert: *Was Sie vom Meister sagen, verstehe ich recht gut, es ist alles wahr und noch mehr. Gerade seine Unvollkommenheit hat mir am meisten Mühe gemacht. Eine reine Form hilft und trägt, da eine unreine überall hindert und zerrt.*[80]

Auch dieses Verdikt hat dann der späte Goethe wie so manche Überzeugung seiner klassischen Zeit von sich gestoßen und ein Vierteljahrhundert später unter den *Maximen und Reflexionen* einen Satz publiziert, der von dem einstigen Gegner, von Friedrich Schlegel, stammen könnte, und

78 Ebd., S. 71.
79 *Briefwechsel*, Bd. I, Nr. 367.
80 *Briefwechsel*, Bd. II, Nr. 870 (30. 10. 1797).

zwar nicht nur der Erkenntnis, sondern auch der Diktion nach. In der zweiten Abteilung der *Maximen und Reflexionen*, aus *Kunst und Altertum*, heißt es: *Der Roman ist eine subjektive Epopöe, in welcher der Verfasser sich die Erlaubnis ausbittet, die Welt nach seiner Weise zu behandeln. Es fragt sich also nur, ob er eine Weise habe; das andere wird sich schon finden.*[81] Die Differenzierung von Epos und Roman ist hier nicht mehr an dem geschichtsfremden, klassizistischen Gegensatz »rein – unrein« orientiert. Indem Goethe den Roman als *subjektive Epopöe* begreift – was in den 1820er Jahren freilich kein Novum mehr war –, muß ihm die Gattung der Epopöe als eine dem geschichtlichen Wandel unterworfene erschienen sein, und er wird den Begriff schwerlich ohne den weiteren geschichtsphilosophischen Zusammenhang verwendet haben, in dem die Moderne, gegenüber der klassischen Antike, als eine Epoche der Subjektivität auftritt.

Um diese, selbstverständlich fragmentarische, Darstellung von Goethes und Schillers gattungspoetischen Konzeptionen zu schließen, möchte ich auf zwei Abschnitte von Goethes *Noten und Abhandlungen zum Divan* eingehen, die *Dichtarten* und *Naturformen der Dichtung*[82] überschrieben sind. Anders als das Zitat über den Roman stellen sie ein Neues in der Geschichte der Lehre von den Dichtarten dar und haben noch im 20. Jahrhundert weitergewirkt. Interessanter noch scheint das darin Entwickelte unter dem Gesichtspunkt der gattungspoetischen Systeme des Deutschen Idealismus. Erst deren Darstellung am Beispiel Schellings wird freilich zeigen, inwiefern Goethe hier ähnliche Probleme mit einer dem Deutschen Idealismus radikal entgegengesetzten Intention zu lösen versucht.

Das erste, kürzere Stück, *Dichtarten* überschrieben, beginnt mit folgender Liste: *Allegorie, Ballade, Cantate, Drama,*

81 *Maximen und Reflexionen.* Aus: *Kunst und Altertum* 1821-1826. *Goethes Sämtliche Werke*, a.a.O. (*Schriften zur Literatur*, 3), Bd. 38, S. 255.
82 A.a.O., Bd. 5, S. 223-225.

Elegie, Epigramm, Epistel, Epopöe, Erzählung, Fabel, Heroide, Idylle, Lehrgedicht, Ode, Parodie, Roman, Romanze, Satire. Zu welchem Zweck Goethe sie mitteilt, kann auf Grund des Aufsatzes *Über das Lehrgedicht* nicht mehr zweifelhaft sein. Diese Dichtarten verdanken ihre Namen teils einem inhaltlichen, teils einem formalen Merkmal; sie bilden aber auch deshalb keine Reihe, weil einige sich nebeneinanderstellen, andere sich andern unterordnen lassen. *Zu Vergnügen und Genuß*, bemerkt Goethe, *möchte jede wohl für sich bestehen und wirken; wenn man aber zu didaktischen oder historischen Zwecken einer rationelleren Anordnung bedürfte, so ist es wohl der Mühe wert, sich nach einer solchen umzusehen.* Das zweite Stück, *Naturformen der Dichtung* überschrieben, bringt sie zur Prüfung dar.

Wie der (spätere) Aufsatz über das Lehrgedicht, insistiert auch dieser Text gleich im ersten Satz auf der Dreizahl der Gattungen. Seine Grundthese aber ist die schon im Titel formulierte: daß nämlich die Gattungen *Naturformen* sind. Schon in dem Aufsatz von 1797 hatte es Goethe unternommen, die Gesetze der Epik und der Dramatik *aus der Natur des Menschen* herzuleiten, dem diente die Einführung der Gestalten des Rhapsoden und des Mimen. Diese, die Verbindung von Kunst und Natur durch ein anthropologisches Moment herstellende Methode ist in den *Noten und Abhandlungen* nicht aufgegeben, wohl aber modifiziert und eingebaut in eine Theorie, welche die Poetik auf radikalere Weise der Naturkunde annähert. Behauptet der erste Satz, daß es *nur drei echte Naturformen der Poesie* gebe: *die klar erzählende, die enthusiastisch aufgeregte und die persönlich handelnde,* so ist der Anklang an die Schilderung des Rhapsoden und des Mimen im alten Aufsatz unüberhörbar. Aber Goethe hält nicht mehr an den beiden, für immer feststehenden Typen des Rhapsoden und des Mimen fest (denen man für die Lyrik eine dritte archetypische Gestalt leicht hinzuerfinden könnte), sondern er geht gleichsam hinter die Personen zurück, indem er postuliert: *Diese drei Dichtwei-*

sen können zusammen oder abgesondert wirken. In dem kleinsten Gedicht findet man sie oft beisammen, und sie bringen eben durch diese Vereinigung im engsten Raume das herrlichste Gebild hervor.[83] Entscheidend an dieser These ist zunächst, daß die drei Dichtweisen abgelöst werden von den Kunstwerken selbst, deren Kollektivbegriff jeweils die Gattungen waren, sie erscheinen aber auch abgelöst von der Empirie des Vortrags, der Darstellung, für welche die Gestalten des Rhapsoden und des Mimen normativ einstanden. Goethe abstrahiert nun von beiden, vom Kunstwerk und vom Dichter; er hypostasiert die drei Dichtweisen, so daß sich die Frage stellt, auf welche Weise, in welcher Sphäre sie denn gegeben sind.

Obwohl schon die Überschrift, *Naturformen der Dichtung*, die Antwort nahelegt, sei sie hier auf einem Umweg gesucht, nämlich zunächst mit der Frage, wie die Goethesche Lehre von den Naturformen der Dichtung das Problem von deren geschichtlichem Wandel löst. Heißt es in dem Aufsatz, daß die drei Dichtweisen zusammen oder abgesondert wirken können, so ist nicht bloß das klassizistische Postulat der Reinheit der Gattungen aufgegeben, sondern zugleich eine Konzeption ermöglicht, in der die Geschichte der Dichtung als eine Hin- und Herbewegung der Gattungen, oder vielmehr: als ein Sich-Vereinigen und Sich-Trennen der drei Dichtweisen erscheint. Der oben zitierte Satz, der von der Vereinigung im engsten Raume spricht, die das herrlichste Gebild hervorbringen könnte, mündet in ein Beispiel: *... wie wir an den schätzenswertesten Balladen aller Völker deutlich gewahr werden.* Goethe spielt, wie man sieht, mit dem Gedanken, die drei Dichtweisen als ursprünglich ununterschieden zu setzen, und bekennt sich damit zur Herderschen Ursprungsphilosophie. Nun gibt aber Goethe neben der Ballade ein zweites Beispiel für die Verbindung, die zwischen den drei Dichtweisen walten kann, und führt mit

83 *Naturformen der Dichtung*, ebd. S. 223.

diesem zweiten Beispiel eine entscheidende Ergänzung seiner Sicht ein: *Im älteren griechischen Trauerspiel sehen wir sie gleichfalls alle drei verbunden, und erst in einer gewissen Zeitfolge sondern sie sich. So lange der Chor die Hauptperson spielt, zeigt sich Lyrik obenan; wie der Chor mehr Zuschauer wird, treten die andern hervor, und zuletzt, wo die Handlung sich persönlich und häuslich zusammenzieht, findet man den Chor unbequem und lästig.*[84] Aus den Umschreibungen läßt sich die Reihenfolge hypothetisch erschließen: Lyrik (für den Chordithyrambos, aus dem das Drama entstand), Dramatik (für Aischylos und Sophokles), Epik (für Euripides); oder, was wahrscheinlicher ist: Lyrik für die erste, das Auseinander lyrischer, dramatischer und epischer Momente für die zweite, das Ausscheiden des lyrischen Moments aus diesem Ensemble für die dritte Stufe. Gegen beide Reihenfolgen läßt sich manches einwenden, ich will sie denn auch nicht als für Goethe verbindlich ausgeben. Interessanter scheint die Frage, wie die These, daß die drei Dichtweisen im älteren griechischen Trauerspiel verbunden sind und erst in der historischen Entwicklung sich sondern, sich vereinbaren läßt mit der anderen, daß auf der ältesten Stufe, solange der Chor die Hauptperson spielt, die Lyrik sich obenan zeige. Nicht ausgeschlossen, daß in die Vorstellung Goethes von der ursprünglichen Einheit der drei Dichtarten, eine andere störend hineingespielt hat, die nämlich von der Lyrik als der die beiden anderen in sich enthaltenden ursprünglichen, noch nicht zu einer unter anderen Gattungen gewordenen Ausdrucksform. Die Balladentheorie scheint darauf zu deuten.

Ein zweites Beispiel für den Zusammenhang von historischer Entwicklung und Abfolge der Dichtweisen ist der Epiker. Er erscheint nun nicht mehr in der zeitenthobenen Bestimmtheit des Paradigmas wie im Aufsatz von 1797. Der dort als solches Muster geschilderte Rhapsode kehrt wieder

84 *Naturformen* . . ., ebd., S. 223 f.

als eine erste Erscheinungsform, für die Homer einsteht. *Dramatische Wechselreden, die schönste Zierde des Dramas,* seien hier nicht zulässig. Beschränkte sich der Aufsatz *Über Epische und Dramatische Dichtung* auf dieses Paradigma, so fügt ihm der Abschnitt aus den *Divan-Noten* eine zweite, moderne Erscheinungsform hinzu: *Höre man aber nun den modernen Improvisator auf öffentlichem Markte, der einen geschichtlichen Gegenstand behandelt; er wird, um deutlich zu sein, erst erzählen, dann, um Interesse zu erregen, als handelnde Person sprechen, zuletzt enthusiastisch auflodern und die Gemüter hinreißen.*[85] Was an anderer Stelle über die Problematik der auf die Vortragsart pseudoempirisch zurückgeführten Dichtarten gesagt wurde, wäre hier mit noch mehr Bedenken zu wiederholen, muß man sich doch fragen, warum als die moderne Entsprechung des homerischen Rhapsoden statt des Romanciers der *Improvisator auf öffentlichem Markte* auftritt. Goethes Beschreibung greift in Gedanken offensichtlich zurück auf jenen Drang zum vollkommen Gegenwärtigen, zur Dramatisierung, über die er in seinem Brief vom 23. Dezember 1797 an Schiller Klage geführt hatte. Aber nicht nur die Vermengung des Epischen mit dem Dramatischen ist hier von Bedeutung, in der Rede vom *enthusiastisch auflodern und die Gemüter hinreißen* tritt das Lyrische hinzu (der erste Satz des Textes bezeichnet die Lyrik als die *enthusiastisch aufgeregte* Naturform der Poesie), und, wichtiger noch: die Reihenfolge episch – dramatisch – lyrisch bedeutet eine Chronologie nun nicht mehr innerhalb der historischen Entwicklung, sondern des Fortgangs, in dem sich das einzelne Kunstwerk konstituiert. Wenige Zeilen zuvor hatte für diese Möglichkeit Goethe bereits ein anderes, prägnanteres Beispiel gegeben. Nach den Sätzen über das griechische Trauerspiel heißt es: *Im französischen Trauerspiel ist die Exposition episch, die Mitte dramatisch, und den fünften*

85 *Naturformen ...*, ebd., S. 224.

Akt, der leidenschaftlich und enthusiastisch ausläuft, kann man lyrisch nennen. Auch hier wird man die Frage der Verifizierung offen lassen müssen (ist Epik nicht eher die immanente Gefahr als die zugelassene Eigenart der Exposition, die auch dramatisch sein muß, sind die Tragödienschlüsse lyrischer als einzelne Passagen der früheren Akte, die Jean-Louis Barrault in seiner lesenswerten Analyse der Racineschen *Phèdre* mit Arien[86] verglichen hat?). Goethes Konzeption indessen gemahnt an die Hölderlins in den ästhetischen Fragmenten der Homburger Zeit, in denen die Struktur seiner Gedichte als eine Komposition mit den drei Tönen, dem naiven, dem heroischen und dem idealischen, begriffen wird.

Diese Hölderlinschen Begriffe korrespondieren mit den überlieferten Gattungsbegriffen: das Naive mit dem Epischen, das Heroische mit dem Dramatischen, das Idealische mit dem Lyrischen.[87] Goethe dürfte von den Homburger Aufsatzfragmenten weder direkt noch indirekt Kenntnis gehabt haben; wollte man die Verwandtschaft erklären, so müßte man auf die Konzeption zurückgreifen, die sowohl Hölderlin als auch, zwanzig Jahre später, Goethe beeinflußt hat: auf Schillers Aufsatz *Über naive und sentimentalische Dichtung.* Dort werden zum Schluß bereits einzelne Gattungsbegriffe, Satire, Elegie und Idylle verwendet, nicht um die Gattungen oder die einzelnen Kunstwerke, sondern um die *Empfindungsweise* und die *Dichtungsweise* zu bezeichnen. Die Verwandtschaft zwischen den Vorstellungen Schillers, Hölderlins und Goethes geht über das Formale hinaus, das in der Anwendung von Gattungsbegriffen auf *Dichtungsweisen,* Hölderlin sagt nüchterner: *Töne,* liegt, sie besteht auch inhaltlich, indem sich zeigen läßt, daß Schillers Begriffe Satire, Elegie und Idylle, die, wie er versichert, die

86 Barrault, J.-L., *Phèdre, Mise en scène et commentaires.* Paris 1946. 2. Aufl. 1972.

87 Vgl. dazu P. Szondi, *Gattungspoetik und Geschichtsphilosophie. Mit einem Exkurs über Schiller, Schlegel und Hölderlin.* In: *Hölderlin-Studien.* 2. Aufl. Frankfurt a. M. 1970 (edition suhrkamp 379), S. 119-169.

gesamte sentimentalische Poesie ausmachen, den traditionellen Gattungsbegriffen Drama, Lyrik, Epik entsprechen.

Was nun Goethes Lehre von den Dichtweisen als Naturformen betrifft, so hat sich gezeigt, daß sie das Problem des historischen Wandels zu lösen sucht, indem sie diesen als eine Abfolge der einzelnen Dichtweisen begreift. Was Goethe über die Ballade und über die griechische Tragödie sagt, deutet darauf, daß diese Abfolge als Differenzierung eines ursprünglich Einen zu denken ist – in Übereinstimmung mit einem Grundgedanken der idealistischen Naturphilosophie; seine Schilderung des Homerischen Rhapsoden aber als reinen Epikers, der auf alle dramatischen Mittel verzichtet, zeigt, daß diese Ursprungskonzeption die gattungspoetischen Vorstellungen Goethes, wie sie in den *Noten und Abhandlungen* festgehalten sind, nicht durchgängig bestimmt. Goethe mußte darum auch außerhalb der ursprünglichen Einheit, die der Romantik zugleich als Identität von Geschichte und Natur galt, die drei Dichtweisen lokalisieren. Er erfand dafür das Schema des Kreises. Die drei Hauptelemente – Epos, Lyrik und Drama – seien in einem Kreis einander gegenüberzustellen und man solle sich Musterstücke suchen, wo jedes Element einzeln obwaltet. *Alsdann sammle man Beispiele, die sich nach der einen oder nach der andern Seite hinneigen, bis endlich die Vereinigung von allen dreien erscheint und somit der ganze Kreis in sich geschlossen ist.* Wohl spricht Goethe nur von einem »Schema«, heute würde man sagen: von einer Hilfskonstruktion; der Kreis, in der die drei Dichtweisen mit all ihren Übergängen eingeschrieben sind, wird nicht als gegeben gesetzt. Indem aber Goethe hinzufügt, auf diesem Wege gelange man *zu schönen Ansichten sowohl der Dichtarten, als des Charakters der Nationen und ihres Geschmacks in einer Zeitfolge,* d. h. zu einem Begriff und Bild von der Geschichte, läßt sich der Verdacht nicht unterdrücken, daß das Schema im Grunde nicht aposteriorischen, sondern apriorischen Charakter hat. Darauf weist der Schluß des Textes, der den Versuch, die Dichtungsgattungen zu ordnen, dem Bestreben der Naturkunde vergleicht, *den Bezug auszufinden der äußeren Kennzeichen von Mineralien und Pflanzen zu ihren inneren Bestandteilen, um eine naturgemäße Ordnung dem Geiste darzustellen.*[88] Vollends aber spricht die Gestalt des Schemas, das Goethe wählt, der Kreis, der als Bild durchgängiger Bestimmtheit und ewiger Wiederkehr, der Sphäre nicht der Geschichte, sondern der Natur, genauer der Naturgeschichte, angehört, dafür, daß Goethe die Dichtungsformen als Naturformen auch in dem Sinne verstand, daß ihr System eine vorgegebene Naturordnung darstellt. In diesem Kreis bewegt sich, der Dynamik der Kreisbewegung ausgeliefert, die Dichtung. Goethe hat darum das Problem der Vermittlung von historischem Wandel und naturhafter Vorgegebenheit der Dichtungsweisen nicht gelöst; die Zeitfolge bleibt dem apriorischen Kreisschema äußerlich, und wird, indem man es darauf zurückführt, ihres Wesens, der Geschichtlichkeit beraubt, um zur ewigen Wiederkehr des Naturgeschehens zu werden. Erst Hegels Dialektik wird die Bewegung zur Seinsweise des Begriffs erheben, und dadurch in der *Ästhetik* die Gattungsbegriffe als nur dem Begriff nach vorgegebene, erst in der Entwicklung der Dichtkunst zu sich selber kommende verstehen. An die Stelle der Akzidenz, in der die *Zeitfolge* dem Goetheschen Kreisschema gegenübersteht, tritt die konstitutive Rolle der Geschichte für das System.

88 *Naturformen* . . ., a.a.O., S. 225.

6

Nach der Beschäftigung mit Goethes und Schillers gattungspoetischen Konzeptionen und vor der Darstellung der Schellingschen Kunstphilosophie möchte ich mich den Gedanken eines Ästhetikers und Kritikers zuwenden, der in großer Nähe zu der Fragestellung der im Jahre 1797 zwischen Jena und Weimar gewechselten Briefe und so gut wie gleichzeitig, aber nicht nur fast unabhängig von dessen Verfassern, sondern auch von vornherein auf breiterer Basis und die künftige Entwicklung der Poetik stärker als sie vorbereitend und vorwegnehmend, über dieselben Gegenstände, über Homer und das Epos, über die griechische Tragödie, über die Verschiedenheit der beiden Gattungen und über deren Theorie bei Aristoteles schrieb: Friedrich Schlegel.

Spricht man vom jungen Schlegel – und nur von ihm, dem Frühromantiker in Jena und Berlin, nicht vom Indologen und Restaurationsideologen, nicht vom Sekretär der kaiserlich-österreichischen Hof- und Staatskanzlei soll hier die Rede sein, nicht von Metternichs Günstling, der im Redoutensaal der Wiener Hofburg vor dem Hochadel Vorlesungen über *Geschichte der alten und neuen Literatur* hielt – spricht man vom jungen Schlegel, so denkt man in erster Linie an die kritischen Fragmente aus dem *Lyceum* und dann *Athenäum* und an die Essays, die er u. a. Lessing und dem *Wilhelm Meister* gewidmet hat, an das *Gespräch über die Poesie* und die Abhandlung *Über die Unverständlichkeit.* Im Zusammenhang einer Darstellung der Gattungspoetik in der Goethezeit sind von diesen Texten besonders die Fragmente von großer Bedeutung, und zwar nicht nur jene, die seit einem halben Jahrhundert im Zentrum der Schlegelinterpretation stehen, die, nachdem sie von Schlegel selbst in die Wiener Gesamtausgabe seiner Werke nicht aufgenommen worden waren, in den beiden von Minor 1882 edierten

Bänden der *Prosaischen Jugendschriften* der Vergessenheit ihrer Zeitschriftenexistenz entrissen wurden. Sind doch in den letzten fünfzehn Jahren aus dem Nachlaß Tausende von bislang unbekannten Fragmenten des jungen Schlegel an den Tag getreten.[89*] Der Reichtum, den diese Fragmente bergen, und zwar trotz ihrem sehr unterschiedlichen Vollendungsgrad – vieles ist bloße Lesefrucht oder noch schlecht formulierte erste Fassung eines in den Athenäumsfragmenten wiederkehrenden Gedankens –, ist mit wenigen Worten nicht anzudeuten, und ich glaube nicht zu übertreiben, wenn ich in ihnen nicht nur einen der interessantesten Forschungsgegenstände der Literaturwissenschaft für die nächsten Jahrzehnte erblicke, sondern zugleich die Gewähr dafür, daß der durch die Feindschaft Goethes und Schillers, dann wohl auch Hegels lange verkannte, sei's wegen seiner respektlosen Jugendschriften, sei's umgekehrt, wegen seiner späteren Wendung zum Katholizismus und zur Restauration oft immer noch scheel angesehene Friedrich Schlegel endlich in seinem ihm zukommenden Rang, als der neben Hegel wohl genialste Denker jener Jahrhundertwende, erkannt wird.

Und dennoch: es geschähe dem jungen Schlegel ein zweites Mal Unrecht, würde man die Aufmerksamkeit einzig auf die Fragmente lenken. Der Satz aus einem Brief seines Bruders August Wilhelm an Schleiermacher (vom 22. Januar 1798), mit dem Eichner die Einleitung zu den *Literary Notebooks* eröffnet und in dem von Friedrich Schlegel gesagt wird, es gelängen ihm *Randglossen weit besser als ganze Briefe,*

89* Erstens in dem von Hans Eichner in England edierten, den deutschen Text in englischer Sprache kommentierenden Band *Literary Notebooks 1797-1801.* London 1957 (künftig: LN), und zweitens in dem 18. Band der kritischen Gesamtausgabe. Dieser Band (erschienen in München, Paderborn, Wien 1963) enthält, unter dem Titel *Philosophische Lehrjahre,* Fragmente aus den Jahren 1796-1806, nebst philosophischen Manuskripten aus den Jahren 1796-1828, Hg. E. Behler. Künftig: KA.

90 A. W. Schlegel an Schleiermacher, am 22. Jan. 1798. *Aus Schleiermacher's Leben in Briefen,* zum Druck vorbereitet von L. Jonas, nach dessen Tod herausgegeben von W. Dilthey. Berlin 1861, Bd. III, S. 71.

sowie Fragmente besser als Abhandlungen, und selbstgeprägte Wörter besser als Fragmente. Am Ende beschränk [e] *sich sein ganzes Genie auf mystische Terminologie*[90], dieser Satz des ebenso gebildeten wie begabten und verdienstvollen, aber kaum genial zu nennenden August Wilhelm Schlegel ist wohl richtig. Aber keinesfalls darf darüber vergessen werden, daß Friedrich Schlegels früheste Schriften keine Fragmente (im frühromantischen Sinn: keine Aphorismen) waren, sondern gelehrte Abhandlungen, die der einstige Göttinger Student schrieb, der neben der Jurisprudenz bei Christoph Gottlob Heyne klassische Philologie gehört hatte, und ebensowenig ist zu übersehen, daß in diesen Schriften aus den Jahren 1795-1798, zumal in dem Aufsatz *Über das Studium der Griechischen Poesie*[91] und in der aus einem Fragment von 1796 hervorgegangenen und selber Bruchstück gebliebenen *Geschichte der Poesie der Griechen und Römer* (1798)[92] sowohl die geschichtsphilosophisch konzipierte Ästhetik als auch die in diesem Sinn neugedachte Gattungspoetik vorbereitet werden.

Der *Studium*-Aufsatz wurde in den Jahren 1795–1796 geschrieben, die Vorrede zur Publikation im Rahmen eines Bandes mit dem Titel *Die Griechen und Römer* stammt aus dem Jahr 1797 und nimmt Bezug auf die 1795–1796 in den *Horen* erschienene Abhandlung Schillers *Über naive und sentimentalische Dichtung*. Schlegels Behauptung, er habe die Schillersche Schrift erst gelesen, nachdem er den *Studium*-Aufsatz dem Druck übergeben hatte – nach den letzten Forschungen scheint festzustehen, daß der Umschlag des Manuskripts 1795 an die Druckerei abgegangen war, ehe das 11. Horenstück mit der Abhandlung *Über das Naive* erschien[93] – war wegen der großen Nähe einiger ihrer Grundkonzeptionen lange umstritten. Was die Fragen der

91 JS, Bd. I, S. 85 ff.
92 JS, Bd. I, S. 231 ff.
93 Vgl. R. Brinkmann, *Romantische Dichtungstheorie in Friedrich Schlegels Frühschriften und Schillers Begriffe des Naiven und Sentimentalischen.* In: DVjs 32, (1958), S. 346 f.

Gattungspoetik betrifft, genügt es, daran zu erinnern, daß das Fragment über die Homerische Poesie aus dem Jahr 1796 stammt, während der Briefwechsel zwischen Goethe und Schiller Friedrich Schlegel allenfalls bruchstückweise und vom Hörensagen und eben erst nach der Abfassung dieses, wichtige Gedanken enthaltenden, Textes bekannt werden konnte – wenn er ihn überhaupt kennengelernt hat, woran um so mehr zu zweifeln ist, als sich der Bruch mit Schiller, nachdem Schlegel an dessen Gedichten und an der Zeitschrift *Die Horen* in zwei Rezensionen scharfe Kritik geübt hatte, im selben Jahr 1797 vollzog, während es zu einer näheren Verbindung mit Goethe nie kommen sollte. Aber nicht wegen dieser Priorität Friedrich Schlegels soll die Bruchstück gebliebene *Geschichte der Poesie der Griechen und Römer* besprochen und den Thesen Goethes und Schillers aus dem Jahr 1797 konfrontiert werden, sondern vielmehr weil diese Schrift – in den beiden großen Darstellungen der Poetik der Goethezeit, nämlich im dritten Band von Bruno Markwards *Geschichte der deutschen Poetik*[94] und in René Welleks *A History of Modern Criticism*[95], wird sie keiner eingehenden Untersuchung gewürdigt – ohne den Sprung ins Deduktive zu tun, d. h. in die mit Schelling einsetzende Philosophie der Kunst, einen Ausgangspunkt hat, der dem Goethes und Schillers weniger fremd ist als derjenige Schellings oder auch Hölderlins, und dennoch weit über die Erkenntnisse der beiden Freunde hinausgeht, indem sie die Brücke schlägt von einer pragmatischen Betrachtungsweise zur kunstphilosophischen, spekulativen Theorie. Was es Schlegel ermöglicht, jene Brücke zu errichten, d. h. dem von Schiller so schroff gesehenen Unterschied zwischen Induktion und Deduktion von vornherein auszuweichen und so die Vermittlung ganz unprogrammatisch zu realisieren, welche Jahrzehnte später die Hegelsche Ästhe-

94 Bd. III *Klassik und Romantik*. Berlin 1958.
95 New Haven 1955. Deutsch: *Geschichte der Literaturkritik 1750-1830*. Darmstadt–Berlin–Neuwied 1959.

tik gegenüber der Schellingschen auszeichnen wird: die Vermittlung von historischer Darstellung und theoretischer Exposition, ist sein Gesichtspunkt, der von dem Goethes und Schillers, trotz dem gemeinsamen Blick auf das konkrete Kunstwerk und dessen Beschaffenheit, abweicht: es ist der Gesichtspunkt nicht des Dichters, sondern des Literarhistorikers. Weil Schlegel gar nicht über die Differenz von epischer und dramatischer Dichtung schreiben wollte, sondern eine Geschichte der Poesie der Griechen und Römer, ging er in der historischen und philosophischen Erkenntnis weiter als Goethe und Schiller in ihren Beobachtungen und setzte zugleich weiter unten, d. h. empirischer, ein als Schelling.

Bevor zu untersuchen ist, auf welche Weise der, im strengen Sinn, literarhistorische Gesichtspunkt des klassischen Philologen Schlegel ihm einerseits zu weiterreichenden Einsichten in das Verhältnis von Epik und Dramatik verhilft, als sie Goethe und Schiller möglich waren, ihn aber andererseits über das in Göttingen bei Heyne Erlernte hinausführt, und zwar einer geschichtsphilosophisch konzipierten Poetik entgegen, gilt es, nach den Gemeinsamkeiten zu fragen, die Schlegels Schrift über die *Geschichte der Poesie der Griechen und Römer* von 1798, und zwar in dem bereits 1796 entstandenen Fragment über die Homerische Poesie, mit dem Briefwechsel zwischen Goethe und Schiller von 1797 verbinden. Da es im folgenden nicht möglich sein wird, über ein längeres Zitat und über die knappe Kommentierung der wichtigsten Berührungspunkte hinaus diese hochbedeutenden und, wie mir scheint, immer wieder höchst originellen Seiten eines vierundzwanzigjährigen Nebenfachgräzisten zu analysieren, seien die betreffenden Abschnitte mit Nachdruck zur Lektüre empfohlen.[96*] Die wichtigsten Sätze der hier gegebenen Charakteristik des Epos lauten:

Die epische Dichtart ist unter allen die einfachste. Sie

96* Insbesondere auch die entsprechenden Stellen in der *Geschichte der Poesie der Griechen und Römer*, JS, Bd. I, S. 281 ff.

ordnet eine unbegrenzte Vielheit möglicher, äußrer, durch ursachliche Verknüpfung verbundener Gegenstände durch Gleichartigkeit des Stoffs und Abrundung der Umrisse zu einer bloß sinnlichen Einheit. Diese epische Harmonie ist von der dramatischen Vollständigkeit so durchaus verschieden, als eine poetische Handlung von einer unbestimmten Masse poetischer Begebenheiten. Wenn der Zweck völlig ausgeführt, die Verwicklung vollkommen aufgelöst, die Absicht aus Gesinnung, und der Zufall aus Schicksal hergeleitet worden; so ist die poetische Handlung ein durchaus vollständiges, in sich vollendetes Ganzes; und eben darum ist auch der Umfang der Tragödie durchgängig bestimmt und vollkommen begränzt. Das epische Gedicht stellt aber keineswegs eine einzige vollständige poetische Handlung, sondern eine unbestimmte Masse von Begebenheiten dar, unter denen zwar eine Hauptbegebenheit und ein Hauptheld hervortritt, an welche sich alle übrigen anschließen; wie sich in einem schöngeordneten Gemälde die Nebenfiguren um eine Hauptfigur gruppiren müssen: nur mit dem Unterschiede, daß in dem fließenden Gemälde, im epischen Gedicht, die Gruppen wechseln. [...] *Daher ist auch der Umfang des epischen Gedichts durchaus unbegrenzt: denn jede Begebenheit ist ein Glied einer endlosen Reihe, die Folge früherer und der Keim künftiger Begebenheiten.* [...] *Die reine dichterische Erzählung, welche keinen bestimmten Zweck hat, sondern nur nach Fülle und sinnlicher Harmonie strebt, kennt ihrem Wesen nach weder Anfang noch Ende.* [...] *Gebt dem epischen Dichter Raum und Zeit: er wird nicht eher enden, als bis er seinen Stoff erschöpft, und eine vollständige Ansicht der ganzen ihn umgebenden Welt vollendet hat, wie sie die homerische Poesie gewährt.* [...] *Kein Kenner der Homerischen Poesie wird behaupten, er habe das Unendliche dargestellt, oder das Streben nach dem Unendlichen sei in ihm zum Bewußtsein gekommen. Jeder Freund Homers weiß es aber, daß er gleichsam eine grenzenlose Aussicht eröffnet, und die*

Erwartung ins Unendliche anregt. Er erregt nehmlich keine bestimmte Erwartung nach der Entwicklung eines Keims, der Auflösung eines Knotens, der Vollendung einer Absicht, oder auch nach einer bestimmten Art des Stoffs, sondern eine durchaus unbestimmte und also ins Unendliche gehende Erwartung bloßer Fülle überhaupt. – Im epischen Gedicht ist eigentlich keine Verwicklung und Auflösung, wie im dramatischen, und selbst im lyrischen. Jeder Punkt des epischen Stroms enthält zugleich Anspannung und Befriedigung.[97]

Beim Vergleich der Thesen Schlegels mit denen Goethes und Schillers können wir bei dem letzten Punkt einsetzen. Was Schlegel hier bezeichnet, ist das von Schiller für die epische Dichtart unter dem Namen *Selbständigkeit der Teile* Begriffene. Wie im Briefwechsel dieses Formmoment auch hier als Gegensatz zu jener Spannung auf das Ende hin gesehen, die Schiller *Konzentration und Richtung unserer Tätigkeit nach einer einzigen Seite* nennt, Schlegel das Streben nach einem bestimmten Zweck – einer Spannung, welche die Form der dramatischen Dichtung prägt. Mit der Selbständigkeit der Teile im Epos, der Konzentration aufs Ende hin beim Drama hängt sowohl bei Schlegel als auch bei Goethe und Schiller zusammen die spezifische Form, in der das dargestellte Geschehen erscheint. Schlegel zieht es vor, den Begriff Handlung für das Drama zu reservieren, und beim Epos von einer Begebenheit zu sprechen. Das so entstehende Begriffspaar erinnert an das von Herder im Shakespeare-Aufsatz geprägte: dort wird der *Handlung* der griechischen Tragödien das *Ereignis* der Shakespeareschen konfrontiert: ein Zeichen für die auch von Schlegel später vertretene Ansicht, die Shakespeareschen Dramen seien epischen Wesens; ein Fragment aus den *Literary Notebooks* nennt sie *psychologische Romane*[98], ein früheres spricht davon, daß sie *aus der classischen Tragödie und dem*

97 *Über die Homerische Poesie*, JS, Bd. I, S. 222 f.
98 LN, Nr. 357, S. 51.

Roman[99] gemischt sind. Wenn bei Goethe und Schiller die Differenzierung der Handlungsstruktur in Drama und Epos sich terminologisch weniger deutlich niederschlägt, so aus Gründen, von denen noch zu sprechen sein wird: die Differenz selbst ist aber auch bei ihnen thematisch, so in dem Satz Schillers, der Dramatiker stehe unter der Kategorie der Kausalität, d. h. die dramatische Handlung sei ein strenger Kausalnexus, in dem jedes Moment auf das vorausgehende als seine Ursache und auf das künftige als seine Folge bezogen ist, während der Epiker das Gesetz der Substantialität befolgt, die einzelnen Momente also um ihrer selbst willen ins Werk gesetzt sind, formal gesehen: als Episoden. Die Bedeutung des Episodischen für das Epische ist bei Schlegel so konsequent durchgeführt, daß er beim Vergleich der dramatischen und der epischen Sprache das Epitheton, seit Homer ein charakteristisches Darstellungsmittel der Epik, eine *kleine Episode*[100] nennen kann.

Auf halbem Wege zwischen dieser strukturell-stilistischen und den stofflichen Gattungseigentümlichkeiten steht Schlegels Satz, der Epiker müsse *eine vollständige Ansicht der ganzen ihn umgebenden Welt* geben. Beinahe wörtlich wird damit die Charakteristik des Epos in der Hegelschen *Ästhetik* übereinstimmen und daran auch die Terminologie in Lukács' *Theorie des Romans:* intensive Totalität beim Drama, extensive beim Epos, anknüpfen. Schiller kam auf diesen Punkt in einem noch nicht erwähnten Brief vom 24. August 1798 zu sprechen; die Tragödie behandle nur einzelne außerordentliche Augenblicke der Menschheit, das Epos dagegen das Beharrliche, ruhig fortbestehende Ganze derselben.

Auf eine Diskussion der Ähnlichkeiten in der Konzeption, die Goethe und Schiller auf der einen, Schlegel auf der anderen Seite von der Stellung und Bedeutung des Helden im Epos und im Drama haben, kann hier nicht eingegangen

99 LN, Nr. 86, S. 27.
100 JS, Bd. I, S. 297.

werden. So sei nur erwähnt, daß im thematischen Bereich besonders das Moment des Wunderbaren zu berücksichtigen wäre, dessen ungleiches Verhältnis zu den beiden Dichtarten sowohl im Briefwechsel als auch in der Jugendschrift Schlegels diskutiert wird.

Schon bei dem zuletzt genannten Thema, dessen Behandlung durch Aristoteles bei Goethe, Schiller und Schlegel zugleich eine Stellungnahme ihrerseits zu Aristoteles impliziert, stimmen die Konzeptionen des Briefwechsels und des daraus hervorgegangenen Aufsatzes mit denen der Schlegelschen *Geschichte der Poesie der Griechen und Römer* nicht schlechtweg überein. Entscheidender sind aber andere Meinungsunterschiede zwischen den beiden Weimarer Klassikern einerseits und dem klassischen Philologen aus Göttingen andererseits, der in Jena zum Frühromantiker wird, entscheidender, weil man an ihnen die Wandlung der Poetik ablesen kann, die sich in diesen Jahren vollzieht.

Vergleicht man die beiden Konzeptionen unter dem Gesichtspunkt solcher Differenzen, so fällt auf, daß jene Frage, die bei Goethe und Schiller ihrer Beschäftigung mit den Gattungsunterschieden als Motiv zugrundeliegt und die Fragerichtung bestimmt – die Frage nämlich, welche Stoffe und Motive die epische und welche die dramatische Behandlung verlangen – bei Schlegel überhaupt keine Rolle spielt. Das wird freilich nicht verwundern, hat doch diese Frage ihren Anlaß in der poetischen Praxis, in der ihre Klärung Irrtümer verhindern helfen soll, während sich der junge Schlegel den gattungspoetischen Problemen als Literarhistoriker naht – seine eigene dichterische Produktion wird erst später einsetzen (*Lucinde* 1799, *Gedichte* 1800, *Alarcos* 1802). Aber reicht dies auch zur Erklärung der Differenz aus, so muß diese doch in größerem Zusammenhang gesehen werden. Selbst wenn man zugeben wollte, daß die Eigenart eines Stoffes oder Motivs die Gattungszugehörigkeit allemal bestimmt – woran zu zweifeln man um so mehr Grund hat, als in dieser Sicht die Dialektik von Form und Inhalt stillgelegt und eine primäre Geschichtlichkeit nur dem Stoff, nicht auch dem Inhalt zugeschrieben wird –, scheint die Form bzw. die Gattung bei Goethe und Schiller insofern den Vorrang zu haben, als die Einsicht in die Diskrepanz zwischen einem bestimmten Stoff und der ihm zugedachten Behandlung nicht etwa die Behandlungsweise ändert, sondern den Plan aufgeben läßt. Was eine epische und was eine dramatische Dichtung um 1800 sei, das haben Goethe und Schiller von ihrer Gegenwart sich nicht vorschreiben lassen wollen: nicht von den vermeintlichen oder angeblichen Bedürfnissen und Wünschen des Publikums (worin sie, wegen dieser Angeblichkeit und Vermeintlichkeit, fraglos recht hatten), ebensowenig aber von der historischen Notwendigkeit, die nicht nur zu respektieren, sondern überhaupt innezuwerden ihr Klassizismus ihnen verbot. Daß die historische Notwendigkeit sich dennoch durchsetzte, vermittels der Stoffe und ihrer Probleme, ebensosehr aber auch in der künstlerischen Gestaltung, und zwar nicht erst nach der Überwindung des Klassizismus, sondern schon in diesem selbst, steht auf einem anderen Blatt.

Bei dieser Konfrontierung Goethes und Schillers mit dem jungen Schlegel wird man freilich nicht darüber hinwegsehen dürfen, daß Schlegel im Jahr 1796, als er die zitierte Charakteristik des Homerischen Epos schrieb, ebenfalls ein Theoretiker des Klassizismus war. Die Arbeiten der Jahre 1794–1798 stehen ganz in dessen Zeichen. Der Zweiundzwanzigjährige, der ein Winckelmann der Dichtkunst werden wollte, plant eine Geschichte des klassischen Altertums; dieser Absicht entspringen die Schriften *Von den Schulen der griechischen Poesie* (1794), der *Studium*-Aufsatz und das Bruchstück über die Geschichte der griechischen und römischen Poesie. Indessen ist es die Aufgabe selbst, die sich Schlegel gestellt hat, die Einsicht in die Entwicklung der antiken Dichtung, das historische Verständnis also, die ironischerweise gegen die klassizistische Intention, der sie entspringt, aufbegehrt und zu einem nicht bloß negativen

Begriff von der Moderne führt. Bei Goethe und Schiller konnte im Briefwechsel das Studium der Homerischen und der Sophokleischen Dichtungen zu einer solchen, den Klassizismus hinter sich lassenden Position nicht zuletzt darum nicht gelangen, weil sie es nicht auf ein Bild von der realen geschichtlichen Entwicklung der antiken Poesie abgesehen hatten, sondern deren Werke als von der Geschichte nicht betroffene Paradigmata nahmen, selbst wenn sie sich z. B. mit Bedauern klar machen mußten, daß für die Modernen *eine besondere Schwierigkeit entsteht, weil wir für die Wundergeschöpfe, Götter, Wahrsager und Orakel der Alten, so sehr es zu wünschen wäre, nicht leicht Ersatz finden.*[101*]
Sind sich Goethe und Schiller in ihren Briefen über ihr klassizistisches Programm und also auch über die notwendige Abwehr aller realistischen Tendenzen einig – und es hat sich gezeigt, inwiefern sich dies auch in ihren gattungspoetischen Reflexionen niederschlägt –, so braucht sich der Literarhistoriker des Altertums, Friedrich Schlegel, darum nicht zu kümmern: die zunächst besprochenen Schriften aus seiner vor-frühromantischen Zeit kennen diese Fragestellung und so auch die Insistenz auf die überzeitliche Richtigkeit der griechischen Werke, welche die Abwehr des Realismus begleitet, nicht. Aber gerade indem sich Schlegel, in den genannten Schriften noch ganz ohne Seitenblick auf die Situation der Moderne, in die Entwicklung der antiken Poesie versenkt, begreift er die Historizität, d. h. auch die durch geschichtlichen Wandel bedingte Vielfalt, der griechischen und römischen Werke. Die Vermischung der Gattungen

101* *Über epische und dramatische Dichtung*, a.a.O., S. 58.
* Eine eingehendere Analyse des Briefwechsels hätte auch zu fragen, inwiefern die geschichtsphilosophische Differenzierung von Antike und Moderne in Schillers Konzeption des Naiven und des Sentimentalischen, die freilich an sich selber schon weniger ausgeprägt ist, als man oft, gerade von Schlegels *Studium*-Aufsatz her, hat wahrhaben wollen, in der Kommunikation mit Goethe von Schiller selber verleugnet oder doch unterdrückt wird. (Vgl. P. Szondi, *Das Naive ist das Sentimentalische. Zur Begriffsdialektik in Schillers Abhandlung.* In: *Lektüren und Lektionen.* Frankfurt a. M. 1973, S. 47 bis 99.)

z. B., gegen die Goethe und Schiller einen erbitterten Kampf führen, obwohl sie deren Zusammenhang mit Tendenzen ihrer Zeit sehen (man denke an die Passage, die von dem Drang zum vollkommen Gegenwärtigen, also zum Drama handelt), findet Schlegel bereits in der Spätzeit der Antike. So heißt es bei ihm über Vergil, er sei *zwar für die römischen Dichter ein Urbild der verhältnismäßig besten Mischung der römischen Natur und der hellenischen Bildung in der Kunst: an sich aber ist er weder vollendet, noch classisch. Die Aeneide ist kein reines, ächtes Epos. Das Rhetorische und Tragische hat man im Ganzen und im Einzelnen oft bemerkt, und die lyrischen Stellen bieten sich auch sichtbar und zahlreich genug dar.*[102]

Aber der Blick des Literarhistorikers unterscheidet nicht bloß zwischen griechischem und römischem Epos. Auch innerhalb der griechischen Dichtung gewahrt er eine historische Entwicklung, die gegenüber den Gattungen nicht indifferent ist, in deren Hervorbringung als aufeinander folgender, jeweils eine bestimmte geschichtliche Stufe des griechischen Geistes und der politischen Realität Griechenlands ausdrückender Kunstformen vielmehr ihr Wesen hat. Epos und Tragödie – die Lyrik steht wie im Briefwechsel, so auch in Schlegels Fragment von 1798 am Rand (wenngleich es zwei Abschnitte über die Orphische Vorzeit und den Jonischen Stil der lyrischen Kunst enthält) – Epos und Tragödie werden von Schlegel zwei verschiedenen Epochen der griechischen Geschichte zugeschrieben, das Epos der heroischen, die Tragödie (und die Lyrik) der republikanischen Periode. Wie wenig solche Zuordnung der Kurzsichtigkeit sich mit Fakten begnügender Literarhistorie oder der Weitsichtigkeit bloßer geschichtsphilosophischer Spekulation anheimfällt, zeigt etwa der folgende Passus, in dem die Heroen des Epos und der Tragödie einander konfrontiert werden: *Die Vorstellung einer unbedingten Naturnothwendigkeit, das*

102 *Geschichte der Poesie der Griechen und Römer*, JS, Bd. I, S. 302.

Schicksal, wie es die Tragödie darstellt, ist dem Homeros unbekannt. Das Vermögen des Unendlichen schlummert noch in ihm, wie in der Seele des Knaben, ehe die Knospe sich bis zur Blüthe jugendlicher Begeistrung entfaltet hat. Nie stellt er das Unendliche dar, weder das der Natur, noch das der Gesinnung. Er, den an Größe und Macht kein alter Dichter übertrifft, ist daher auch, strenggenommen, nicht erhaben; wenn man, wie billig, nur die lebendige Erscheinung des Unendlichen so nennt. Die Heldenkraft des Achilles ist nur gewaltig; die sittliche Selbständigkeit des Prometheus, der Antigone erhebt sich über alle Schranken.[103]

Die Metaphorik dieser Sätze verrät den Einfluß Herders, die Differenzierung aber, die in ihr ausgedrückt wird, geht über die Konzeptionen der 1790er Jahre nicht nur darin hinaus, daß sie die Gattungen historisch bestimmt sieht; bahnbrechend ist zugleich die Verknüpfung der gattungspoetischen Entwicklung mit dem an Hegels Geschichtsphilosophie gemahnenden Prozeß, in welchem das Unendliche und das Erhabene – wohlgemerkt nicht als Termini, sondern als Begriffe, als geistige Realitäten – begriffen sind.

Schlegel will die Strukturgesetze von Epos und Drama weder aus der immer gleichen Natur des Menschen, noch aus den Gegebenheiten der Vortragsweise ableiten. Dem Rekurs Goethes auf die Natur, im Aufsatz von 1797, stellt er, ohne daß er davon Kenntnis haben konnte, die These gegenüber, der *Grund der Kunsteinteilung* könne *nur in der Natur des menschlichen Geistes selbst*[104] gesucht werden, also in einem Historischen. Und gegen die Erklärungsversuche aufgrund des Aufführungsmoments beim Drama, die freilich, wie man weiß, bis in die griechische Poetik zurückreichen, wendet Schlegel ein, *das Wesen* [der] *beyden Dichtarten besteh*[e] *nicht bloß in der Beschaffenheit des äußeren Vortrags, sondern in der Eigenthümlichkeit der*

103 JS, Bd. I, S. 243.
104 JS, Bd. I, S. 300.

innern Zusammensetzung, wie man denn Tragödien auch lesen, Epen auch mimisch vortragen könne.[105]

In dieser letzten Differenz zwischen den Betrachtungsweisen Goethes und Schillers auf der einen, Schlegels auf der anderen Seite wird zugleich deutlich, daß, indem Schlegel eine von den ihm unbekannten, gleichzeitig formulierten Thesen des Briefwechsels abweichende gattungspoetische Konzeption begründet, er sich gegen die gesamte, auf Aristoteles sich berufende, Tradition wendet. Und so ist es kein Zufall, daß den einzigen faktischen Berührungs- und Differenzpunkt zwischen den Weimarer Freunden und Schlegel dessen Kritik an Aristoteles bildet.

Haben Sie, schreibt Goethe in dem schon einmal zitierten Brief vom 28. April 1797 an Schiller, *Schlegels Abhandlung über das epische Gedicht im 11ten Stück Deutschlands, vom vorigen Jahr, gesehen? Lesen Sie es ja! Es ist sonderbar, wie er, als ein guter Kopf, auf dem rechten Wege ist und sich ihn doch gleich wieder selbst verrennt. Weil das epische Gedicht nicht die dramatische Einheit haben kann, weil man eine solche absolute Einheit in der Ilias und Odyssee nicht gerade nachweisen kann, vielmehr nach der neuern Idee sie noch für zerstückelter angibt als sie sind; so soll das epische Gedicht keine Einheit haben, noch fordern, das heißt nach meiner Vorstellung: es soll aufhören, ein Gedicht zu sein. Und das sollen reine Begriffe sein, denen doch selbst die Erfahrung, wenn man genau aufmerkt, widerspricht.*[106] In diesem Sinne postuliert dann Goethes Aufsatz, daß der Dramatiker wie der Epiker dem Gesetz der Einheit, als einem allgemein poetischen, unterworfen seien. Spricht aber Goethe von vermeintlich reinen Begriffen, gegen die er die Erfahrung ausspielt, so wendet er sich damit gegen die nun nicht mehr auf das Problem der Einheit bezogene, sondern generelle Kritik Schlegels an der Poetik des Aristoteles. Die

105 JS, Bd. I, S. 292.
106 *Briefwechsel*, Bd. I, Nr. 305 (vgl. S. 76, Anm. 69).

Erklärung der epischen Dichtart, die Schlegel gibt, will kein *aus unvollständiger Erfahrung willkürlich abgezogner* [sein], *sondern ein reiner Begriff, dessen ursprüngliche Herleitung aus den nothwendigen Gesetzen des menschlichen Geistes sich aufs strengste rechtfertigen läßt.* Aristoteles dagegen, *der die Kunst nur nach den Werkzeugen der Darstellung, den Verhältnissen des Dargestellten und des Darstellenden zur Wirklichkeit einzuteilen weiß*, habe es nicht vermocht, sich *in der Kindheit der Wissenschaft zu dem richtigen Begriff einer reinen Dichtart zu erheben.*[107] Nicht nur sieht Schlegel den Fehler des Aristoteles darin, daß er die historische Bestimmtheit von Epos und Drama, ihre geschichtsphilosophische Differenz, nicht wahrgenommen hat, diesen Irrtum vermag Schlegel historisch zu erklären. Weil die attische Tragödie ihren Stoff aus der Homerischen Epenwelt schöpft, sei bereits zur Zeit der Tragiker, und danach in der griechischen Poetik, auch der Begriff des Epischen umgedeutet, zum Dramatischen hin verschoben worden. Sowohl Plato als auch Aristoteles hätten, sagt Schlegel, die Eigenart des Epischen verkannt und die beiden Dichtarten verwechselt. Als Beleg dafür dienen ihm einerseits Stellen aus Plato, in denen Homer ein *Tragödiendichter*, der *Führer der Tragödie*, der *erste aller Tragiker* genannt wird, andererseits sieht er in dieser Verwechslung den Grund, daß Aristoteles behaupten konnte, das epische Gedicht unterscheide sich von der Tragödie nur durch Umfang und Metrum (Kap. 24) und habe wie sie eine einzige vollständige Handlung aufzuweisen.[108]

Auch bei der Diskussion der Frage, ob das Epos wie die Tragödie eine Einheit haben muß oder nicht, ist wichtiger als die Antwort, wie man sie heute geben würde, und die ihrerseits historisch bedingt wäre, nämlich auf einen bestimmten geschichtlichen Stand der epischen Poesie bezogen, die Einsicht in den Grund dieser Meinungsverschieden-

107 *Über die Homerische Poesie*, JS, Bd. I, S. 224.
108 *Geschichte der Poesie der Griechen und Römer*, JS, Bd. I, S. 280.

heit – und wiederum liegt er in der historischen Konzeption Schlegels, in der ahistorisch-normativen Goethes beschlossen. Dessen Klage über *die neuere Idee,* nämlich die Wolfsche Theorie, welche die Homerischen Epen für *zerstückelter angibt als sie sind*[109], ist ein Protest gegen das Verständnis dieser Werke aus ihren Entstehungsbedingungen heraus, ein Protest, der erhoben werden muß, soll an dem paradigmatischen Charakter der *Ilias* im Sinne des Nachahmungsklassizismus festgehalten werden. Andererseits gilt auch Schlegels Behauptung, daß die Einheit nicht den Homerischen Epen als Dichtungen, sondern der von ihnen erschöpfend dargestellten Welt eigen ist *(extensive Totalität),* falls sie historisch überhaupt im Recht ist (was hier nicht zur Debatte steht), nicht für die epische Dichtart als solche, nicht einmal für das Epos im Unterschied vom Roman, sondern nur für dessen Homerische Erscheinungsform. Goethes empörte Kritik an Schlegel in dem Brief vom 28. April richtet sich so im Grund nicht gegen eine Einzelheit in der Schlegelschen Abhandlung, sondern gegen die vom historischen Denken geforderte Wende in der Poetik, die Schlegel, wenngleich an einiges bei Herder anknüpfend, revolutionär einleitet. Ihm selber blieb die Bedeutung seiner Erkenntnisse nicht verborgen: zu Beginn seiner *Geschichte der Poesie der Griechen und Römer* behauptet er, man sei in der Beantwortung der Frage, ob das Epos und die Tragödie verschieden seien oder nicht, seit Aristoteles nicht weitergekommen, er spricht von einer von Aristoteles ausgelösten Verwechslung der Dichtarten *auf Jahrtausende,* und beschließt darum, *die gewöhnlichen Meynungen der Theoristen über die Epopöe, ihren Mechanismus und ihre Regeln zurückzulassen, und bis nach ausgemachter Sache gänzlich zu vergessen.*[110]

Schlegel hat in diesen Sätzen die Bedeutung seiner gattungstheoretischen Einsichten schwerlich überschätzt, obwohl –

109 Vgl. *Briefwechsel,* Bd. I, Nr. 305 (28. 4. 1797).
110 JS, Bd. I, S. 269.

oder vielleicht auch weil – er sein Versprechen in der Abhandlung über die Geschichte der griechischen und römischen Poesie nicht eingelöst hat. Die Abhandlung blieb ein Bruchstück, die Sache wurde nicht ausgemacht. Das aber lag an den Tendenzen, die Schlegels historische Darstellung der Antike aus eigener Kraft entwickelte, und die ihn sowohl zu einer antiklassizistischen Konzeption der Moderne befähigten als auch zu einer für die Geschichte der Ästhetik entscheidenden Wende. Durch diese Wende trat an die Stelle der philosophisch fundierten historischen Poetik, wie sie in dem hier besprochenen Text vorliegt, die geschichtsphilosophische Poetik.

Mehr noch als in dem Bruchstück über die griechische und römische Poesie ist dieser Prozeß eingeleitet in dem gleichzeitig entstehenden Aufsatz *Über das Studium der griechischen Poesie*, fraglos einem der wichtigsten Texte der Geschichtsphilosophie und der Ästhetik der Goethezeit. Der Titel der Schrift deutet an, daß hier anders als in der Abhandlung über die *Geschichte der Poesie der Griechen und Römer* der historische Standort des Historikers in die Reflexion einbezogen, daß der Gegensatz Antike – Moderne thematisch ist. Wie in diesem Aufsatz die klassizistische Intention Schlegels sich kraft der Einsicht in die Sache selber überwindet und einen neuen Standpunkt, den frühromantischen erschafft, habe ich in anderem Zusammenhang zu zeigen versucht[111] – hier kann ich nur andeuten, inwiefern dies aus dem Versuch hervorgeht, eine Geschichte der antiken Poesie zu schreiben. Schlegels historisches Denken setzt ihn nicht nur in die Lage, die seit Aristoteles in geschichtsfremder Paradigmatik verewigten Gattungen des Epos und der Tragödie in ihrer historischen Bedingtheit zu sehen. Auch wird durch diesen Gesichtspunkt die Totalität der antiken Dichtung nicht aufgelöst in

111 Vgl. P. Szondi, *Antike und Moderne in der Ästhetik der Goethezeit*, 6. und 7. Vorlesung. In: *Poetik und Geschichtsphilosophie I.* Studienausgabe der Vorlesungen, Bd. 2. Frankfurt a. M. 1974.

der Art der positivistischen Literarhistorie, die es nur mit den Bäumen, nicht mit dem Wald hält. Schlegel insistiert vielmehr auf diese Ganzheit. Aber er sieht sie als einen Prozeß, der, obwohl längst abgeschlossen, nur als Prozeß, als Entwicklungsvorgang, begriffen werden kann. Und, dies das Entscheidende: er sieht die in ihrer Historizität erkannte antike Dichtung darum noch nicht ihrer Vorbildlichkeit für spätere Zeiten beraubt, nicht auf die eigenen Entstehungsbedingungen relativiert. *Die Griechische Poesie in Masse* [d. h. als Ganzes genommen] sei *ein Maximum und Kanon der natürlichen Poesie*, heißt es in dem *Studium*-Aufsatz, *und auch jedes einzelne Erzeugnis derselben ist das vollkommenste in seiner Art. Mit kühner Bestimmtheit sind die Umrisse einfach entworfen, mit üppiger Kraft ausgefüllt und vollendet; jede Bildung ist die vollständige Anschauung eines echten Begriffs. Die Griechische Poesie enthält für alle ursprünglichen Geschmacks- und Kunstbegriffe eine vollständige Sammlung von Beyspielen, welche so überraschend zweckmäßig für das theoretische System sind, als hätte sich die bildende Natur gleichsam herabgelassen, den Wünschen des nach Erkenntnis strebenden Verstandes zuvorzukommen. Sie ist eine ewige Naturgeschichte des Geschmacks und der Kunst.*[112] Deutlicher als in der Verwendung der Gattungsnamen für die Perioden der griechischen Geschichte, wie sie in der anderen Schrift vorgeschlagen wird, läßt sich hier erkennen, wozu der historische Begriff der Gattungen Schlegel verhilft: zu einer Konzeption, in der die historische Entwicklung der griechischen Dichtung ein gleichsam wachsendes System der poetischen Gattungen ist.

112 *Über das Studium der Griechischen Poesie*, JS, Bd. I, S. 146.

7

Indem Schlegel in der griechischen Poesie eine *ewige Naturgeschichte* [...] *der Kunst* sieht, begreift er deren historische Entwicklung gleichsam als das natürliche Wachsen eines gattungspoetischen Systems. Wäre Schlegel auf diesem Standpunkt verharrt, wir könnten uns nun den ersten systematischen Ästhetikern des Deutschen Idealismus, Hölderlin und Schelling, zuwenden. Aber bereits in den Jahren, in denen die genannten Abhandlungen Schlegels geschrieben werden, entstehen die ersten Fragmente und in diesen (ganz der Schlegelschen Theorie des Fragments gemäß) erste Entwürfe, Projekte einer Theorie der Dichtarten, welche die Geschichtsschreibung, wenngleich nicht den historischen Standpunkt, hinter sich läßt und sich philosophisch, genauer: geschichtsphilosophisch, konstituiert.

Beim Übergang von der Diskussion der literarhistorischen Abhandlungen Schlegels zu dieser poetischen Theorie hat man sich freilich mit einem missing link abzufinden, was aber um so mehr zu verantworten ist, als es sich um ein missing link nicht in der Sache, sondern nur in der Darstellung handelt: nämlich Schlegels Überwindung des Klassizismus, die, durch das historische Denken bedingt, in dem *Studium*-Aufsatz selbst gegen dessen klassizistische Intention, gleichsam hinter dem Rücken des Verfassers entsteht, der mit ihm sich als Winckelmann der Poesie ausweisen möchte, aber zu dem ersten Theoretiker der Moderne wird. Offen tritt sie in der *Vorrede* von 1797 in Erscheinung.

Vergleicht man die verschiedenen und verschiedenen Gattungen angehörenden Schriften des jungen Schlegel – *die Geschichte der Poesie der Griechen und Römer*, den Aufsatz *Über das Studium der griechischen Poesie* und die Fragmente, so kann allerdings nur mit Maßen von einer Entwicklung, von einem Erkenntnisprozeß, die Rede sein, der auch einen Standpunktwechsel zur Folge gehabt hat: Frühromantik statt Klassizismus, Geschichtsphilosophie statt Historie. Denn manches spricht dafür, daß dieser Prozeß im Denken des jungen Schlegel nicht nur von vornherein angelegt, sondern von ihm auch von Anfang an schon erkannt war, und er nur als Prozeß in Erscheinung tritt in der Realisierung, welche die einzelnen, fast gleichzeitig entstehenden Schriften darstellen. Dabei ist das, was wir als Stufen der Entwicklung zu verstehen gewöhnt sind, bis zu einem gewissen Grad gleichzeitig gegeben, so daß es sich nicht so sehr als aufeinanderfolgende Momente eines Prozesses spezifiziert, sondern indem es Schriften verschiedener Art angehört: 1.) die literarhistorisch begründete Lehre von den Dichtarten, 2.) die geschichtsphilosophische Konzeption der Gattungspoetik, 3.) die auf sie bezogene Erkenntnistheorie, eine Art Kritik der gattungspoetischen Vernunft, – diese drei Leistungen Schlegels mag man versucht sein, weil sie eine logische Folge bilden, eindeutiger für eine zugleich chronologische zu halten als es die Entstehungsdaten der einzelnen Schriften erlauben. Denn ihre Verschiedenheit rührt, wie gesagt, auch her von der Verschiedenartigkeit der Schriften, in denen sie verwirklicht werden: betont literarhistorische Abhandlung für die erste, auf den Standpunkt der Moderne zurückbezogener, die Antike mit ihr vergleichender *Studium*-Aufsatz für die zweite, und radikalisierende, neben den Gegenständen immer auch die eigene Position erkennen wollende, also »kritische« Fragmente für die dritte.[113] Zur Vorsicht bei der Annahme eines Wandlungsprozesses, der einzelne Stufen scharf zu unterscheiden gestattete, mahnt nicht zuletzt eine Anmerkung, die sich bereits in dem frühen Fragment *Über die Homerische Poesie* (1796) findet. Auf den bereits zitierten Satz, *die epische Dichtart* ordne *eine unbegrenzte Vielheit möglicher, äußrer, durch ursachliche Verknüpfung verbundener Gegenstände durch Gleichartigkeit des Stoffs und Abrundung der Umrisse zu einer bloß*

113 Vgl. P. Szondi, *Antike und Moderne in der Ästhetik der Goethezeit*, a.a.O., 6. Vorlesung, S. 102 ff.

sinnlichen Einheit, bezieht sich folgende Fußnote: *Der Philosoph wird aus dieser Erklärung ihren Grund und die Einteilungen der Dichtarten, welche sie voraussetzt, leicht erraten können. Sollte es jedoch zweckmäßig erscheinen, so werde ich meinen künftigen Untersuchungen über die homerische Poesie eine vollständige Theorie der epischen Dichtart beifügen.*[114] Schlegels zeitgenössische Leser mögen sich empört haben über die Unbescheidenheit solcher Hinweise und über die Unverbindlichkeit solcher Versprechen (*Sollte es zweckmäßig erscheinen ...*) – uns verrät diese Anmerkung heute zweierlei: zum einen, daß Schlegel bereits 1796, wenn nicht schon 1794/95, über die philosophische und d. h. spekulative Begründbarkeit der Lehre von den Dichtarten sich im klaren war; zum anderen, daß er deren Andeutung für die Philosophen unter seinen Lesern bestimmt, d. h.: er verbleibt hier im Rahmen der literarhistorischen unphilosophischen Poetik nicht so sehr, weil er sich ihrer Grenzen und Voraussetzungen noch nicht bewußt geworden wäre, als vielmehr mit Rücksicht darauf, daß er keine philosophische, sondern eine literarhistorische Abhandlung zu schreiben sich anschickt.

Dies als Vorbemerkung zu dem nun folgenden Versuch, auf Grund der Fragmente des *Athenäum* und des Nachlasses, Schlegels Gedanken zu einer geschichtsphilosophisch begründeten Gattungspoetik in ihrem inneren Zusammenhang darzustellen. Der Arbeit des Archäologen, der aus hundert Bruchstücken eine Vase zusammensetzt, gleicht das um so mehr, als es sich nicht bloß um Fragmente im frühromantisch-programmatischen Sinn handelt, sondern, soweit es den Nachlaß betrifft (und neunzig Prozent des nun zu Besprechenden stammt aus dem Nachlaß), um erste Fragmententwürfe, sozusagen um fragmentarische Fragmente. Es dürfte sich darum empfehlen, diesen Systematisierungsversuch, der sich Schlegels noch zu besprechende Kritik an

114 *Über die Homerische Poesie*, JS, Bd. I, S. 222 (vgl. S. 108, Anm. 107).

der Systematik freilich stets vor Augen halten muß, nicht zu beginnen, ohne eine Disposition aufzustellen. Es sollen folgende vier Problemkreise analysiert werden: 1.) Erkenntnistheorie der Gattungspoetik, 2.) Gattungspoetik und Geschichtsphilosophie, 3.) Überwindung der Gattungspoetik, 4.) Der Roman als die Dichtart der Moderne. Die Reihenfolge ist nicht durchgehend logischer und durchaus nicht chronologischer Natur: Wohl ist Erkenntniskritik im Sinne Kants die logische Begründung der übrigen Problemkreise und führt bei Schlegel zur Überwindung der Gattungspoetik, aber diese Reflexion auf die Prämissen wäre nicht denkbar ohne die Geschichtsphilosophie, durch welche die Einteilung der traditionellen Gattungspoetik nichtig wird, und diese geschichtsphilosophische Neukonzeption der Lehre von den Dichtarten scheint zwar von der historischen Betrachtung der antiken Poesie ausgelöst worden zu sein, bezieht aber erst aus der Theorie der modernen Dichtart kat'exochen, des Romans, ihre Kraft und ihren Sinn.

Zunächst also Schlegels Gedanken zu einer *Kritik der gattungspoetischen Vernunft*. Daß er die Frage stellt nach den Bedingungen der Möglichkeit poetischer Gattungsbegriffe und gattungspoetischer Systematik, wird niemand verwundern, der sich an das erste *Athenäum*-Fragment erinnert: *Über keinen Gegenstand* – so stellt dort Schlegel nicht ohne Vorwurf und nicht ohne Verachtung fest – *philosophieren sie seltner als über die Philosophie*. Aber man wird sich hüten müssen, in Schlegel einen orthodoxen Kantianer zu sehen; die entscheidenden philosophischen Anregungen verdankt er der Fichteschen Wissenschaftslehre (und dann wohl auch der Schellingschen Jugendschrift über Dogmatismus und Kritizismus). Aber die Kantische Fragestellung ist aus seinen philosophischen und ästhetischen Überlegungen nicht wegzudenken, und während sich Schiller vor allem von einigen Begriffen Kants zu seinen bekannten Konzeptionen über den Spielcharakter der Kunst, über das Erhabene usw. inspirieren ließ, ist die Position des Kritizismus nicht von ihm, sondern von Friedrich Schlegel auf die Ästhetik angewandt worden.

Freilich war es eine Anwendung besonderer Art. Zu einer ausgeführten Kritik im kantischen Sinn kam es so wenig als zu einem kritizistisch geprägten System der Poetik. In den Fragmenten begnügt sich Schlegel meist mit Fragen oder mit Behauptungen, wobei man bei den Fragen oft nicht weiß, ob er sie im Ernst stellt oder ob sie schon Behauptungen sind; und bei den Behauptungen fragt man sich oft, wie er denn ihre Richtigkeit erwiesen haben würde. Der Kantische Kritizismus schlägt bei Schlegel leicht in einen scheinbaren Skeptizismus, gar Nihilismus um. Wendet man sich aber davon nicht, wie es Hegel getan hat, mit Empörung und unter Beschimpfungen ab, so erkennt man die geheime Intention solcher Infragestellung und Annihilierung, die Schlegel absichtlich an seine Fahne schrieb: es ist jene Vorbereitung eines Künftigen, die Schlegel das Programm sowohl einer neuen Kunst als auch einer neuen Poetik entwerfen läßt.[115] Nur darum aber durfte er seine Fragmente als Projekte verstehen.[116] Bereits in der ersten Sammlung, die er aus ihnen veranstaltete, 1797 in der Zeitschrift *Lyceum der schönen Künste*, heißt es: *Man hat schon so viele Theorien der Dichtarten. Warum hat man noch keinen Begriff von Dichtart? Vielleicht würde man sich dann mit einer einzigen Theorie der Dichtarten behelfen müssen.*[117] Drei Sätze – jeder in einem der für Schlegel charakteristischen Töne: zuerst die leicht verachtende Feststellung von Quantität, welche sich selber richtet *(Man hat schon so viele Theorien der Dichtarten)*; dann die provozierend kritizistische Frage, die zugleich andeutet, warum es die schlechte Quantität überhaupt geben kann *(Warum hat man noch keinen Begriff*

115 in den *Athenäum*-Fragmenten 116 und 252 KA, Bd. 2, S. 182 u. S. 207.

116 Vgl. *Athenäum*-Fragment Nr. 22: *Ein Projekt ist der subjektive Keim eines werdenden Objekts* ..., KA, Bd. 2, S. 168.

117 *Lyceum der schönen Künste* (Ersten Bandes zweiter Teil. Berlin. Bei Joh. Fr. Unger 1797, S. 133-169) zit. nach KA, Bd. 2, *Kritische Fragmente*, Nr. 62, S. 154.

von Dichtart?); und schließlich die drohende Vorahnung, was aus der Erfüllung des Postulats dereinst folgen könnte *(Vielleicht würde man sich dann mit einer einzigen Theorie der Dichtarten behelfen müssen)*. Für die bei Schlegel aufzusuchende Kritik der gattungspoetischen Vernunft bedeutet dieses Fragment, daß die Frage nach dem Begriff der Dichtart selbst und nicht bloß nach der Einteilung der Dichtung in Gattungen zu stellen ist (denn dies meint Schlegel, wenn er von Theorien der Dichtarten spricht). Die einzige, auf Kosten aller anderen sich behauptende Theorie der Dichtarten, die aus einer kritizistischen Analyse des Dichtartbegriffs selbst folgen könnte, wäre in diesem Sinn eine Gattungspoetik. Inwieweit aus Schlegels Reflexionen über das Wesen der Dichtart und der Einteilung der Dichtung nicht so sehr eine von ihm als alleingültig ausgegebene Theorie der Gattungspoetik, als vielmehr deren Überwindung sich ergeben wird, werden wir darzustellen haben.

Der Begriff der Dichtart, den Schlegel zu Recht als Voraussetzung aller Poetik erfragt, ist in den Fragmenten freilich schwerlich zu finden, es sei denn in dem folgenden aus den *Fragmenten zur Literatur und Poesie: Alle Dichtarten sind ursprünglich – Naturpoesie – eine bestimmte, lokale, individuelle. (Es kann unendlich viele Dichtarten geben.) Das Individuelle bleibt darin, auch nach der Umbildung durch Künstler. Die Formen sind einer unendlichen Umbildung fähig. Alle griechischen und alle romantischen Formen verlieren sich ins Dunkel und sind nicht von Künstlern gemacht.*[118] Dieses Fragment ist besonders darum etwas mißverständlich, weil man in der Konfrontation von Dichtart und einzelnem Künstler bzw. einzelnem Werk den Ausdruck *individuell* den letzteren, als Gegenbegriff zur Allgemeinheit der Dichtart, d. h. der Gattung, könnte zuordnen wollen. Aber Schlegel meint es zweifellos umgekehrt, er spricht von der Individualität der einzelnen Dichtarten. Er

118 *Fragmente zur Literatur und Poesie I,* ›1797‹ LN, Nr. 1880, S. 186.

sieht sie in historischer Bestimmtheit (sie sind *lokal*) und – gemäß Herderschen Vorstellungen – gerade insofern nicht von einem einzelnen Künstler hervorgebracht. Wie Schlegel im *Studium*-Aufsatz die moderne Dichtung (die Kunstpoesie) von der klassischen (der Naturpoesie) unter anderem darin unterschieden findet, daß sie, anders als die klassische, von Individuen geprägt ist und in einzelne Œuvres zerfällt, während die griechische Dichtung, worauf hinzuweisen Schlegel nicht müde wird, als Ganzes, als *Masse*, betrachtet werden muß – so behauptet er hier, daß alle Dichtarten ursprünglich seien, Naturpoesie, mit einem Ursprung, der sich im Dunkel verliert. Das Fragment stammt aus den Jahren 1798–1801, also aus einer Zeit, in der sich Schlegel über die Differenz von antiker und moderner Poesie (im *Studium*-Aufsatz und in der Vorrede dazu) klar geworden war. So folgt aus ihm, ohne daß Schlegel es an dieser Stelle ausdrücklich festhält, daß die Dichtarten, wenn anders sie Naturpoesie sind, nur für die klassische, nicht aber für die moderne Dichtung Geltung haben; daß eine Lehre von den Dichtarten also einerseits historischer Natur sein muß, andererseits der Begriff der modernen Dichtung ohne die Einteilung in Dichtarten auszukommen hat, bzw. mit dem Begriff einer einzigen Dichtart zusammenfällt, die alle in sich vereinigt. Mit diesen beiden Konsequenzen ist bereits genannt, was bei den drei weiteren Problemkreisen im einzelnen zu besprechen sein wird: die Verbindung von Gattungspoetik und Geschichtsphilosophie auf der einen Seite, auf der anderen die Überwindung der Gattungspoetik und die daraus sich ergebende Theorie der einen modernen Dichtart, nämlich des Romans.

Sagt Schlegel, es könne unendlich viele Dichtarten geben, so behauptet er scheinbar nichts Neues. Hatte doch schon sein Vater, Johann Adolf Schlegel, als er in der Batteux-Übersetzung, ein zweiter Columbus, von unbekannten poetischen Gattungen als noch unentdeckten Erdteilen schwärmte, damit der klassizistischen Poetik widersprochen, welche die

Frage nach möglichen Gattungen – im Grund eine kritizistische Frage – gar nicht stellt, sondern nur die vorhandenen, von den Griechen geschaffenen und als Muster geltenden, berücksichtigt und zu ihrer Nachahmung anhält. Noch des jüngeren Schlegel Satz aus dem *Studium*-Aufsatz, in dem die griechische Poesie als Naturgeschichte, d. h. als Typologie, als System der Kunst bezeichnet wird, gehört in diese Tradition. Die These von den unendlich vielen Dichtarten steht indessen bei ihm im Zusammenhang einer Konzeption der modernen Poesie; sie führt, wie sich zeigen wird, zur Postulierung einer einzigen Dichtart und ist in dem zitierten Fragment von ihr her gleichsam auf die griechische, auf die Naturpoesie, projiziert.

Doch nicht bloß dieser utopische Gesichtspunkt unterscheidet Friedrich Schlegels These von der unbegrenzten Anzahl der Dichtarten von der Aufklärungspoetik, wie sie etwa sein Vater formuliert. Denn beim Sohn ist die These reflektiert, kritizistisch begründet. Von höchster Relevanz ist in diesem Zusammenhang das lakonische 113. *Athenäum*-Fragment: *Eine Klassifikation ist eine Definition, die ein System von Definitionen enthält.* Klassifizierend verfuhren die Poetiken der Aufklärung (auf die Vorgeschichte brauchen wir hier nicht mehr zurückzukommen): sie ordneten die vorhandenen Werke auf Grund von formalen oder inhaltlichen Übereinstimmungen in Klassen, die nebeneinander in einer Reihe standen, welche selber kein Prinzip zu erkennen gab und einen Abschluß nicht hatte; eine andere Ordnung der Klassen kam allenfalls auf Grund des ihnen zugeschriebenen Ranges, hierarchisch, zustande. Schlegel aber behauptet in dem zitierten Fragment, daß man, indem man eine Dichtart klassifiziert, von ihr eine Definition gibt. Anders als die bloße Beschreibung, wie sie in den Aufklärungspoetiken üblich war, ist die Definition, wie schon der Name besagt, zugleich Abgrenzung gegen anderes, setzt also die Erkenntnis des Verhältnisses, in dem die einzelnen Dichtarten zueinander stehen, voraus. Und Schlegel scheint noch einen

Schritt weiter zu gehen, indem er nicht nur Existenz und Definition der Dichtarten als in der Definition jeder einzelnen impliziert setzt, sondern, soll es eine Definition sein, den Zusammenhang der Dichtarten als keinen zufälligen, sondern durch ein Prinzip begründeten, auf ein Prinzip reduzierbaren postuliert, mit einem Wort: als System. Der Satz, der mit dem Wort *Klassifikation* einsetzt und zu dem Wort *System* hinführt, ist mehr als eine dichtungstheoretische Aussage: er vollzieht die Wende der Poetik von der Aufklärung zum Deutschen Idealismus, von der pragmatischen zur philosophischen Lehre von den poetischen Gattungen.

Indem aber Schlegel diese Wende vollzieht, stellt er zugleich ihr Ergebnis: die Deduzierbarkeit der Dichtarten, die Möglichkeit eines geschlossenen Gattungssystems in Frage, und zwar nicht mutwillig, sondern konsequent, da er nämlich zugleich die Frage nach der Geschichtlichkeit der Dichtarten stellt und ein Verhältnis zwischen deren Geschichtlichkeit und Systematisierbarkeit behauptet: *Nur die ganz gültigen Dichtarten können in der reinen Poetik deduziert werden. Das* ἔπος *erst in der angewandten, so auch alles, was nur für klassische oder nur für progressive* [d. h. moderne] *Poesie gilt.*[119] Schlegel unterscheidet also nicht bloß zwei Epochen, oder wie es im *Studium*-Aufsatz heißt: zwei Bildungsprinzipien: die Antike und die Moderne, bzw. die natürliche und die künstliche Bildung, und dementsprechend zwischen Dichtarten, die in der einen, und solchen, die in der anderen zu Hause sind: das Epos in der klassischen, der Roman in der modernen. Unterschieden wird auch nach dem Kriterium, ob eine Dichtart in diesem Sinne auf die eine Epoche, auf die eine Bildung beschränkt ist oder in beiden möglich. Die in beiden möglichen nennt Schlegel die *ganz gültigen* Dichtarten (der Ausdruck ist prägnanter als er zu sein scheint), und nur von diesen Dichtarten

119 LN, Nr. 5, S. 19.

behauptet Schlegel, daß sie deduzierbar seien. Sofort stellt sich die Frage, ob hier das geschichtliche Denken auf halbem Wege stehengeblieben ist, ob Schlegel nur gewisse Dichtarten historisch sieht und andere nicht, ob auch bei ihm die Antinomie von guter und schlechter Zeitlichkeit, an der Schellings *Philosophie der Kunst* krankt, eine Rolle spielt. Die Antwort lautet: nein. Denn wenn Schlegel von Dichtarten spricht, die nicht nur in der klassischen oder nur in der progressiven Poesie auftreten, so meint er nicht etwa, daß diese Dichtarten unhistorisch seien, sondern nur, daß ihre Historizität einen Wandel innerhalb der Grenzen der Dichtart und nicht die Verabschiedung der Gattung und die Schaffung einer neuen zur Folge hat, wie im epischen Bereich, wo der Roman das Epos ablöst. Solche Dichtarten sind aber Lyrik und Dramatik. Georg Lukács wird in seiner *Theorie des Romans*, die ja stark von Schlegelschen Vorstellungen, wenngleich nicht von dem hier interpretierten Fragment aus dem Nachlaß, beeinflußt ist, diese Differenz der Gattungen im Hinblick auf ihren geschichtlichen Wandel präziser fassen.[120] Für Schlegel aber ist von Bedeutung, daß sich hier der Grund oder die Begründung dafür finden läßt, daß er Schellings 1795 erschienene Deduktion der tragischen Dichtart aus den Begriffen Freiheit und Notwendigkeit in dem Fragment über die Geschichte der griechischen Poesie zwar auf die Lyrik erweitert, ihre Geltung für das Epos aber mit Nachdruck verneint. Ein *einziger unbefangner Blick auf alle epischen Werke der Alten lehre, daß alles, was darin gethan und gelitten wird, weder als Handlung der Freyheit, noch als notwendige Fügung des Schicksals erscheint, sondern als zufällige Begebenheit.*[121]

Als die grundlegende These des 5. Fragments aus den *Literary Notebooks* haben wir indessen eine weitere Unterschei-

120 S. Lukács, *Die Theorie des Romans. Ein geschichtsphilosophischer Versuch über die Formen der großen Epik.* (3. unveränderte Auflage) Neuwied und Berlin 1965, S. 34.

121 *Geschichte der Poesie der Griechen und Römer*, JS, Bd. I, S. 288.

dung anzusehen, die, im Sinne des Kritizismus, nicht mehr den Gegenstand, sondern dessen Erkenntnis und Theorie betrifft: nämlich die Unterscheidung zwischen reiner und angewandter Poetik. *In einer reinen Poetik würde vielleicht keine Dichtart bestehn; die Poetik als zugleich rein und angewandt, zugleich empirisch und rational.*[122] Dieser Satz verhält sich, wie unschwer zu erkennen, gegen den anderen polemisch, als Korrektur. Schlegel erkennt, daß wohl die Unterscheidung zwischen einem reinen (deduktiven) und einem angewandten (pragmatisch-induktiven) Aspekt der Poetik richtig ist, nicht aber deren Einteilung in eine reine und in eine angewandte. Es gibt nicht zwei Poetiken. Vielmehr ist die Poetik, und Schlegel unterstreicht das Wort, zugleich rein und angewandt, zugleich empirisch (d.h. induktiv, auf Beobachtung basierend) und rational (d.h. deduktiv, mit Begriffen arbeitend). Diese den früheren Satz korrigierende Einsicht ist zweifellos ein Fortschritt in Schlegels skizzierter Kritik der gattungspoetischen Vernunft, macht aber die Sache nicht nur richtiger, sondern auch komplexer. Die Grenze verläuft nun nicht mehr als eine von Dichtarten, sie ist hereingenommen in den Begriff der Gattungspoetik selbst als deren konstitutive Antinomie, der sie sich nicht entäußern darf. Daher Schlegels Polemik gegen das gattungspoetische Verfahren Goethes. Wohl mit Bezug auf eine Stelle in den *Lehrjahren* stellt das 115. Fragment der *Literary Notebooks* fest, Goethe gehe [...] *bei Aufsuchung des Geistes der Dichtarten empirisch zu Werke; nun läßt sich aber der Charakter grade dieser Dichtart* [i. e. des Romans] *empirisch nicht vollständig und richtig auffinden.* Damit ist freilich auch Schlegels eigene These aus dem 5. Fragment noch einmal widerlegt, besagte sie doch, daß die sowohl der klassischen als auch der modernen Poesie zugehörigen Dichtarten (Lyrik und Tragödie) deduziert werden können, während das Epos, und also auch der

122 *Fragmente I*, LN, Nr. 24, S. 22.

Roman, erst in der angewandten Poetik zu deduzieren, oder besser: zu bestimmen sind.

Immer wieder hat Schlegel versucht, die zwischen Empirie und spekulativer Theorie, zwischen Induktion und Deduktion bestehende Interdependenz für die Gattungspoetik genauer zu fassen, nachdem er die ursprüngliche These von den zwei Arten der Poetik aufgegeben hatte. *Der Deduction der Kunst muß ein Empirisches oder Historisches Datum vorangehn, welches die Classifikation in Logik, Poesie, Ethik begründet.*[123] *Classifikation in Logik, Poesie, Ethik* – in dieser Zusammenstellung klingt ein Motiv an, auf das hier nur verwiesen sei:

In seinem Bestreben, die Barrieren abzuschaffen, welche die einzelnen Disziplinen und die einzelnen Lebensbereiche voneinander trennen, berührt Schlegel in seinen Notizbüchern immer wieder die Frage der Beziehung der verschiedenen Systeme, Poetik, Logik, Ethik, zueinander, wobei er bald, wie im zitierten Satz, auf ein ihnen allen Gemeinsames zu sprechen kommt, bald die von den Dichtarten abgezogenen adjektivischen Begriffe episch, lyrisch, dramatisch auch außerhalb der Poesie als *anwendbar* bezeichnet und so die *Moral* als *lyrische Philosophie*[124] definiert oder gar die Behauptung aufstellt, es sei jede *der classifizirten Wissenschaften – Logik, Ethik, Poetik, Politik, Historie, progressiv behandelt, universell* und umfasse also *alle übrigen.*[125] Doch nicht wegen dieses, wie sehr auch charakteristischen Motivs, das in den Zusammenhang der im 116. *Athenäum*-Fragment entworfenen utopischen Synthese der einzelnen Disziplinen und Tätigkeitsgebiete gehört, habe ich das 224. Fragment aus den *Literary Notebooks* angeführt, sondern weil darin der Versuch unternommen wird, die aus ihrer zwiefachen Natur entstandene Antinomie der Poetik auf dem Weg der

123 LN, Nr. 224, S. 39.
124 KA, Bd. 18, *Philosophische Fragmente IV*, Nr. 10, S. 197.
125 KA, Bd. 18, *Philosophische Fragmente II*, Nr. 618, S. 81.

Chronologie aufzulösen, indem Schlegel postuliert, der Deduktion gehe ein Empirisches oder Historisches voran. Der fragmentarische Charakter der Äußerung macht sie mißverständlich, könnte man doch meinen, daß die empirisch-historische Voraussetzung der Deduktion eine philosophische Prämisse ist, wodurch die Deduktion in ihrem Wesen selbst, nämlich im alleinigen Rekurs auf Begriffe, nicht auf Erfahrungstatsachen, in Frage gestellt würde. Andere Fragmente Schlegels aber zeigen, in welchem Sinn die Chronologie von empirisch-historischer Betrachtung und Deduktion gemeint ist. Der Vergleich des Fragments 193 aus den *Literary Notebooks* mit dem Schluß des 252. *Athenäum*-Fragments, das wohl aus dem ersteren hervorgegangen ist, mag zugleich exemplifizieren, wie Schlegel seine Notizen zu Fragmenten umgeschmiedet hat. *Man soll über die Kunst philosophieren,* heißt es in den *Notebooks, denn man soll über alles philosophieren; nur muß man schon etwas von der Kunst wissen. – Freilich wird alles was man von der Kunst erfahren hat, erst durch Philosophie zum Wissen. Daß die Alten classisch sind, weiß man nicht aus der Philosophie, denn Goethe weiß es auch; aber freilich weiß mans nur mit Philosophie.* Das 252. *Athenäum*-Fragment, das eine Doppelbestimmung und ein Doppelprogramm aufstellt für eine *Kunstlehre der Poesie* (also eine pragmatische Disziplin) und für eine Philosophie der Poesie (also eine spekulative), schließt mit den Worten: *Die Philosophie über einen Gegenstand kann nur der brauchen, der den Gegenstand kennt, oder hat; nur der wird begreifen können, was sie will und meint. Erfahrungen und Sinne kann die Philosophie nicht inokulieren oder anzaubern. Sie soll es aber auch nicht wollen. Wer es schon gewußt hat, der erfährt freilich nichts Neues von ihr; doch wird es ihm erst durch sie ein Wissen und dadurch neu von Gestalt.* Nicht ist hier die Rede, wie man sieht, von einem empirischen Ausgangspunkt gattungspoetischer Deduktion, der ihrem Wesen widerspräche; allein um ihr Verständnis, um ihre

Verstehbarkeit handelt es sich, dazu wird die Kenntnis der empirisch-historischen Fakten benötigt.

Hat man also Schlegel durchaus nicht bei einem Denkfehler ertappt, so ist die Frage der deduktiven Poetik, solange für ihr Verständnis die Gegenbewegung der Induktion erforderlich ist, dennoch nicht zufriedenstellend gelöst. Tritt auch der Gegensatz von Induktion und Deduktion nicht als innerer Widerspruch des deduktiven Verfahrens auf, so bleiben doch die beiden Momente, unvermittelt, einander äußerlich. Diese Problematik, Mittelpunkt einer nur in Ansätzen vorhandenen Kritik der gattungspoetischen Vernunft, durchzieht die Geschichte der idealistischen Ästhetik: Schellings zwei Zeiten sind eine Folge der Ungelöstheit dieser Frage, insofern das in der Deduktion Ausgelassene im Rahmen einer notwendigen und dennoch als irrelevant ausgegebenen Geschichte nachgeholt werden muß, während dann Hegel die Vermittlung von Allgemeinem und Besonderem auch in der *Ästhetik*, im System der poetischen Gattungen, das als System zugleich deren Geschichte ist, dergestalt löst, daß er Induktion und Deduktion miteinander vermittelt, indem er die Begriffe nicht als jenseits der Empirie platonischen Ideen gleich gegeben, sondern als in der Empirie, in der Geschichte, allererst zu sich selber kommende setzt.

Schlegels Satz aus den *Fragmenten zur Literatur*[126], demzufolge die Poetik zugleich rein und angewandt, zugleich empirisch und rational sein müsse, d. h. induktiv und deduktiv in einem, führt bei ihm selbst weder zu einer Hegel vorwegnehmenden Lösung noch zu einer anderen; das Problem wird gesehen, was es fortan verbietet, die Gattungspoetik in ihrer überlieferten, rein induktiv-deskriptiven Form zu akzeptieren, aber das Problem wird nicht gelöst. Man mag das bedauern, man mag darin Schlegels Position in der Entwicklung der deutschen Ästhetik als den eines bahn-

126 LN, Nr. 24, S. 22.

brechenden, aber die eigene Bahn kurz darauf selbst abbrechenden Denkers präzise ausgedrückt finden, man mag schließlich den Verdacht äußern, hinter dem programmatisch-anspruchsvollen Bekenntnis zum Fragment könnte sehr wohl auch die Einsicht in die Unfähigkeit, die Probleme zu lösen, stehen – wie dem auch sei: so richtig der Titel von Helmut Kuhns Schrift aus dem Jahr 1931: *Die Vollendung der klassischen deutschen Ästhetik durch Hegel*[127] auch ist, diese Vollendung ist, wie das Wort selber es sagt, zugleich ein Ende, und zwar in dem Sinn, daß über sie nur hinausgegangen werden kann, indem man hinter sie zurückgeht. An der Hegelschen Ästhetik wird im 19. und 20. Jahrhundert – um einmal die Sprache der Klappentexte und Rezensionen zu sprechen – keiner, der sich mit Problemen der Gattungstheorie beschäftigt, vorbeigehen können, aber das Neue wird nicht sosehr in der Fortsetzung des Hegelschen Systems geschaffen werden, wie es Vischer versucht hat, sondern im Rekurs auf seine unsystematischen, nämlich frühromantisch-geschichtsphilosophischen Einsichten, wofür das Hauptwerk Benjamins über den *Ursprung des deutschen Trauerspiels* oder, ein Jahrzehnt früher entstanden, Lukács' *Theorie des Romans* genannt werden könnte – haben doch Lukács wie Benjamin ihre Schriften aufgrund intensiver Beschäftigung mit der Gedankenwelt Friedrich Schlegels verfaßt.

Dieser Exkurs sollte nicht einfach auf Schlegels Bedeutung für die künftige Gattungstheorie aufmerksam machen, er sollte zeigen, daß dieser in seiner Ablehnung der Gattungssystematik, die aus der kritizistischen Fragestellung und dem historischen Bewußtsein folgt, nicht bloß eine frühere Stufe der idealistischen Ästhetik vertritt als Hegel, sondern zugleich eine spätere: der Rekurs auf ihn ist der Schritt zurück, den man, einmal festgefahren, tut, um weiterzukommen. Freilich wird man sich hüten müssen, die Ableh-

127 Berlin 1931. Wiederaufgelegt in: H. K. *Schriften zur Ästhetik.* München 1966.

nung des Systems als eine primäre Position Schlegels, gar als Folge seines frühromantischen Anarchismus und Nihilismus zu sehen. Denn es heißt in den *Philosophischen Fragmenten* des Nachlasses etwa, es sei *nicht wahr, daß die Individuen mehr Realität hätten als die Gattungen*[128], und das 324. *Athenäum*-Fragment behauptet die Notwendigkeit der Gattungszugehörigkeit mit folgenden Worten: *Alle Gattungen sind gut, sagt Voltaire, ausgenommen die langweilige Gattung. Aber welches ist denn nun die langweilige Gattung? Sie mag größer sein als alle andern und viele Wege mögen dahin führen. Der kürzeste ist wohl, wenn ein Werk nicht weiß, zu welcher Gattung es gehören will oder soll. Sollte Voltaire diesen Weg nie gegangen sein?*

Spricht auch Schlegel von der Gattung (und also auch von der Einteilung der Dichtung in Gattungen, vom gattungspoetischen System) immer wieder, wie hier, ohne alle polemische Absicht, so berührt er die Frage der Gattungen und des Systems doch kaum je unter Absehung von der Frage nach deren Historizität – einer Frage, welche die Gattungen und das System, wie man weiß, selber in Frage stellt. So scheint das 4. *Athenäum*-Fragment, indem es behauptet, daß man *zum großen Nachteil der Theorie von den Dichtarten* [...] *oft die Unterabteilungen der Gattungen* vernachlässige, die Position der Systematik befestigen zu wollen. In Wahrheit aber unterhöhlt es sie, denn es heißt weiter: *So teilt sich zum Beispiel die Naturpoesie in die natürliche und in die künstliche, und die Volkspoesie in die Volkspoesie für das Volk und in die Volkspoesie für Standespersonen und Gelehrte.* Was hier als Unterteilung ausgegeben wird, ist einerseits historisch, nimmt Bezug auf die Gegenüberstellung von Antike und Moderne als Naturpoesie und Kunstpoesie, natürlicher und künstlicher Bildung – und stellt als historische die überlieferten Klassifikationen in Frage. Andererseits wendet es sich aber, indem es die Naturpoesie

128 KA, Bd. 18, *Philosophische Fragmente II,* Nr. 74, S. 24.

in eine natürliche und eine künstliche einteilt, d.h. den Gegenbegriff der Naturpoesie in Form einer Unterabteilung in sie selbst hereinnimmt, gegen die historische Einteilung selbst, und zwar im Geiste der Dialektik, welche den Gegensatz am Satz selbst behauptet.

Schlegels Gedanke nähert sich damit der Lehre Hölderlins von der Spiegelsymmetrie griechischer und hesperischer Dichtung, deren Ausgangspunkt und die ihm konträre Bewegungsrichtung einander kreuzweise entsprechen. Die kunstpolitische Intention der Schlegelschen These ist von der Hölderlins freilich radikal unterschieden: geht es Hölderlin, wie der Brief an Böhlendorff vom 4. Dezember 1801 erweist, um eine Überwindung des Klassizismus mit Hilfe der Klassik, so Schlegel um eine künftige Dichtung, welche die Synthese der antiken und der modernen zu sein hätte. Dieser Synthese, die der *Studium*-Aufsatz als *objektive* Dichtung bezeichnet, wird der Weg bereitet, wenn die Naturpoesie der Antike und die Kunstpoesie der Moderne einander nicht schroff kontrastiert werden, sondern schon in der Naturpoesie eine künstliche behauptet wird – was sich durch die Fortschritte der klassischen Philologie in Schlegels Zeit, durch die präzisere Einsicht in die Eigenart griechischer Dichtwerke, man denke an Pindar oder an die Sophokleische Tragödie, fraglos stützen läßt.

Mehr noch in der Auseinandersetzung mit den philosophischen als mit den poetischen Systemen ging Schlegel die Notwendigkeit der Historisierung auf. *Die ächte Klassifikation,* so heißt es in den *Philosophischen Fragmenten* des Nachlasses, *ist historisch, sowohl nach dem principio cognoscendi als nach dem principio existendi. Alle Eintheilungen in bestimmt Viele sind historisch. – Kant immer für das nur eins oder bestimmt viel, Fichte mehr für das unendlich viele.*[129] Und wenige Zeilen später: *Kants Moral und Fichtes Naturrecht beweisen wie dürftig alle*

129 KA, Bd. 18, *Philosophische Fragmente II,* Nr. 408, S. 60.

nicht Historisch-philosophischen Systeme ausfallen müssen.[130] Könnte das erste Fragment noch glauben lassen, daß Schlegel nur die Klassifikation, nicht auch das System als historischen Wesens postuliert, so spricht das zweite, während freilich schon die Nennung Kants und Fichtes im ersten es implicite tut, ausdrücklich von System. Und das folgende Fragment, aus demselben Korpus philosophischer Fragmente, löst die Einsicht vollends von dem durch Kants Moral und Fichtes Naturrecht bezeichneten, außerästhetischen Gebiet. Denn dieses Fragment, in dem die Entstehung der Kritik aus der Wandlung von Philosophie in Kunst erklärt wird, setzt mit dem generellen Satz ein: *Sobald die Philosophie Wissenschaft wird, giebts Historie. Alles System ist Historisch und umgekehrt.*[131]

Ehe im folgenden versucht wird, zu zeigen, inwiefern die Geschichtsphilosophie für Schlegel letztlich dennoch zur Überwindung der Gattungspoetik, zur Abschaffung der Gattungen führt, sei zum Abschluß nur noch auf das 434. *Athenäum*-Fragment verwiesen, das in größter Konzentration alle oben behandelten Fragen versammelt, indem es die Absage an die Aufklärungspoetik mit dem kühnen Entwurf einer neuen Lehre von der Einteilung der Poesie verbindet, einer Lehre, die zugleich die Bewegungsgesetze der Dichtung, das Gesetz ihres historischen Wandels enthält. Indem Schlegel diesen Wandel für berechenbar hält, wendet er zugleich seinen früheren, literarhistorischen Abhandlungen den Rücken; an die Stelle der Geschichte tritt die Geschichtsphilosophie: *Soll denn die Poesie schlechthin eingeteilt sein? oder soll sie die eine und unteilbare bleiben? oder wechseln zwischen Trennung und Verbindung? Die meisten Vorstellungsarten vom poetischen Weltsystem sind noch so roh und kindisch, wie die ältern vom astronomischen vor Kopernikus. Die gewöhnlichen Einteilungen der Poesie sind nur totes Fachwerk für einen*

130 Ebd., Nr. 413, S. 61.
131 KA, Bd. 18, *Philosophische Fragmente II*, Nr. 671, S. 85.

beschränkten Horizont. Was einer machen kann, oder was eben gilt, ist die ruhende Erde im Mittelpunkt. Im Universum der Poesie selbst aber ruht nichts, alles wird und verwandelt sich und bewegt sich harmonisch; und auch die Kometen haben unabänderliche Bewegungsgesetze. Ehe sich aber der Lauf dieser Gestirne nicht berechnen, ihre Wiederkunft nicht vorherbestimmen läßt, ist das wahre Weltsystem der Poesie noch nicht entdeckt.[132] Das ist um 1798 herum geschrieben, zwanzig Jahre später schreibt Goethe den Abschnitt über *Naturformen der Dichtung* in den *Noten zum Divan,* in dem die Geschichte der Dichtung statt in eine astrale Umlaufbahn in einen Kreis gebannt ist. Der Unterschied ist nicht wesentlich. Aber in diesen zwanzig Jahren hat die idealistische Ästhetik, wenn nicht vom System und der Berechenbarkeit der Geschichte, so doch von dem Glauben an die Wiederholbarkeit des einst Gewesenen oder Hervorgebrachten sich endgültig abgewandt und damit sowohl vom Nachahmungsklassizismus als auch von der vor- und frühromantischen, undialektischen Gleichsetzung von Kunst und Natur.

132 *Athenäum*-Fragment Nr. 434, KA, Bd. 2, S. 252.

8

Nachdem sich gezeigt hat, inwiefern bei Schlegel in den Jahren 1796-1800 eine Kritik der gattungspoetischen Vernunft entworfen wird, sollen drei weitere Problemkreise skizziert werden, die freilich bereits in jener kritizistischen Rückbesinnung auf die Bedingungen der Möglichkeit gattungspoetischer Systematik impliziert sind. Wir sprechen zuerst von dem Verhältnis zwischen Gattungspoetik und Philosophie, genauer: Geschichtsphilosophie; wenden uns anschließend der Konsequenz zu, die Schlegel aus dieser Historisierung der Gattungspoetik zieht: der Abschaffung der Gattungen und des Systems, zumindest für die Moderne, und haben anschließend kurz auf die eine Gattung der modernen Dichtung einzugehen, die in Schlegels Theorie in dem präzisen Sinn stellvertretend für die Dichtung der Epoche und für die anderen Dichtarten ist, daß sie diese in sich vereinigt und damit recht eigentlich jene Dichtung der Epoche ausmacht und ihr ihren Namen gibt: der des Romans, adjektivisch: des Romantischen.

In der bereits erwähnten Anmerkung zu dem 1796 veröffentlichten Fragment *Über die Homerische Poesie* hatte Schlegel angedeutet, seine Erklärung des Homerischen Epos setze eine philosophisch begründete Lehre von der Einteilung der Dichtarten voraus. Ein Jahr später heißt es in den *Fragmenten zur Literatur und Poesie I*: *Wie zu classificiren sei, können wir oft von den Alten lernen: den Grund der Classification müssen wir mystisch hinzutun.*[133] An dem Satz ist wichtig erstens, daß Schlegel, im Gegensatz zu den deutschen Ästhetikern der Aufklärung, in der Frage der Klassifikation die Theorien der Renaissance, des Barock und des französischen 17. Jahrhunderts überspringt und direkt auf die Alten, das heißt: auf Plato und Aristoteles, zurück-

133 LN, Nr. 190, S. 36.

greift, also unter Klassifikation bereits Systematisierung, wenngleich eine mehr technische als philosophische, versteht. Zweitens aber ist der Satz wichtig, weil er die Begründung der gattungspoetischen Systematik als eine mystische, d. h. spekulativ-philosophische postuliert.

Wahre Philosophie der Kunst, heißt es in demselben Heft der *Fragmente zur Literatur, ist nur reine Mystik und reine Polemik,*[134] wobei unter Mystik die eben erst entstehende idealistische Philosophie von Fichte und Schelling, wie sie Schlegel rezipiert, zu verstehen ist, unter Polemik aber die Literaturkritik, wie sie Schlegels Aufsätze über Goethe, Lessing und andere bezeugen.

Es ist hier naturgemäß nicht der Ort, Schlegels Auseinandersetzung mit Fichte darzustellen, handelt es sich doch dabei um Fragen nicht der Ästhetik und Poetik, sondern der Philosophie, genauer: der Wissenschaftslehre.[135*] Entscheidend ist hier, daß Fichtes 1794-95 erschienene *Grundlage der gesamten Wissenschaftslehre* – die bedeutendste Fortführung und Modifikation des Kantischen Kritizismus – Schlegel die philosophischen Begriffe an die Hand gab, mit denen er – neben den aus Schellings *Briefen über Dogmatismus und Kriticismus* (1795) entnommenen Begriffen – die philosophische Grundlegung der Gattungspoetik wenn auch nicht verwirklicht, so doch bedacht und entworfen hat. Erscheint in den Kantischen Kritiken die objektive Welt aufgespalten einerseits in ihre subjektive Erscheinung, in das Bild, das sich von ihr der menschlichen Erkenntnis durch deren apriorische Kategorien vermittelt, und andererseits in ein An-sich, dessen man nicht habhaft werden kann, verläuft also die Subjekt–Objekt-Grenze für Kant gewissermaßen nicht zwischen Subjekt und Objekt, sondern in den Dingen selbst, zwischen dem Ding an sich und dem Ding für uns, so verlegt Fichte, damit den entscheidenden Schritt vom Kriti-

134 LN, Nr. 256, S. 42.

135* Für diesen Zusammenhang aufschlußreich sind die in KA, Bd. 18 enthaltenen Fragmente zu Fichtes Wissenschaftslehre, die 1796 einsetzen.

zismus zum Idealismus vollziehend, diese Grenze wieder in den Raum zwischen Subjekt und Objekt, zwischen Ich und Nicht-Ich. Die Kluft, die, der Kantischen Intention entgegen, solcherart wieder aufgerissen wird, überbrückt dann Schelling mit dem Postulat einer thetisch-unvermittelten Identität und Hegel mit einer aus der Dialektik von Thesis und Antithesis entspringenden Vermittlung. An diese Grundkonzeptionen der deutschen Philosophie des Jahrzehntes zwischen 1794 (Fichtes *Wissenschaftslehre*) und 1807 (Hegels *Phänomenologie des Geistes*) sollte hier nur erinnert werden, damit der philosophiegeschichtliche Stellenwert von Schlegels Versuch deutlich wird, der Versuch, die poetischen Gattungen mit Hilfe der Begriffe des *Subjektiven* und des *Objektiven* zu begreifen. Dabei können die jeweils nur in einem einzigen Satz, den man im Schlegelschen Sinn kaum Fragment nennen darf, festgehaltenen Einsichten einander kraß widersprechen. So heißt es in einer vom Herausgeber der *Literary Notebooks* von 1799 datierten Aufzeichnung: *Epos = objektive Poesie, Lyrik = subjektive, Drama = Objektiv–Subjektive.*[136] Ein Jahr später aber behauptet Schlegel: *Epos = Subjektiv-Objektiv, Drama = Objektiv, Lyrik = Subjektiv.*[137] Es soll hier nicht versucht werden, die Gründe gegeneinander abzuwägen, die für die eine oder die andere Definitionsreihe sprechen. Darum sei nur mit einem Wort daran erinnert, daß in diesen Sätzen Schlegels die platonische Einteilung der Vortragsweisen in zwei grundsätzlich verschiedene und in eine dritte, die in deren Vereinigung besteht, das *genus mixtum*, wiederkehrt, freilich von der Ebene der poetischen Technik auf die der spekulativen Philosophie heraufgehoben. Wichtig für unsere Darstellung ist erstens die Frage, wie jene Änderung in der Konzeption zu verstehen ist, daß als die gleichsam synthetische, die Synthese verkörpernde und darum höchste Dichtart zunächst das Drama,

136 LN, Nr. 1750, S. 175.
137 LN, Nr. 2065, S. 204.

dann aber das Epos auftritt, und zweitens: in welchem weiteren Zusammenhang die zweite Konzeption, also das Epos als die Vereinigung des Subjektiven und Objektiven, steht, eine Konzeption, von der vorwegnehmend gesagt werden kann, daß sie die eigentlich Schlegelsche ist.

Die Reihenfolge Epos – Lyrik – Drama, die Anschauung vom Drama als einer Wiederkehr der Objektivität des Epos auf einer höheren Stufe, auf der jene erste, epische, Objektivität mit der Subjektivität des Lyrischen vermittelt ist, entspricht pragmatisch-literarhistorisch der Entwicklung der griechischen Poesie, in der die Tragödie auf das Epos folgt (und nicht umgekehrt), sie entspricht spekulativ der Hegelschen *Ästhetik*, die nicht zuletzt in dieser, die griechische Tragödie bevorzugenden, Hierarchie ihr klassizistisches Wesen offenbart. Antiklassizistisch wäre aber die Bevorzugung des Epos, das ja auch eine Dichtart ist, nicht so sehr, weil dadurch die Entwicklungslinie der griechischen Poesie ignoriert würde, als vielmehr weil eine solche Höherstellung der epischen Dichtart zugleich deren moderne Erscheinungsform, den Roman, über die Tragödie stellte, welche – wie schon Schlegel eingesehen und Georg Lukács später präziser formuliert hat – durch den geschichtsphilosophischen Wandel nur eine Modifikation, nicht aber – wie im epischen Bereich – eine eigentliche Ablösung in der Form, in der Gattung (Roman statt Epos), erfährt. Es ist nicht ohne eine gewisse Ironie, daß diese antiklassizistische Konzeption, der bei Schlegel – wie sich an der Gegenüberstellung und an der Chronologie der beiden zuletzt zitierten Fragmente ablesen läßt – die klassizistische weichen muß, dennoch der klassischen, nämlich platonischen Poetik entspricht, in der ja das Epos und nicht die Tragödie als *genus mixtum* auftritt. (Schlegels *Geschichte der Poesie der Griechen und Römer* ist übrigens einer der wenigen Texte aus der Geschichte der Gattungspoetik der Goethezeit, in dem auf die Einteilung in Platos *Staat* expressis verbis verwiesen wird.)

Was aber Schlegels gattungspoetische Konzeption betrifft,

so wird man sich wie im Großen so auch im Kleinen, hier in der Frage, ob das Drama oder das Epos bzw. der Roman die Synthese von Objektivem und Subjektivem darstellt, zu hüten haben davor, allzu sehr auf eine Chronologie zu insistieren. Denn wenngleich die beiden genannten Reihenfolgen den Positionen von Klassizismus und Frühromantik entsprechen, deren Chronologie beim jungen Schlegel ja trotz allem feststeht, so gibt es dennoch in den *Literary Notebooks* eine Eintragung aus dem Jahr 1797, welche nicht nur die spätere Version vorwegzunehmen scheint, sondern sie auch schon in den Dienst der Frühromantik stellt, nämlich in den Dienst der Theorie des Romans: *In allen Romanarten muß alles Subjektive objektivirt werden; es ist ein Irrtum daß der Roman eine subjektive Dichtart wäre.*[138] Hier ist zwar von keiner Abfolge: »objektiv« als Thesis, »subjektiv« als Antithesis und »objektiv-subjektiv« als Synthesis die Rede, und auch von der Abfolge der Dichtarten nicht ausdrücklich. Bedenkt man aber, daß der Roman Schlegel und seinen Zeitgenossen als die späteste und im prägnanten Wortsinn moderne Gattung gilt, so wird klar, daß in diesem Fragment der Roman als Form objektivierter Subjektivität bereits im Sinn des späteren Fragments (LN 2065), welches das Epos *Subjektiv-Objektiv* nennt, verstanden wird, zugleich aber als moderne Dichtart über ihre klassische Entsprechung, das Epos, gestellt, und zwar vermittels der Ablehnung der in der Goethezeit weitverbreiteten, zuletzt von Hegel ins System eingemauerten These, daß der Roman eine subjektive Epopöe ist.

Daß die Konkretisierung der abstrakten Abfolge »objektiv-subjektiv – objektiv-subjektiv« (oder subjektiv-objektiv) als »Epos – Lyrik – Drama« der klassizistischen, als »Drama – Lyrik – Epos (bzw. Roman)« der frühromantischen Position entspricht, läßt sich noch präziser fassen: Die Chronologie Epos-Drama (von der Lyrik sei der Einfachheit halber abge-

138 LN, Nr. 828, S. 95.

sehen, ihr Stellenwert in der Geschichte der griechischen Poesie war übrigens in der Goethezeit eine umstrittene Frage, wozu Hegels *Ästhetik* etwa zu vergleichen wäre) – die Chronologie Epos–Drama also erscheint von der Literarhistorie, und zwar von der griechischen, die Schlegels frühestes Studienobjekt war, abgeleitet. Die Chronologie Drama–Epos hingegen widerspricht der Faktizität der Geschichte und läßt sich aus ihr erst begründen, wenn sie als Chronologie Drama–Roman nicht mehr zwei Epochen der griechischen Poesie spiegelt, sondern die Aufeinanderfolge von klassischer und moderner Dichtung, wie sie im *Studium*-Aufsatz in die Theorie übergeführt wird. Das aber bedeutet, daß die philosophische Begründung der Dichtarten, die Schlegel mit Hilfe der Begriffe des *Subjektiven* und *Objektiven* unternimmt, die Dichtarten zugleich in seiner Geschichtsphilosophie verwurzelt, deren Angelpunkt die Differenz von Antike und Moderne als natürlicher und künstlicher Bildung ist. Solange Schlegel eine Geschichte der griechischen Poesie schreibt (die er freilich in der römischen weiterführt, wodurch die Einheit der Kultur gesprengt und die Möglichkeit gegeben wird, das römische Epos als eine mit dem Lyrischen und dem Dramatischen vermischte Wiederkehr des griechischen aufzufassen), solange erscheinen die einzelnen Dichtarten, Epos, Lyrik und Drama, einzelnen Epochen der griechischen Geschichte zugeordnet. Jener Satz aus dem *Studium*-Aufsatz, von dem schon die Rede war, begreift die griechische Poesie als eine Naturgeschichte der Kunst, und zwar nicht so sehr (oder überhaupt nicht) im Sinne durch Naturgesetz bedingter Geschichte, sondern, wie bei Plinius, als Ordnung, als System der Natur, und Schlegel insistiert darauf, daß in ihr *der ganze Kreislauf der organischen Entwicklung der Kunst abgeschlossen und vollendet*[139] ist – was die Rede vom System im strengen Sinn aber erst erlaubt. Indem Schlegel im *Studium*-Aufsatz

139 JS, Bd. I, S. 146 (vgl. S. 111, Anm. 112).

die klassizistische Position, die zu stärken seine ursprüngliche Absicht war, zugunsten eines Selbstverständnisses und einer Selbstrechtfertigung der Moderne aufgibt, wird das mit der Geschichte der griechischen Poesie zusammenfallende System aufgesprengt und umklammert nun, erweitert, beide Bildungen, die natürliche und die künstliche, die klassische und die moderne. Ist jetzt von der Reihenfolge dramatisch-episch die Rede, so ist der Gegensatz von klassischer Tragödie und modernem Roman gemeint, zwei Formen, in denen die beiden Epochen für Schlegel, und nicht nur für ihn, ihren reinsten Ausdruck gefunden haben.

So ergibt sich aus der spekulativen Begründung der Dichtarten, die vom geschichtsphilosophischen Selbstverständnis der Moderne nicht zu trennen ist, eine Zuordnung der Dichtarten zu einzelnen Perioden.[140*]

Ich beschränke mich auf die Anführung einiger Fragmente, in denen die Zuordnung der verschiedenen Dichtarten, und zwar nicht bloß der drei genannten, zu Perioden bezeichnet wird. So besagt das 32. Fragment der *Literary Notebooks: Drei herrschende Dichtarten. 1) Tragödie bei den Griechen, 2) Satire bei den Römern, 3) Roman bei den Modernen.* In welchem Sinn hier *herrschen* gemeint ist, geht aus dem 146. *Athenäum*-Fragment hervor, das mit den Sätzen beginnt: *Wie der Roman die ganze moderne Poesie, so tingiert auch die Satire, die durch alle Umgestaltungen, bei den Römern doch immer eine klassische Universalpoesie,*

140* Im Rahmen der Vorlesung über *Antike und Moderne in der Ästhetik der Goethezeit* wurde deutlich, daß erstens nicht nur die drei Dichtarten, sondern auch die einzelnen Künste von Schlegel verschiedenen Perioden zugeordnet werden, und zweitens, daß solche Vorstellungen bei den verschiedenartigsten Kunsttheoretikern der Goethezeit auftreten, um dann von Hegel in seiner *Ästhetik* versammelt und befestigt zu werden – wird doch in deren letztem Teil, dem System der einzelnen Künste, die Bahn vom Symbolischen zum Klassischen und von dort zum Romantischen sowohl von den einzelnen Künsten als auch von den drei Dichtarten (Epik, Lyrik, Dramatik), wenngleich in schwer durchschaubarer Weise, durchlaufen. (Vgl. in: P. Szondi, *Poetik und Geschichtsphilosophie I,* a.a.O.: *Antike und Moderne . . .,* Vorlesung 7, insbes. S. 142 ff., und *Hegels Lehre von der Dichtung,* S. 475 ff.).

eine Gesellschaftspoesie aus und für den Mittelpunkt des gebildeten Weltalls blieb, die ganze römische Poesie, ja die gesamte römische Literatur, und gibt darin gleichsam den Ton an. Die für die einzelnen Perioden als je charakteristisch behaupteten Gattungen sind also nicht bloß herrschend in dem Sinne, daß ihre Bedeutung die der anderen übertrifft, sondern sie bestimmen, über ihre eigenen Grenzen hinaus, auch die anderen Gattungen der Poesie ihrer Zeit, weshalb sie Universalpoesie genannt werden: die Satire die römische, der Roman – wie es auch das 116. *Athenäum*-Fragment behauptet – die progressive, d. h. moderne Universalpoesie. Die beiden färben die anderen Gattungen, geben ihnen ihren eigenen gattungspoetischen Ton. Schon in diesen zwei unverfänglich erscheinenden Ausdrücken *tingieren* und *den Ton angeben* ist eingeleitet, worauf im einzelnen gleich noch zurückzukommen ist: die Überwindung der Gattungspoetik vermittels der, wenn zwei Modewörter erlaubt sind, Entgrenzung der Dichtarten, d. h. ihrer Umfunktionierung in Adjektive, in Töne. – Die oben an den Tag getretene Unsicherheit Schlegels, in bezug auf die Wahl des Epos oder der Tragödie als der griechischen Dichtart kat'exochen, kehrt hier wieder, wenn man dem zitierten Fragment, das die Herrschaft der tragischen Dichtart bei den Griechen behauptet[141], den folgenden Satz aus dem *Gespräch über die Poesie* (1799) konfrontiert: *Wie unsre Dichtkunst mit dem Roman, so fing die der Griechen mit dem Epos an und löste sich wieder darin auf.* Haben wir den Widerspruch seinerzeit auf die Überwindung des Klassizismus zurückgeführt, so steht dieser Erklärung hier die Chronologie entgegen, ist doch der zuletzt zitierte Satz, der für die Griechen das Epos nennt, 1-2 Jahre nach dem früher angeführten Fragment entstanden, in dem die Tragödie als die herrschende griechische Dichtart bezeichnet wird. Der Widerspruch löst sich aber, wenn man beachtet, daß

141 Vgl. LN, Kommentar Eichner, S. 225, Nr. 32.

Schlegel hier nicht die herrschende Gattung, sondern den Ausgangs- und den Zielpunkt der Entwicklung innerhalb der einzelnen Literaturen nennt; dieser historische Gesichtspunkt zwingt ihn, auf das Epos zurückzukommen. Und wenngleich zu prüfen wäre, inwiefern Schlegel das Epos auch ans Ende der griechischen Dichtkunst setzen kann (meint er den spätgriechischen Roman? oder das römische Epos?), so drückt sich in der analogen These über den Roman in der Moderne jene Überzeugung aus, die uns zum Schluß dieser Schlegelinterpretation noch als eine die Gattungspoetik insgesamt überwindende Theorie des Romans kurz wird beschäftigen müssen.

Zuvor haben wir uns einigen grundsätzlichen und generellen Fragen zuzuwenden, welche die geschichtsphilosophische Fundierung der Gattungspoetik aufwirft. Von Schlegels frühen literarhistorischen Abhandlungen eingeleitet, erfolgt sie durch die, im Sinne des *Studium*-Aufsatzes vorgenommene, Verwandlung der philosophischen Begriffe *subjektiv* und *objektiv* in geschichtsphilosophische, die Schlegel zur Bestimmung der drei Dichtarten verwendet. Zwar nicht ausdrücklich auf die Geschichte der Poesie bezogen, aber zweifellos auch sie mit meinend, heißt es in dem 90. *Athenäum*-Fragment: *Der Gegenstand der Historie ist das Wirklichwerden alles dessen, was praktisch notwendig ist.*[142] Der Satz resümiert die Erkenntnis des *Studium*-Aufsatzes, daß die Geschichte der griechischen Poesie ein System der Dichtarten sei, befreit aber diese Erkenntnis aus ihrem klassizistischen Rahmen, indem er nun eine Aussage über Geschichte schlechthin sein soll. Daß aber in der Geschichte nur wirklich wird, was notwendig ist, heißt nichts anderes, als daß sich in ihr das aus den Begriffen Deduzierbare realisiert, so daß die Geschichte selber, in induktiver Betrachtung, auf die Begriffe als auf ihren Ursprung zurückverweist. Damit ist, ohne daß es thematisch geworden wäre, die Versöhnung von

142 KA, Bd. 2, S. 335 *(Brief über den Roman).*

System und Geschichte besiegelt, der Weg zu einer Verbindung von Deduktion und Induktion freigelegt.
In diesem Sinne ist wohl das 1374. Fragment aus den *Literary Notebooks* gemeint, das vielleicht deshalb so viel weniger prägnant als das eben zitierte ist, weil es, wie der Herausgeber annimmt, kein eigentliches Fragment, sondern der Plan eines zu schreibenden Werkes ist: *Die Historie der modernen Poesie vielleicht in der Ästhetik.* Ein Blick auf das Inhaltsverzeichnis der Hegelschen *Ästhetik* zeigt, in welchem Maße Schlegel auch hier in der Idee vorwegnahm, und in der Realität sich wegnehmen ließ, was heute als die *Vollendung der klassischen Ästhetik* gilt: das Werk, das er schreiben wollte, hat Hegel geschrieben. Spezifischer ist die Eintragung Nr. 322 der *Literary Notebooks*, in der aber eine Reihe grundsätzlicher Fragen der geschichtsphilosophisch fundierten Gattungspoetik impliziert sind: *Es giebt eine epische, lyrische, dramatische Form ohne den Geist der alten Dichtarten dieses Nahmens, aber von bestimmtem und ewigem Unterschied. – Als Form hat die epische offenbar den Vorzug. Sie ist subjectiv-objectiv. – Die lyrische ist bloß subjectiv, die dramatische bloß objectiv. – Auch romantisirt zu werden, ist das alte Epos ganz ausschließend geschickt. Vom Drama läßt sich nur die neue Komödie romantisiren. – Die Naturpoesie ist entweder subjectiv oder objectiv; die gleiche Mischung ist dem Naturmenschen noch nicht möglich.*
Daß es eine epische, lyrische, dramatische Form ohne den Geist der alten Dichtarten dieses Namens, aber von bestimmtem und ewigem Unterschied gibt, heißt zunächst, daß auch in der Moderne die epische, die lyrische und die dramatische Dichtart fortbestehen, ohne mit ihren griechischen Vorbildern – wie es die Vorstellung und das Postulat der Klassizisten besagen – zusammenzufallen. Es heißt aber weiterhin, daß die drei Dichtarten trotz der Herrschaft einer einzigen in einer bestimmten Epoche – der Tragödie in der klassischen, des Romans in der modernen – unterschie-

den bleiben, unterschieden aber nicht qua Dichtarten, sondern lediglich als Formen. Schlegel versucht hier, das Problem zu lösen, auf welche Weise das unleugbare Vorhandensein von Gattungsunterschieden mit der neuen Poetik vereinbart werden kann, der es nur noch um die Verschiedenheit der beiden Epochen geht, der klassischen und der modernen: *Die einzige pragmatische Kunstlehre für den Künstler* [also das, was an die Stelle der ars poetica, der *Kritischen Dichtkunst,* zu treten hat, wie sie Jahrhunderte hindurch, wenngleich mannigfach variiert, maßgebend war] *ist die Lehre vom Classischen und vom Romantischen.*[143] Die Lösung des Problems verdankt sich einem Formbegriff, der offenbar unhistorischer Natur ist. Das aber sollte ihm nicht zum Vorwurf gemacht werden, vielmehr ist daran abzulesen, was dieser Formbegriff bei Schlegel bedeuten kann und was nicht. Nicht um eine geschichtsfremde Lehre von den dichterischen Formen geht es Schlegel, sondern um die Einräumung formaler, man könnte auch sagen: technischer, Momente am Kunstwerk, die an sich selber ungeschichtlich sein mögen und untereinander, wie Schlegel sagt, *von ewigem Unterschied,* wenn sie auch in ihrer Konkretisierung im einzelnen Kunstwerk an dessen Geschichtlichkeit teilhaben und wohl auch in je verschiedenen und historisch bedingten Funktionszusammenhängen stehen. – Im Mittelteil des 322. Fragments aus den *Literary Notebooks* kehren die Definitionen *lyrisch = bloß subjektiv, dramatisch = bloß objektiv, episch = subjektiv-objektiv* wieder, aber der, im Hegelschen Sinn, synthetische Charakter des Epischen wird nun nicht bloß als Zeichen von dessen Zugehörigkeit zur Moderne gesehen, sondern als eigentlicher Vorzug. Die epische Form, sagt Schlegel, habe als Form *offenbar* den Vorzug, und er verzichtet, der prätendierten Offenbarkeit wegen, auf die Begründung seiner These. Der Grund scheint indessen aus dem folgenden entnommen werden zu können.

143 LN, Nr. 287, S. 44.

Wenn von den Formen der griechischen Poesie ausschließlich das alte Epos, nicht aber die Tragödie und die Lyrik, romantisiert werden kann, so darum, weil dem Epos in der Moderne der Roman entspricht, dem sie (die romantische Periode) zugleich ihren Namen verdankt, während die Dramatik allenfalls in der Komödie – Schlegel denkt wohl u. a. an Tieck – eine eigenständige moderne Variante erhalten hat. Der Synthesen-Charakter erweist sich nun nicht bloß als geschichtsphilosophisches Signum, sondern zugleich als der Garant der historischen Elastizität einer Form. Deshalb heißt es anschließend, daß die Naturpoesie *entweder subjektiv oder objektiv,* die Mischung aber, also das Subjektiv-Objektive, in der natürlichen Bildung, bei den Griechen, noch nicht möglich sei.

Dieses 322. Fragment ist wichtig nicht bloß als der Versuch, eine Antinomie aller geschichtsphilosophisch begründeten Poetik zu lösen, sondern auch deshalb, weil durch den Formbegriff, dem diese Lösung zu danken ist, zugleich die Konzeption vom Kunstwerk, von dessen Struktur, eine wesentliche Wandlung erfährt. Das Kunstwerk erscheint hier aufgelöst, auflösbar, in zwei Momente, welche im Fragment *Form* und *Geist* heißen, wobei die Form unhistorisch, der Geist historisch ist, die Form die zeitgenössischen (d.h. gleichzeitig entstehenden) Kunstwerke voneinander unterscheiden läßt, der Geist aber das Kunstwerk zu dem macht, was es ist, nämlich einem historisch bestimmten, einer bestimmten Epoche angehörigen. Könnte es hier noch scheinen, daß Schlegel nur die alte Form-Stoff-Einteilung übernimmt, von der noch bei Goethe und Schiller deutlich wurde, daß in ihr die Form klassizistisch-normiert, und nur der Stoff je geschichtlich geprägt ist, so macht das folgende Fragment klar, daß es sich um eine weit diffizilere und neuartigere, wenngleich von Schlegel wiederum nur entworfene und auch als Entwurf nicht festgelegte, Analyse des Kunstwerks handelt. Diese Analysis sieht sich selber historisch bestimmt, d. h. sie verfährt nach verschiedenen Begriffen, je nachdem, ob sie klassische oder moderne Werke zum Gegenstand hat: *In den Romanarten sind Manier, Tendenz und Ton bestimmt. In den classischen Dichtarten hingegen Form, Stoff und Styl.*[144]

Vor dem Versuch, das Fragment zu erklären, ist eine textkritische Bemerkung angebracht, die für die Gesamtheit der hier zitierten Fragmente relevant ist. In der Handschrift Schlegels heißt es nicht *In den Romanarten ...*, sondern – wie aus dem von Eichner edierten Text hervorgeht, in welchem die Zusätze des Herausgebers mit eckigen Klammern markiert sind: *In den R-arten ...* Ein großes *R* aber kann bei Schlegel, wie die Zusammenstellung der in der Handschrift außerordentlich verbreiteten Abkürzungen bei Eichner angibt, sowohl *Roman* als auch *Romantisch* heißen. Da nun das Fragment adversativ gebaut ist und der zweite Satz, ohne Abkürzung, von den *klassischen Dichtarten* spricht, ist nicht unwahrscheinlich, daß in dem ersten die Abkürzung *R* nicht als *Roman-*, sondern als *romantisch* aufzulösen und also *romantische Arten* (i. e. Dichtarten) zu lesen wäre. Ich will nicht verschweigen, daß solche Fragen nicht allein an dieser Stelle der Eichnerschen Edition gestellt werden können – Fragen, die der Leistung Eichners schon deshalb nicht Abbruch tun, weil er den kritischen Leser durch die Kenntlichmachung aller Zusätze des Herausgebers ja zugleich in die Lage versetzt, sich für eine andere Auflösung der Abkürzungen zu entscheiden.[145*] Ebensowenig soll in dem vorliegenden Fall aber verschwiegen werden, daß mit der Korrektur von *Roman* in *romantisch* das Problem nicht gelöst, sondern nur versetzt wird, nämlich vom Textkritischen ins Semantische. Denn das Wort *romantisch* ist bei Schlegel erst im Begriff, zu jener Epochen- und

144 LN, Nr. 843, S. 96.

145* Der große Vorzug der historisch-kritischen Ausgaben ist, daß sie die Kritik an dem kritischen Herausgeber ermöglichen. Fehlt der Lesartenapparat, wie etwa in der kleinen Stuttgarter Hölderlin-Ausgabe, so ist man dem Herausgeber und seiner Interpretation bzw. der Lesart des Textes ausgeliefert.

Stilbezeichnung zu werden, die es heute ist, so daß seine Abkunft vom Wort *Roman* nicht nur jedesmal, wenn es von Schlegel verwendet wird, mitklingt: sondern immer wieder besagt *romantisch* nichts anderes als *romanhaft* oder gar *Roman-*, ist also kein qualifizierendes Adjektiv, sondern ein Bezugsadjektiv. Es spricht manches dafür, daß der bekannteste und am meisten bemühte Text des jungen Schlegel, das 116. *Athenäum*-Fragment, zugleich der am meisten mißverstandene ist, weil nämlich mit der *romantischen Poesie*, die es als *progressive Universalpoesie* bestimmt und deren Programm es entwirft, nicht die Poesie der Romantik gemeint ist, sondern die Romandichtung, die Gattung des Romans – und erst kraft deren herrschender, tonangebender Stellung, die Poesie der Romantik, der Moderne überhaupt.

Um indessen auf das 843. Fragment der *Literary Notebooks* zurückzukommen, so untersucht es nicht, wie man nach einem früher zitierten Fragment erwarten würde, das Verhältnis von Form und Geist in den klassischen und in den modernen Dichtarten, bzw. die Verschiedenheit des Geistes der beiden Epochen, sondern den drei Momenten, in die das klassische Kunstwerk zergliedert wird: Form, Stoff und Stil entsprechen beim Roman bzw. bei dem romantischen Kunstwerk: Manier, Tendenz und Ton. Anhand weiterer Texte Schlegels, zu denen wohl auch die anderer Autoren, etwa der Goethesche Aufsatz über *Einfache Nachahmung, Manier und Stil* (1788), hinzukommen müßten, wären die Begriffspaare 1.) *Form* und *Manier*, 2.) *Stoff* und *Tendenz*, 3.) *Stil* und *Ton* zu untersuchen, oder, falls man die Paare nicht einfach auf Grund der Reihenfolge bildet, sondern dem Sinn nach zusammenstellen darf: 1.) *Form* und *Tendenz*, 2.) *Stoff* und *Ton*, 3.) *Stil* und *Manier*. Diese Begriffspaare müßten befragt werden nach ihrem historischen Spannungsgehalt, nach ihrer Fähigkeit, die klassischen und die modernen Werke zu differenzieren. Der Gegensatz Stil–Manier dürfte dem Goetheschen entsprechen, während der Gegensatz Form–Tendenz der klassischen Gestalt das pro-

gressive Moment, das Unabgeschlossene, Fragmentarische am modernen Kunstwerk gegenüberstellt und der Gegensatz Stoff–Ton schließlich die Wendung des Sinnlich-Plastischen, des Stofflichen am klassischen Kunstwerk in ein Musikalisch-Geistiges, in den Ton am modernen bezeichnet.
Für die Gattungspoetik wird nun diese Differenzierung relevant, nicht bloß, weil ihr die Reflexion auf den historischen Wandel der Gattungen, ja auf das, was Lukács später das Gattungsschaffende des historischen Wandels nennen wird, zugrunde legt. Mehr noch wird die Gattungspoetik von der Schlegelschen Unterscheidung von Form und Geist, bzw. *Form* für die Antike, Tendenz für die Moderne einerseits und *Stoff* für die Antike, Ton für die Moderne andererseits betroffen darum, weil diese Unterscheidung zur Bezeichnung der Töne, wie schon angedeutet, die Namen der überlieferten Dichtarten in adjektivischer Form verwendet, ähnlich ihrer Verwendung am Schluß der Schillerschen Abhandlung *Über naive und sentimentalische Dichtung*, wo sie nach Schillers Erläuterung Dichtungs- und Empfindungsweisen bezeichnen. Ferner besteht eine gewisse Verwandtschaft mit Hölderlins Lehre vom Wechsel der Töne, denen, wie schon angedeutet wurde und noch im einzelnen zu zeigen sein wird, gleichfalls Gattungsbegriffe zugrunde liegen. Der Ausdruck *Ton* in derselben oder doch in einer sehr ähnlichen Bedeutung, dem man eben bei Friedrich Schlegel begegnete –, aber ist hier nicht nur, im Gegensatz zu Hölderlins Gebrauch des Begriffs, historisch eingeschränkt, indem sein Gegenbegriff für die Antike, falls meine Auslegung des 843. LN-Fragments richtig ist, *Stoff* heißt; die Terminologie Schlegels steht auch nicht dergestalt fest, daß in den verschiedenen Fragmenten, die auf das gleiche zielen, nicht dennoch eine Vielzahl der Begriffe auftreten würde.
Der Adjektivierung der Gattungsbegriffe begegnet man zum Beispiel im Fragment 1063 der *Literary Notebooks: Auch unter den Romanen gibts wieder eine lyrische – epische – dramatische Gattung.* So deutlich dieser Satz die

Verwendung der drei Gattungsbegriffe auch innerhalb einer Gattung, und damit: die frühromantische Potenzierung oder auch Spiegelung der überlieferten Einteilung in drei Gattungen, demonstriert, so kennzeichnend ist es, daß hier 1.) nicht eine klassische, sondern eine moderne Dichtart zum Exempel genommen wird, und 2.) daß es der Roman ist. Wiederum muß nämlich vorwegnehmend bemerkt werden, daß von der Einteilung des Romans in lyrische, epische und dramatische Gattungen nur noch ein Schritt ist zu der These, daß der Roman die drei überlieferten Gattungen in sich enthalte, im Sinne des – nun richtig verstandenen – 116. *Athenäum*-Fragments, dem zufolge es die Bestimmung der romantischen Poesie, d. h. also der Romandichtung, ist, alle getrennten Gattungen der Poesie wieder zu vereinigen, weshalb sie denn eine Universalpoesie genannt wird. Diese prägnante Bedeutung des Wortes *romantisch* erhellt übrigens auch aus einem anderen Fragment, das hier angeführt sei, weil es zeigt, inwiefern die Adjektivierung der Gattungsbegriffe nicht nur die Einteilung, die Unterteilung einer Dichtart, wie des Romans, ermöglicht, sondern zugleich, ganz im Sinne Hölderlins, die Unterscheidung zweier, von zwei verschiedenen Gattungen ableitbarer Momente im selben Werk. Drittens geht aus dem folgenden Fragment hervor, daß diese dem Kunstwerk immanente Differenz ein Merkmal der modernen, d. h. nachantiken Dichtung ist. *In Shakespeares Tragödien ist die Form dramatisch,* heißt es in den *Philosophischen Fragmenten* des Jahres 1797, *der Geist und Zweck romantisch* [d. h. romanhaft episch]. *Die Absondrung der Komödie und Tragödie ist entweder Ueberbleibsel oder Annäherung zur Classik*[146] – womit wohl den *reinen* Komödien und *reinen* Tragödien der französischen Klassik (Molière, Corneille) und des deutschen Klassizismus die schon vom Sturm und Drang an Shakespeare gefeierte Verbindung der beiden Momente gegenübergestellt und vorgezogen werden sollte.

146 KA, Bd. 18, *Philosophische Fragmente II,* Nr. 55, S. 23.

Nun hat aber Schlegel nicht bloß die drei Gattungsbegriffe Epik, Lyrik, Dramatik adjektivisch gebraucht, sondern auch zahlreiche andere, was daran erinnern mag, wie spät, nämlich erst gegen Ende des 18. Jahrhunderts, die Dreiteilung sich etablieren konnte. Zwei Beispiele für den adjektivischen Gebrauch anderer Dichtarten bei Schlegel: *Gibts nicht auch eine epische, lyrische, dramatische, idyllische, satirische, epigrammatische Prosa?*[147] und *Im absoluten poetischen Drama darf nichts roh episch, nichts roh lyrisch sein; sondern alles verschmolzen. Aber auch nicht roh elegisch oder roh idyllisch.*[148] Dabei darf angenommen werden, daß die Nennung der Begriffe *elegisch* und *idyllisch* in diesem 1797 geschriebenen Satz auf Schillers im Jahr zuvor erschienene Abhandlung verweist.

Gleichfalls im Bannkreis Schillers ist das folgende wichtige Fragment von 1797 entstanden: *Sentimental ist die Vereinigung des Elegischen* und *Idyllischen.*[149] Der Satz gebraucht drei Begriffe der Schillerschen Abhandlung *Über naive und sentimentalische Dichtung*, aber der Gebrauch spiegelt jene zuvor genannte Analysis des Kunstwerks, die Hölderlin vorwegnimmt, und ändert dadurch Schillers Konzeption von Grund auf. Hatte dieser die These aufgestellt, ein sentimentalisches Werk sei entweder Satire oder Elegie oder Idylle – wobei diese Substantiva, wie man weiß, nicht die unter diesen Namen überlieferten Gattungen, sondern Dichtungsweisen bedeuten, – so geht Schlegel weiter, indem er das Wesen des sentimentalischen Werkes in der Vereinigung des Elegischen und des Idyllischen sieht. Auf Grund der früher zitierten Fragmente darf dabei angenommen werden, daß ihm auch hier eine Vereinigung des Elegischen und Idyllischen im Sinne jenes dialektischen Strukturprinzips vorschwebt, das zwischen Form bzw. Tendenz und Stoff bzw. Ton unterscheidet. So jedenfalls wird

147 LN, Nr. 153, S. 33.
148 LN, Nr. 459, S. 60.
149 LN, Nr. 426, S. 58.

Hölderlin behaupten, eine Strophe könnte eine idealische (d. h. elegische) Grundstimmung und einen naiven (d. h. idyllischen) Kunstcharakter haben. Daß mit dieser Deutung Schlegel nicht willkürlich in die Nähe Hölderlins gerückt wird, erweist schlagend das folgende Fragment: *Der Ton des Romans sollte elegisch sein, die Form idyllisch.*[150] Auf unsere Darstellung von Hölderlins Aufsatz *Über den Unterschied der Dichtarten* vorgreifend, können wir diesen Satz ins Hölderlinsche übersetzen. Er lautet dann: *Der dem Schein nach idealische Roman ist in seiner Bedeutung naiv.* Das aber ist bei Hölderlin die Definition des lyrischen Gedichts. Weit davon entfernt, ein Widerspruch zu sein, entspricht diese Parallelisierung von Roman und lyrischem Gedicht der Tatsache, daß der Roman bei Schlegel, die Lyrik bei Hölderlin die moderne Dichtart kat'exochen ist.

Die eigentliche Folge dieser Konzeption für die Gattungspoetik – bei Schlegel wie bei Hölderlin – erhellt aus dem folgenden Fragment der *Literary Notebooks*: *Das Eigentümliche der Dichtungsarten ist, daß Form und Stoff und Grundstoff und Ausdruck (Sprache, Metrum) dieselben charakteristischen Eigenschaften gemein haben.*[151] Verstehe ich diesen Satz richtig, so entsprechen die beiden Begriffspaare *Form–Stoff* und *Grundstoff – Ausdruck* (in einer noch näher zu analysierenden Weise) dem Hölderlinschen Begriffspaar *Grundstimmung – Kunstcharakter* (bzw. *Bedeutung – Schein*). Und die Gemeinsamkeit der Dichtarten, ihre Teilhabe an denselben charakteristischen Eigenschaften, bedeutet, daß ihre Verschiedenheit nicht durch eine Differenz dieser konstitutiven Eigenschaften gegeben ist, sondern durch die Differenz in der Kombination, in der Konstellation der Qualitäten, in ihrer Verbindung zu einem Gegensatzpaar und ihrer Verteilung auf Form und Stoff, Grundstoff und Ausdruck. So zumindest ließe sich der Schlegelsche Satz von

150 LN, Nr. 324, S. 48.
151 LN, Nr. 599, S. 73.

der Hölderlinschen Gattungspoetik her lesen, die beim lyrischen Gedicht die Grundstimmung naiv, den Kunstcharakter idealisch nennt, während sie beim Epos den Kunstcharakter als naiv, bei der Tragödie die Grundstimmung als idealisch bestimmt.

Für Schlegels gattungspoetische Konzeptionen muß diese Adjektivierung der Gattungsbegriffe und die daraus sich ergebende Relativierung der Gattungsunterschiede deren Reduktion auf Unterschiede innerhalb eines kombinatorischen Systems, letztlich die Aufhebung oder doch die Aufhebbarkeit der Einteilung der Dichtung in Gattungen bedeutet haben. Dabei läßt sich kaum ausmachen, inwiefern es sich um eine logische Konsequenz handelt, inwiefern um die Erfüllung einer ursprünglicheren Tendenz, eben zur Überwindung der Gattungspoetik, die durch die spätere Ton – Form-Konzeption ermöglicht wird. Die Frage, ob es Dichtarten, Gattungen, überhaupt geben kann, ist mit der kritizistischen Frage nach den Bedingungen ihrer Möglichkeit immer schon gestellt. Ein Satz wie der folgende aus dem Jahr 1797: *Es ist nicht wahr, daß die Individuen mehr Realität hätten als die Gattungen*[152] zeigt, sofern er auf die poetischen Gattungen bezogen werden darf, denn er steht in anderem Zusammenhang, daß Schlegel die Antwort keineswegs von vornherein bereithielt. Dieser mehr apologetischen Äußerung stehen indessen andere, wie die folgenden, gegenüber: *Man kann ebenso gut sagen, es gibt unendlich viele als es gibt nur Eine progressive Dichtart. Also gibt es eigentlich gar keine; denn Art läßt sich ohne Mitart nicht denken.*[153] Oder: *Der modernen Dichtarten sind nur Eine oder unendlich viele. Jedes Gedicht eine Gattung für sich.*[154] Wichtig an diesen beiden Fragmenten von 1797 und 1798 ist, daß sie das Postulat der einen Dichtart, welche an die Stelle des gattungspoetischen Systems tritt, auf die moderne

152 KA, Bd. 18, *Philosophische Fragmente II*, Nr. 74, S. 24.
153 LN, Nr. 583, S. 72.
154 LN, Nr. 1090, S. 116.

Poesie (*progressiv* heißt bei Schlegel *modern*) beschränkt. Dieses Postulat, in dem die Eins nur ein anderes Wort für *unendlich viele* ist, während das *unendlich viele* auf Schlegels Konzeption der Moderne als einer atomisierten, subjektivistischen Periode zurückverweist, wird nun im zweiten Fragment weitergeführt zu der These, daß jedes Gedicht eine Gattung für sich ist. Gedicht heißt aber hier progressives, modernes Gedicht, d. h. Roman. So steht denn in den *Philosophischen Fragmenten* derselben Zeit (1797) der Satz: *Jeder Roman ist eine Art für sich. Hier ist das Rubriciren sehr illiberal.*[155] Damit aber ist der Punkt erreicht, wo die Entfaltung von Schlegels Romantheorie einzusetzen hätte. Sie liegt vor teils in zusammenhängenden Texten, wie dem *Wilhelm-Meister*-Essay und dem *Brief über den Roman*, dem dritten Teil des *Gesprächs über die Poesie*, andererseits in zahlreichen Fragmenten, aus dem Nachlaß edierten wie von Schlegel selbst veröffentlichten, etwa dem bekannten 116. *Athenäum*-Fragment, das, wie schon erwähnt, primär nicht von der romantischen Poesie, sondern vom Roman handelt. Da die Darstellung dieser Romantheorie den Rahmen der Vorlesung sprengen würde, sei an dieser Stelle nur darauf hingewiesen, daß Schlegels Romantheorie den Roman sei es als Mischung aller Dichtarten, sei es als die übrigen Dichtarten umfassend behauptet. Aus der elliptischen Randnotiz *Alle Dichtarten, die drei alten klassischen ausgenommen. Diese Bestandteile dann zu einer progressiven Einheit verknüpft* läßt sich dabei ersehen, daß Schlegel die drei überlieferten Gattungen auf die Klassik reduziert und eine Überwindung der Gattungspoetik, die sich dem Roman verdankt, folgerichtig nur für die Moderne fordert, welche im Roman gleichsam zu sich selber kommt. Dem steht freilich eine andere Eintragung entgegen, der gemäß der Roman durch Vermischung des Dramatischen, Epischen und Lyrischen charakterisiert wird. Es ist nicht das erste und

155 KA, Bd. 18, *Philosophische Fragmente II*, Nr. 65, S. 24.

nicht das letzte Mal, daß Schlegel sich widerspricht, daß er sich verbessert. Was er von der *romantischen Dichtart,* also von der Romandichtung, gesagt hat: daß sie *noch im Werden* sei, daß ihr eigentliches Wesen ist, *daß sie ewig nur werden, nie vollendet sein kann,* das gilt ebenso auch für ihre Theorie. Wer sich daran stößt und die Gedankenwelt des jungen Schlegel ihrer Unordnung wegen verstößt, tut aber nicht ihm, sondern sich selber Unrecht.

9

Fragt man nach Hölderlins Lehre von den poetischen Gattungen, so wird man die Antwort darauf vor allem in einem Aufsatzfragment suchen und finden, das zum erstenmal 1911 von Wilhelm Böhm herausgegeben wurde und unter dem nicht von Hölderlin stammenden, aber durchaus adäquaten Titel *Über den Unterschied der Dichtarten* bekanntgeworden ist. Das Bruchstück – auf fünf doppelseitig beschriebenen Blättern überliefert – zählt zu den sogenannten Homburger Schriften, so benannt nach dem Ort, an dem Hölderlin nach seinem Weggang aus dem Gontardschen Haus in Frankfurt von September 1798 bis zu seiner Rückkehr in die Heimat, Juni 1800, also fast zwei Jahre lang, lebte, von seinem Freund Isaac Sinclair und dem Landgrafen protegiert. Diese Homburger theoretischen Texte, zumeist Bruchstücke, oft kaum verständliche erste Niederschriften, waren wohl ausnahmslos für die Zeitschrift *Iduna* bestimmt, mit deren Herausgabe Hölderlin sich in jenen Jahren trug und über die er in einem Brief vom 4. Juni 1799 an Neuffer berichtet. Es gehört zu den Rätseln nicht nur der Persönlichkeit Hölderlins, sondern wohl auch der bildungssoziologischen Gegebenheiten der Zeit, daß er über das Projekt, für das er jene Texte verfaßte, die, mehr als hundert Jahre ignoriert, heute den Spezialisten abwechselnd Kopfzerbrechen und höchsten intellektuellen Genuß bereiten, den folgenden Satz schreiben konnte: *Der Ton, der durchaus in der Zeitschrift herrschen wird, macht es wohl schiklich, daß der HE. Verleger, wenn er es für gut findet, ihr auch* [d. h. neben *Iduna*] *den Titel Journal für Damen, ästhetischen Inhalts, geben kann.* Dann folgen allerdings Sätze, welche die heutige Auffassung, nach der Dichtung entweder sog. Lebenshilfe oder aber ein wissenschaftlicher Gegenstand wie jeder andere ist, zu beschämen geeignet sind: *Was den Geist derselben betrift, so glaub' ich wohl*

sagen zu dürfen, daß er für die Sittenbildung und ächte Erheiterung zuträglicher seyn dürfte, als mancher andere.[156]
Galt es bei Fr. Schlegel, aus einer Unzahl von Fragmenten und »Fragmentbruchstücken« eine von Schlegel nie ausgeführte Gattungspoetik und die sie ebenso begründende wie in Frage stellende Kritik der gattungspoetischen Vernunft zu konstruieren (schon das Wort »rekonstruieren« würde ein Vorhandengewesensein vortäuschen, von dem kaum die Rede sein darf) – so wird es sich bei Hölderlin darum handeln müssen, den Aufsatz *Über den Unterschied der Dichtarten*[157], wenn auch nicht Satz für Satz, so doch Abschnitt für Abschnitt zu erläutern und angrenzende Texte namhaft zu machen. Es sind das Stellen erstens aus anderen Homburger Aufsätzen und Aufsatzfragmenten, zweitens aus den Briefen dieser Zeit und drittens aus den beiden einzigen von Hölderlin selbst veröffentlichten theoretischen Aufsätzen, nämlich den Anmerkungen zu seinen zwei Sophokles-Übersetzungen: dem *Oedipus Rex* und der *Antigone.*

Der Kommentar verfolgt zwei mal zwei verschiedene Ziele, wobei es sich oft nur um eine Annäherung oder gar um das bloße Anvisieren dieser Ziele wird handeln können: erstens die »dunklen« Stellen des Textes zu erklären, zweitens den Zusammenhang deutlich zu machen, der zwischen diesem Aufsatzfragment und den anderen Homburger Schriften besteht.[158*]

Das Aufsatzfragment beginnt mit den drei kurzen Abschnitten, die ebenso viele Definitionen geben:

Das lyrische, dem Schein nach idealische Gedicht ist in seiner Bedeutung naiv. Es ist eine fortgehende Metapher Eines Gefühls.

156 Hölderlin, *Sämtliche Werke* (Große Stuttgarter Ausgabe), Hg. Fr. Beißner (künftig: StA), Bd. 6, 1, S. 324.

157 StA, Bd. 4, S. 266 ff.

158* Bei diesen beiden ersten Aufgaben leisten gute Dienste die Erläuterungen Beißners in der Stuttgarter Ausgabe sowie das wichtige Buch von Lawrence J. Ryan, *Hölderlins Lehre vom Wechsel der Töne.* Stuttgart 1960.

Das epische, dem Schein nach naive Gedicht ist in seiner Bedeutung heroisch. Es ist die Metapher großer Bestrebungen.
Das tragische, dem Schein nach heroische Gedicht ist in seiner Bedeutung idealisch. Es ist die Metapher einer intellectuellen Anschauung.
Definiert werden das lyrische, das epische und das tragische Gedicht, oder, wie man heute sagen würde, das lyrische Gedicht, das Epos (ob auch der Roman, wird zu prüfen sein) und die Tragödie. Daß Hölderlin mit solcher Entschiedenheit die drei Dichtarten nebeneinanderstellt, ist im Hinblick auf die Geschichte der Einteilung der Dichtung in drei Gattungen, von der eingangs die Rede war, von Bedeutung. Die Frage der Priorität braucht freilich schon deshalb nicht untersucht zu werden, weil in den vorausgegangenen Jahrhunderten seit der Renaissance immer wieder vereinzelte Theoretiker die Dreizahl behauptet haben. Im Kontext des Deutschen Idealismus geht Hölderlin aber zeitlich sowohl Goethe als auch Schelling, Hegel und ihren Zeitgenossen mit diesem systematischen Ansatz voraus, am ehesten dürfte noch Friedrich Schlegel zur selben Zeit die Dreiteilung mit solcher Dezidiertheit vertreten und freilich auch angezweifelt haben.
Aber relevanter als dies ist der Umstand, daß Hölderlin nicht Dichtarten, sondern sozusagen Gedichtarten meint; was er definiert, ist weniger die Art, in der gedichtet wird, und schon gar nicht die Gattung als Kollektivbegriff oder als Idee, vielmehr bestimmt er in den zitierten drei Abschnitten das lyrische, das epische und das tragische Gedicht, und zwar das einzelne Kunstwerk, wenn freilich nur insofern, als es sich dabei nicht um individuelle Züge handelt, sondern um jene, die die einzelnen Gedichte zur Dichtart vereinen.
Nur weil Hölderlin nicht die Gattung, sondern das einzelne Kunstwerk bestimmt, hat er die Möglichkeit, die Definition zugleich als Analyse zu unternehmen, als Analyse in dem

strengen Wortsinn, daß er – nicht anders als Schlegel in einigen der hier bereits zitierten Fragmente – die Einheit des Kunstwerks aufsprengt und eine Dualität gewahr wird. Diese wird in den ersten Sätzen des Aufsatzes durchgehend als die von *Bedeutung* und *Schein* bezeichnet – die eine wichtige Frage, der hier nachzugehen ist, ist die nach dem Begriffsinhalt (und nach den bei Hölderlin sonst vorkommenden Synonyma) dieser beiden Ausdrücke *Bedeutung* und *Schein*.

Nur noch ein Begriff bleibt in den drei Definitionen konstant: der der *Metapher*: nach der Bedeutung dieses Terminus technicus zu fragen, ist eine zweite Aufgabe für den Kommentar.

Sind die drei Begriffe *Schein*, *Bedeutung* und *Metapher* allen drei, in den drei Abschnitten vorliegenden, Definitionen gemein, sind sie also eher Kategorien für die Bestimmung der Dichtarten, d. h. das tertium (oder, da ja drei Dichtarten miteinander verglichen werden, das quartum) comparationis, so handelt es sich bei den übrigen zu erklärenden Termini um solche, welche die einzelnen Dichtarten voneinander unterscheiden: es sind das die drei Begriffe des *Naiven*, *Heroischen* und *Idealischen*. Diese aber sind nicht einfach Charakteristika spezifika der drei Dichtarten, sie sind es so wenig, daß die drei ersten Abschnitte des Bruchstücks beinahe als polemische Korrektur einer gängigen oder doch möglichen gattungspoetischen Unterscheidung begriffen werden dürfen. Nur dem Scheine nach (d. h. freilich, wie noch zu zeigen sein wird, nicht etwa »fälschlicherweise«, aber doch soviel wie: nur unter einem Gesichtspunkt, nämlich dem äußeren etwa, auf die Darstellungsweise, auf die Sprache bezogenen Aspekt) also ist das lyrische Gedicht idealisch, das Epos naiv, die Tragödie heroisch. Die Bedeutung der Gedichte (das Wort in einem noch zu klärenden Sinn verstanden) ist eine andere: die des lyrischen Gedichts naiv, des Epos heroisch, der Tragödie idealisch. Indem Hölderlin dergestalt im Kunstwerk einer Antinomie innewird und deren beide Glieder mit Begriffen aus derselben Begriffstrias *naiv – heroisch – idealisch* bezeichnet, gelingt ihm, was das gattungspoetische System allererst zum System macht: nicht durch die bloße Bestimmung, Klassifizierung, d. h. die Isolierung der drei Dichtarten voneinander, sondern ihre Definition in jenem Schlegelschen Sinn, daß eine Definition ein System von Definitionen enthält, gelingt Hölderlin die Einsicht in die Unterschiedenheit der Dichtarten voneinander vermittels einer gemeinsamen poetischen Grundkonzeption, als deren dreifach spezifizierte oder genauer: kombinierte Erscheinungsformen die drei Dichtarten erscheinen. Nur wenn ein solches gemeinsames Prinzip, ein Erstes, allen zugrunde liegendes gesetzt ist, können die Dichtarten im strengen Wortsinn deduziert werden. Nur dann handelt es sich nicht um Klassifikation, sondern um Systematik. Hölderlins gattungspoetisches System verdankt sich in dieser Weise zwei Begriffsreihen wesentlich verschiedener Natur: die eine betrifft die formalen Kategorien, nach denen das Kunstwerk bzw. die Dichtart analysiert wird: *Schein*, *Bedeutung* – der zwischen ihnen vermittelnde *Geist* – und schließlich *Metapher*, ein Aktionsbegriff, der den Vorgang bezeichnet, der vom ersten zum zweiten Moment, von der Bedeutung zum Schein führt. Die andere Begriffsreihe gibt die qualitativen Kategorien ab, deren je verschiedene Kombination – gleichsam die je verschiedene Besetzung der durch die erste Reihe gelieferten Stellen – Bedeutung, Schein, Geist – mit diesen Kategorien, den Tönen, die drei Dichtarten voneinander zu unterscheiden erlaubt. Sind auch diese drei Termini – naiv, heroisch, idealisch – nicht etwa die, unter denen Hölderlin die drei Dichtarten begreift, ergibt vielmehr erst ihre spezifische Kombination den Stellenwert, den die drei verschiedenen Momente im Kunstwerk innehaben (denn in jeder Dichtart sind ja alle drei vertreten), so läßt sich dennoch von einer Deduktion der drei Dichtarten aus diesen drei Begriffen, bzw. ihrer Konstellation, sprechen. Verglichen mit der

Deduktion der Dichtarten bei Friedrich Schlegel fällt dabei sogleich zweierlei auf, das freilich im Grunde ein einziges ist: Anders als Schlegel, erscheinen Hölderlin nicht allein die lyrische und die tragische Dichtart deduzierbar (die, wie Schlegel sagt, *ganz gültigen,* in der Antike wie in der Moderne vorhandenen); das Epos (und möglicherweise der Roman) unterscheidet sich von den beiden anderen Dichtarten nicht dadurch, daß es nicht deduzierbar ist, sondern durch die von der der anderen Gattungen unterschiedene Konstellation derselben drei Momente, mit Hölderlin gesprochen: derselben drei Töne. Weil die Schlegelsche Unterscheidung historisch motiviert ist, – deduzierbar ist für ihn, wo der historische Wandel (mit Lukács gesprochen) keine neue Gattung erschafft, fällt bei Hölderlins Gleichstellung der drei Dichtarten in dieser Hinsicht auch das geschichtliche Motiv dahin: unabhängig von ihrem geschichtsphilosophischen Stellenwert lassen alle drei Dichtarten sich deduzieren, aus der je verschiedenen Konstellation derselben Töne ableiten. Doch gerade weil dergestalt die Verbindung zwischen Gattungspoetik und Geschichtsphilosophie zu schwinden droht, wird man fragen müssen, ob die historische Motivierung nicht auf andere Weise in Erscheinung tritt, nämlich als Wahlverwandtschaft von, auf eine bestimmte Konstellation von Tönen zurückgeführten, einerseits Dichtarten, andererseits geschichtsphilosophischen Perioden, die gleichfalls unter dem Gesichtspunkt der Töne oder doch ihnen analoger Momente, mit Schlegel gesprochen: der antiken oder der modernen, mit Hölderlins Termini: der griechischen und der hesperischen (d. h. abendländischen) Perioden begriffen werden. Die damit nur angedeutete Frage nach dem geschichtsphilosophischen Charakter von Hölderlins Gattungspoetik wird uns zum Schluß dieses Kommentars beschäftigen müssen.

Ist zunächst geklärt, welche Funktion die Begriffe des Naiven, Heroischen und Idealischen in der Bestimmung der Dichtarten bei Hölderlin haben, so muß nun naturgemäß die definitorische Frage an diese, die Dichtarten definierenden, Begriffe gerichtet werden: was heißt *naiv,* was heißt *heroisch,* was heißt *idealisch*? Und nicht bloß die Frage nach dem Begriffsinhalt ist zu stellen. Ebenso wichtig für das Verständnis der Hölderlinschen Gattungspoetik dürfte die Klärung der Herkunft dieser Begriffe sein, und zwar weniger im Sinne der Ideengeschichte, als der Genesis im Rahmen der Hölderlinschen Konzeption, die Frage also nach dem Ursprung, nach dem Ort, wo diese drei Begriffe zu Hause sind. Diese Frage gilt es noch vorgängig der Frage nach dem Begriffs*inhalt* zu klären. Dabei werden uns zwei weitere Homburger Fragmente wichtig, die von Hölderlin selber *Ein Wort über die Iliade*[159] und *Über die verschiednen Arten, zu dichten*[160] überschrieben sind. Obwohl diese Titel authentisch sind, treffen sie den Inhalt der Fragmente nur, wenn man sie austauscht: in dem Fragment *Über die Iliade* ist wohl von verschiedenen Arten, wenngleich nicht des Dichtens die Rede, mit keinem Wort aber von der *Ilias,* während das Bruchstück *Über die verschiednen Arten, zu dichten* eine einzige Dichtart behandelt, nämlich die epische, die es an der *Ilias* demonstriert. Der Grund solcher Verwirrung wird klar, sobald man sich die Manuskriptverhältnisse ansieht. Was *Ein Wort über die Iliade* heißt, ist der frühere der beiden Texte, Hölderlins Absicht mag eine Bestimmung des Epischen gewesen sein, er setzt aber mit einer Skizze drei verschiedener Arten, Typen, ein – und die Abhandlung bricht danach ab, ohne daß die Brücke zu Homer geschlagen worden wäre. Der spätere Text dagegen, *Über die verschiednen Arten, zu dichten* betitelt, fängt mit einer etwas ausführlicheren Darstellung des ersten, dem naiven Ton entsprechenden Typus an, dann fehlt ein Doppelblatt, das nach Beißners Vermutung die Charakteristik der beiden anderen Arten enthalten hat, und nun folgt eine Übertragung des von der ersten Art Gesagten

159 StA, Bd. 4, S. 226.
160 StA, Bd. 4, S. 228.

auf das epische Gedicht. Im Hinblick auf *Ein Wort über die Iliade* habe ich hier, mit Absicht, nicht von Dichtarten, sondern nur von Arten oder Typen gesprochen. Worauf sich diese, der gattungspoetischen Unterscheidung vorgeordnete, Differenzierung bezieht, wird schon aus dem ersten Satz des Bruchstücks klar, das seiner großen Bedeutung wegen in extenso zitiert sei:

Man ist manchmal bei sich selber uneins über die Vorzüge verschiedener Menschen, und fast in einer Verlegenheit, wie die Kinder, wenn man sie fragt, wen sie am meisten lieben unter denen, die sie nahe angehn, jeder hat seine eigene Vortreflichkeit und dabei seinen eigenen Mangel; dieser empfiehlt sich uns dadurch, daß er das, worinn er lebt, vollkommen erfüllt, indem sich sein Gemüth und sein Verstand für eine beschränktere, aber der menschlichen Natur dennoch gemäße Lage gebildet haben; wir nennen ihn einen natürlichen Menschen, weil er und seine einfache Sphäre ein harmonisches Ganze sind, aber es scheint ihm dagegen verglichen mit andern an Energie und dann auch wieder an tiefem Gefühl und Geist zu mangeln;

ein anderer interessirt uns mehr durch Größe und Stärke und Beharrlichkeit seiner Kräfte und Gesinnungen, durch Muth und Aufopferungsgabe, aber er dünkt uns zu gespannt, zu ungenügsam, zu gewaltsam, zu einseitig in manchen Fällen, zu sehr im Widerspruche mit der Welt;

wieder ein anderer gewinnt uns durch die größere Harmonie seiner inneren Kräfte, durch die Vollständigkeit und Integrität und Seele, womit er die Eindrüke aufnimmt, durch die Bedeutung, die ebendeswegen ein Gegenstand, die Welt, die ihn umgiebt, im Einzelnen und Ganzen für ihn hat, für ihn haben kan, und die dann auch in seinen Äußerungen über den Gegenstand sich findet, und wie die Unbedeutenheit uns mehr als alles andere schmerzt, so wäre uns auch der vorzüglich willkommen, der uns und das, worinn wir leben, wahrhaft bedeutend nimmt, so bald er seine Art zu sehen und zu fühlen uns nur leicht genug und gänzlich faßlich machen könnte, aber wir sind nicht selten versucht, zu denken, daß er, indem er den Geist des Ganzen fühle, das Einzelne zu wenig ins Auge fasse, daß er, wenn andere vor lauter Bäumen den Wald nicht sehn, über dem Walde die Bäume vergesse, daß er bei aller Seele, ziemlich unverständig, und deßwegen auch für andere unverständlich sei.

Wir sagen uns dann auch wieder, daß kein Mensch in seinem äußern Leben alles zugleich seyn könne, daß man, um ein Daseyn und Bewußtseyn in der Welt zu haben, sich für irgend etwas determiniren müsse, daß Neigung und Umstände den einen zu dieser, den andern zu einer andern Eigentümlichkeit bestimme, daß diese Eigentümlichkeit dann freilich am meisten zum Vorschein komme, daß aber andere Vorzüge, die wir vermissen, deßwegen nicht ganz fehlen bei einem ächten Karakter, und nur mehr im Hintergrunde liegen, daß diese vermißten Vorzüge [...]
[Hervorhebungen und Zeilenabschnitte von P. Sz.]

Hier bricht der Text in der rechten unteren Ecke des Blattes ab, so daß man annehmen darf, Hölderlin habe ihn weitergeführt, die Fortsetzung aber verschollen ist. Wenn der Verlust bei diesem Text weniger schmerzlich ist als bei mancher anderen der Homburger Schriften, so nicht bloß darum, weil das Bruchstück, so wie es überliefert ist, dem Verständnis keinerlei Schwierigkeiten bereitet. Es kommt hinzu, daß unsere Unkenntnis der Fortsetzung die Lektüre dessen, was wir kennen, zu einem hermeneutischen Erlebnis macht, insofern jeder Satz in der Schilderung der drei Charaktere und auch in der anschließenden Überlegung über das Nicht-alles-zugleich-sein-Können und das Dennoch-mehr-sein-als-was-man-zu-sein-scheint von Hölderlins Poetik her, wie sie unter anderem in dem Text *Über den Unterschied der Dichtarten* fixiert ist, einen zweiten, gleichsam allegorischen Schriftsinn erhält. Von Allegorie darf hier im übertragenen

Sinn vielleicht gesprochen werden, ist doch das von Hölderlin Beschriebene ein in sich Abgeschlossenes, ein anthropologisches System, das sich der Empirie par excellence, dem Umgang mit Menschen, verdankt – zugleich aber über sich hinausweist auf ein ideelles System, nämlich das spekulative der drei Dichtarten.

Es ist wohl nicht nötig, hier den Nachweis zu führen, daß der erste beschriebene Typus, der natürliche Mensch, dem *naiven;* der zweite, den Mut, Aufopferungsgabe und Widerspruch zur Welt kennzeichnen, dem *heroischen;* der dritte, der mit der Außenwelt kein harmonisches Ganzes bildet, die Harmonie vielmehr in sein Inneres hereingenommen hat, dem *idealischen* Ton in Hölderlins System der drei Töne entspricht. Wichtiger ist die Einsicht, daß Hölderlin, indem er die drei Töne und damit auch die drei Dichtarten – obwohl man bereits weiß, daß jene zu diesen in keinem einfachen Attributverhältnis stehen (das Epos ist nicht einfach das naive, die Tragödie das heroische Gedicht) – daß also Hölderlin, die Töne und die Dichtarten auf anthropologische Typen zurückführend, ein Programm Goethes verwirklicht, das er freilich schwerlich gekannt hat: das Programm nämlich, die Gesetze, wonach der Epiker und der Dramatiker zu handeln haben, *aus der Natur des Menschen herzuleiten,* wie es in dem Aufsatz von 1797 heißt. Aber die Nähe, in die wir Hölderlin zu Goethe für einen Augenblick rücken, zeigt nur um so deutlicher den in zweifacher Hinsicht von dem des Goetheschen Gedankens unterschiedenen Charakter dieses Rekurses auf die menschliche Natur. Erstens schildert Goethe nicht gewöhnliche Menschen, sondern den Rhapsoden und den Mimen, seine Typologie ist also bereits auf den Typus des Dichter-Wortkünstlers eingeschränkt, wobei diese beiden Arten, der Rezitator und der Schauspieler, die beide zugleich Dichter sein sollen, eher Geschöpfe der Phantasie als der empirischen Beobachtung sind. Zweitens, und dieser Unterschied ist der entscheidende: Goethe beschreibt nicht so sehr das Wesen als das Verhalten der beiden idealtypischen Gestalten, ihr Verhalten beim Vortrag ihrer Dichtwerke. Der Unterschied ist wichtig, weil die Charakteristik dadurch notwendig einschichtig wird, während Hölderlin die drei verschiedenen Menschen beschreibt, als schriebe er einen Roman im Stile der Zeit, die bekanntlich, wie kaum eine andere zuvor und danach, und im Gegensatz zur heutigen *Ära des Verdachts* – wie es Nathalie Sarraute formuliert hat, an den Mann mit Eigenschaften, nämlich mit genau beschreibbaren und analysierbaren, glaubte; und so kommt Hölderlin nicht bloß auf die manifesten Eigenschaften zu sprechen, auf das, was der Mensch zu sein scheint, sondern – zumindest generell – auf das Verborgene, das zu dem äußeren Schein nicht den ausschließenden Gegensatz, wohl aber das Gegengewicht bildet und den Menschen erst zu dem Ganzen macht, ohne das er – wie Hölderlin schreibt – kein *ächter Karakter* wäre. Es lohnt sich, diese Theorie und Analyse des Komplementären näher zu betrachten, die das psychologische Korrelat ist zu der poetologischen Konzeption, die schon in den ersten drei Sätzen des Aufsatzes *Über den Unterschied der Dichtarten* bündig formuliert wird. Mit dem Blick darauf beginnt das Fragment: *jeder hat seine eigene Vortreflichkeit und dabei seinen eigenen Mangel.* Die drei Porträts nennen ebenso die Eigenschaften, die zutage liegen, als die, die zu fehlen scheinen – der letzte Abschnitt erklärt dann nicht bloß die Notwendigkeit dieser Determination (Etwas-Sein ist immer zugleich Ein-anderes-nicht-Sein), bricht aber (da das nächste Blatt, wie gesagt, verloren ist, wohl zufällig) an eben der Stelle ab, die die ursprüngliche Einsicht in den notwendigen Mangel korrigiert und das scheinbar (der Aufsatz sagt: *dem Schein nach*) Fehlende als im Hintergrund gegeben setzt. So mangelt es, wie Hölderlin zunächst schreibt, dem naiven Menschen an Energie – d. h. am Heroischen – und an tiefem Gefühl und Geist – d. h. am Idealischen. Der heroische Charakter ist, nach dem Wortlaut des Aufsatzes, *zu gespannt, zu ungenügsam, zu gewaltsam, zu einseitig,* er ist *zu sehr im Widerspruche mit der Welt* – ihm fehlt also die Ruhe, die Harmonie, die Ganzheit, die den naiven Menschen realiter, den idealischen in der Idee kennzeichnen. Der idealische Mensch schließlich, indem er den *Geist des Ganzen* fühlt, faßt das Einzelne zu wenig ins Auge, so daß man, Hölderlin zufolge, nicht selten versucht ist, zu denken: daß er *ziemlich unverständig und deßwegen auch für andere unverständlich* sei.

Das letzte Wort *unverständlich* ist in den drei Charakteristiken wohl das einzige, das, indem es die Frage nach Kommunikation, nach Ausdruck und Sprache stellt, über die Porträtierung dreier verschiedener Menschentypen hinaus auf das Problem der Dichtung weist. Man mag damit erklären, daß hier von dem geistigen, nicht vom natürlichen oder dem gegen die Welt ankämpfenden Typus die Rede ist. Dennoch ist anzumerken, daß die Verbindung, die zwischen diesem letzten, und nur diesem, Menschentypus und der Poesie sich herstellt, ein Zeichen ist dafür, daß Hölderlin sich selbst als diesem Typus zugehörig, als »dem Schein nach« idealischen Menschen begreift. Wir werden zu zeigen haben, inwiefern dieses Selbstverständnis nicht bloß ein psychologisches, sondern auch ein geschichtsphilosophisches ist, indem die zur Korrektur der Einseitigkeit geforderte Dialektik von Idealischem und Naivem nicht bloß das Strukturgesetz des lyrischen Gedichts, von Hölderlins späten Hymnen, abgibt, sondern zugleich die poetologische Entsprechung jener anderen Dialektik ist, die Hölderlin in dem Brief an Böhlendorff vom 4. Dezember 1801 als die von Eigenem und Fremdem für den abendländischen, für den hesperischen Menschen behauptet und der des griechischen, an Homer exemplifizierten, entgegensetzt.

Ist der Abdruck des Hölderlinschen Fragments auch ein Werk des Zufalls, d. h. möglicherweise nur Abbruch in der Überlieferung, nicht auch in der Konzeption und im Schreiben, so darf doch behauptet werden, daß Hölderlin, von den *vermißten,* aber nur dem Schein nach fehlenden Vorzügen sprechend, auf das Problem zu sprechen kommt, um das seine ganze Reflexion in der Homburger Zeit kreist, auf das Problem, als dessen theoretische Lösung die Lehre vom Wechsel der Töne anzusehen ist, während die mehr private, zugleich aber stilgeschichtlich bedeutungsvolle, Lösung des Problems der Verzicht auf Vollendung des *Empedokles* als eines klassizistischen Dramas ist sowie die Konzeption eines hesperischen (modernen) Stils, der den Klassizismus überwindet, ohne der Antike den Rücken zu kehren – eine Konzeption, welche in dem Brief Hölderlins an Böhlendorff vom 4. Dezember 1801 dargelegt wird und in der Forschung lange Zeit als »abendländische Wendung« oder »vaterländische Umkehr« verstanden oder genauer: mißverstanden wurde.[161] (*Vaterländische Umkehr* ist übrigens ein Wort Hölderlins, meint aber im Kontext der *Anmerkungen zur Antigonä* etwas anderes.)

Wie bereits erwähnt, spricht Hölderlin bei dem dritten Porträt, dem des »idealischen« Menschen, besser: des Menschen, bei dem der idealische Ton im Vordergrund steht, ohne Zweifel zugleich von sich selber, und zwar von sich selber nicht als Person, sondern als Dichter. Die letzten Zeilen dieses Porträts, die als die einzigen im Fragment das Problem der Sprache, der Kommunikation berühren, leiten direkt zu den Ausführungen eines Briefes über, den Hölderlin am 12. November 1798 aus Homburg an seinen Freund Neuffer geschrieben hat. Da dieser Brief, wie kaum ein

161 Vgl. dazu P. Szondi, *Überwindung des Klassizismus. Der Brief an Böhlendorff vom 4. Dez. 1801.* In: *Hölderlin-Studien,* a.a.O., S. 95 ff.

anderes Zeugnis, den Zusammenhang verdeutlichen kann, der bei Hölderlin zwischen dem psychologischen Selbstverständnis, seinem Verständnis der Gattungsunterschiede und seiner geschichtsphilosophischen Konzeption besteht, möchte ich hier einen längeren Abschnitt aus ihm zitieren:

Das Lebendige in der Poësie ist jezt dasjenige, was am meisten meine Gedanken und Sinne beschäfftigt. Ich fühle so tief, wie weit ich noch davon bin, es zu treffen, und dennoch ringt meine ganze Seele danach und es ergreift mich oft, daß ich weinen muß, wie ein Kind, wenn ich um und um fühle, wie es meinen Darstellungen an einem und dem andern fehlt. [...] *Es fehlt mir weniger an Kraft, als an Leichtigkeit, weniger an Ideen, als an Nüancen, weniger an einem Hauptton, als an mannigfaltig geordneten Tönen, weniger an Licht, wie an Schatten, und das alles aus Einem Grunde; ich scheue das Gemeine und Gewöhnliche im wirklichen Leben zu sehr. Ich bin ein rechter Pedant, wenn Du willst. Und doch sind, wenn ich nicht irre, die Pedanten sonst so kalt und lieblos, und mein Herz ist doch so voreilig, mit den Menschen und den Dingen unter dem Monde sich zu verschwistern. Ich glaube fast, ich bin aus lauter Liebe pedantisch, ich bin nicht scheu, weil ich mich fürchte, von der Wirklichkeit in meiner Eigensucht gestört zu werden, aber ich bin es, weil ich mich fürchte, von der Wirklichkeit in der innigen Theilnahme gestört zu werden, mit der ich mich gern an etwas anderes schließe; ich fürchte, das warme Leben in mir zu erkälten an der eiskalten Geschichte des Tags und diese Furcht kommt daher, weil ich alles, was von Jugend auf zerstörendes mich traf, empfindlicher als andre aufnahm, und diese Empfindlichkeit scheint darinn ihren Grund zu haben, daß ich im Verhältniß mit den Erfahrungen, die ich machen mußte, nicht fest und unzerstörbar genug organisirt war. Das sehe ich. Kann es mir helfen, daß ich es sehe? Ich glaube, so viel. Weil ich zerstörbarer bin, als mancher andre, so muß ich um so mehr den Dingen, die auf mich zerstörend wirken, einen Vortheil abzugewinnen suchen, ich muß sie nicht an sich, ich muß sie nur insofern nehmen, als sie meinem wahrsten Leben dienlich sind. Ich muß sie wo ich sie finde, schon zum voraus als unentbehrlichen Stoff nehmen, ohne den mein Innigstes sich niemals völlig darstellen wird. Ich muß sie in mich aufnehmen, um sie gelegenheitlich (als Künstler, wenn ich einmal Künstler seyn will und seyn soll) als Schatten zu meinem Lichte aufzustellen, um sie als untergeordnete Töne wiederzugeben, unter denen der Ton meiner Seele um so lebendiger hervorspringt ...*[162] [Hervorhebungen von P. Sz.]

Das entscheidende Moment in dem Bild, das Hölderlin, diesem Brief zufolge, von sich selbst hat, ist nicht so sehr eine Eigenschaft als vielmehr eine Tendenz, nämlich der Drang, *mit den Menschen und den Dingen unter dem Monde sich zu verschwistern*, sich *an etwas anderes mit innige* [r] *Teilnahme* anzuschließen. Diesem Streben nach Partizipation entspricht jene *größere Harmonie* der *inneren Kräfte*, die *Vollständigkeit und Integrität der Seele*, womit der an dritter Stelle beschriebene Typus des Fragments *Über die Iliade* die *Eindrücke aufnimmt*, entspricht *die Bedeutung, die* [...] *ein Gegenstand, die Welt, die ihn umgiebt, im Einzelnen und Ganzen für ihn hat ...* Aber wie dort bedacht wird, daß dieser Typus, *indem er den Geist des Ganzen fühlt, das Einzelne zu wenig ins Auge* faßt, so sagt Hölderlin im Brief an Neuffer, daß sein Herz diese Verschwisterung *voreilig* sucht, d. h. die empirische Wirklichkeit überspringt und die Harmonie bloß als eine ins Innere gewandte, als eine ideelle sucht und realisiert. Wird die Harmonie nur als ideelle zu realisieren versucht, so darum, weil befürchtet wird, die ihr entgegenstehende, nüchterne (Hegel wird sagen: *prosaische*) Wirklichkeit würde ihre Realisierung vereiteln. Indem aber die Harmonie unter Absehung von der Realität, als

162 StA, Bd. 6, 1, S. 289 ff.

ideelle, realisiert werden soll, wird der Weg der Realisierung gerade verstellt. Denn eine so konzipierte Harmonie ist trotz ihrer Realisierung in der Sprache, wie Hölderlin im Fragment schreibt, für andere unverständlich und läßt, so sagt es der Brief an Neuffer, den Ton der Seele nicht lebendig werden. Das Lebendige ist aber das Reale und Konkrete. Nicht als Dogmatiker wendet sich Hölderlin vom idealischen Ton seiner in Schillers Nachfolge stehenden Hymnen und von dem mit der Weimarer Klassik übereinstimmenden *Empedokles*-Drama, es unvollendet lassend, ab, nicht oder nicht nur aus der theoretischen Einsicht heraus, welche ihn mit Hegel verbindet: daß nur das Ganze das Wahre ist, das Ganze es aber nur als Vermitteltes, d. h. nicht als Apriorisches, Abstraktes, sondern als Konkretes ist. Vielmehr gelangt Hölderlin als Kritiker der eigenen Dichtung zur Überzeugung, daß seine Dichtung kein Leben hat, d. h. abstrakt ist, wenn sie nicht die Spannung zwischen dem Eigenen und dem Fremden, dem Ton seiner Seele und der Stimme der Wirklichkeit, in sich hereinnimmt, austrägt und zu einem dritten Ton überwindet, der die beiden antinomischen Töne miteinander vermittelt. So wird der Wechsel der Töne zum Gesetz von Hölderlins später Dichtung, die Spannung von Grundton und Kunstcharakter zu deren Struktur, und der *Geist,* der den jeweils dritten Ton in das Werk einführt, zu der Instanz, welche den Widerspruch auflöst und so die Einheit des Antinomischen als vermittelte verbürgt.

Ist es auch wichtig, den Zusammenhang von Hölderlins Selbstkritik in der Homburger Zeit einerseits und seiner Doppelkonzeption des Wechsels der Töne und der griechisch-abendländischen Dialektik von Eigenem und Fremdem, wie sie der Brief an Böhlendorff andererseits darlegt, zu verstehen, so wird man doch der Selbstdarstellung um des richtigen Verständnisses dieser Konzeption willen nicht das letzte Wort lassen können. Denn erstens entspricht dem, was Hölderlin im Brief an Neuffer den Ton seiner Seele nennt, in der Lehre vom Wechsel der Töne auf verwirrende Weise der Kunstcharakter und in der Theorie des Eigenen und Fremden, paradoxer noch, das Fremde, wo man doch dort eher die Grundstimmung, hier eher das Eigene, als dem Ton der Seele entsprechend, erwartet haben würde. Zweitens, und diese Differenz gegenüber dem Brief ist die entscheidende, weil sie auch durch ein richtiges Verständnis von Hölderlins Selbstdarstellung nicht aus der Welt zu schaffen ist. Das andere, dessen Einbeziehung Hölderlin postuliert, verhält sich zu dem, das ihn an sich selber nicht befriedigt, in dem persönlichen Brief an Neuffer wesentlich anders als in den beiden theoretischen Konzeptionen. Das Verhältnis von Fremdem und Eigenem entspricht dem von Kunstcharakter und Grundstimmung, nicht aber dem Verhältnis, das Hölderlin im Brief als das Verhältnis vom Ton seiner Seele und den untergeordneten Tönen der Welt bezeichnet und in der Metapher der Relation von Licht und Schatten verdeutlicht.

Die zweifache Paradoxie: daß dem Ton der Seele, jenem voreiligen Drang nach Teilhabe, nach Verschwisterung, in der poetischen Theorie nicht die Grundstimmung, sondern der Kunstcharakter; und in der geschichtsphilosophischen Konzeption des Böhlendorff-Briefes nicht das Eigene, sondern das Fremde entspricht – diese Paradoxie wird hinfällig, sobald man sich klarmacht, daß Hölderlin an sich selbst nicht das hervorhebt, was er ist, sondern was er haben möchte.

Er kennzeichnet sich durch ein Streben, das ihn über seine Gegenwart und Umwelt, also seinen Ursprung, hinwegheben soll, durch jenen Aufschwung zu den Ideen, der etwa seine Hymnen an die Menschheit, an die Schönheit, an die Freiheit, an die Freundschaft, an die Liebe, an den Genius der Jugend bestimmt, die alle Anfang der 90er Jahre entstehen. Ist das auch der Ton seiner Seele, so ist es doch nicht das, was ihm primär eigen ist, nicht sein Ursprung, sondern das Fremde, zu dem er vor seinem Ursprung flieht. Dieses

Eigene als die Bedingung seiner Existenz nennt er in dem Brief an Neuffer das wirkliche Leben, dessen gemeine und gewöhnliche Züge er scheut, von dem er bislang gefürchtet hat, es könne sein idealisches Streben vereiteln. So entspricht in der Konzeption des ersten Böhlendorff-Briefes die empirische Welt dem Eigenen, Nationellen (für Hölderlins Welt: der Nüchternheit, für die Griechen: dem heiligen Pathos), und sie entspricht in der poetischen Theorie der Grundstimmung, der Bedeutung, die beim lyrischen Gedicht naiv ist. Der Ton seiner Seele dagegen, der nach der Lehre von den drei Tönen der idealische ist, entspricht dem Fremden, das, wie der Brief an Böhlendorff bedeutet, den Kunstcharakter ausmacht: das Pathos in der Moderne; die Präzision, die Nüchternheit epischer Darstellung, bei den Griechen.

Ist so die Entsprechung der drei in sich antinomischen Konzeptionen, nämlich 1. der eigenen Entwicklung, 2. der Struktur des Gedichts und 3. des Verhältnisses von Hellas und Hesperien deutlich geworden, so dürfte nun auch jene wiederum alle drei Konzeptionen treffende Einsicht verständlich sein, die man als Wendung oder Umkehr, weg von der Antike oder auch zu der Antike hin mißverstanden hat. Es ist indessen keine Abkehr von etwas, keine Änderung der Richtung, sondern die Einsicht, daß es nicht genügt, irgendwohin zu gehen; daß man, um anzukommen, sich selber mitnehmen muß, nämlich das, was man von Hause aus ist, auch wenn man es nicht mehr sein möchte: seinen Ursprung. Es handelt sich um eben jenen Gegensatz, der zwischen der Selbstdeutung des Briefes an Neuffer einerseits und der Deutung der Poesie in dem Brief an Böhlendorff sowie in der Lehre vom Wechsel der Töne andererseits besteht. Der Brief an Neuffer sieht diesen Ursprung, das Zerstörende einer prosaischen Welt, nur als Schatten. Zwar findet auch hier die Einsicht in ihre Notwendigkeit statt: Hölderlin begreift, daß diese »Prosa der Verhältnisse« ein *unentbehrlicher Stoff* ist, *ohne den* [sein] *Innigstes sich nie-*

mals völlig darstellen wird, aber sie bleibt ihm Schatten, ein nicht »an sich« wertvoller Akkord untergeordneter Töne, *unter denen der Ton* [seiner] *Seele um so lebendiger* hervorspringen soll. Anders in den beiden objektivierten Konzeptionen: der poetologischen und der geschichtsphilosophischen. Sowenig wie in der Lehre vom Wechsel der Töne deutet im Brief an Böhlendorff etwas auf die Priorität des Kunstcharakters gegenüber der Grundstimmung (des Scheins gegenüber der Bedeutung) oder des Fremden gegenüber dem Ursprung. Bestimmend für die Kunst ist zwar das Erstere: daher der Ausdruck *Kunstkarakter* in der Lehre vom Wechsel der Töne und der Hinweis auf Homers Leistung: er habe für sein Apollonsreich (also für das Reich des Feuers vom Himmel, des Pathos, das für Hölderlin als das Nationelle der Griechen gilt) die Klarheit der Darstellung, den naiven Ton erbeutet, jene abendländische Nüchternheit, die *abendländisch* heißt, weil sie für Hölderlin zugleich das Eigene, der Ursprung Hesperiens, des Abendlandes, ist.

Diese Einsicht aber, die keine Wendung und keine Umkehr ist, hat zum Inhalt die Dialektik, die Einheit dieses Gegensatzes, das Aufeinanderangewiesensein seiner beiden Glieder. Sowenig Homer dem naiven Kunstcharakter seiner Epen deren Ausgangspunkt (die *Bedeutung*), nämlich das heroische Gegeneinander *großer Bestrebungen* geopfert hat, sowenig darf, so betont es der Brief an Böhlendorff, über dem Erlernen des Fremden das Eigene vergessen werden, dessen freier Gebrauch also nicht mehr das Ausgeliefertsein an ihn, sondern seine reflektierte Verwendung als eines Momentes im Kunstwerk, das Schwerste sein soll.

Diese Einsicht verbindet die Selbstdeutung des Briefes an Neuffer mit den zwei theoretischen Entwürfen trotz der Differenz, welche diese, was die Bewertung des Anderen, des zum Ton der Seele Hinzuzunehmenden betrifft, von jener – der Selbstdeutung – trennt. Man kann diese Differenz nicht leugnen, wohl aber erklären. Dabei spielt sowohl der Kontext als auch die Chronologie eine Rolle. Der Brief an Neuffer stammt, wie die Ausführungen über den Wechsel der Töne und der Aufsatz über den Unterschied der Dichtarten (der die Anwendung der Lehre vom Wechsel der Töne auf die Gattungspoetik ist) aus der Homburger Zeit, in der eine chronologische Ordnung der theoretischen Schriften nur in einzelnen Fällen möglich ist. Der Brief an Böhlendorff hingegen, ein persönliches Schreiben wie das an Neuffer, aber im Ton ungleich objektiver, an die theoretischen Darlegungen der Homburger Schriften anknüpfend, stammt aus dem Dezember des Jahres 1801. So läßt sich zur Erklärung jener Differenz vielleicht anmerken, daß die negative Bewertung der nüchternen Welt im Brief an Neuffer (eine Bewertung, die, wohlverstanden, keine Ablehnung ist, vielmehr mit der Einsicht in deren Notwendigkeit verknüpft, wenn auch nur als eines Schattens), daß diese Einsicht der Lehre vom Wechsel der Töne sich aller Wertung entledigt, weil hier nicht mehr von Hölderlin selbst, auch nicht bloß von der Dichtung seiner Zeit, sondern von einem System der Dichtarten, und zwar sowohl der Moderne als auch der Antike, die Rede ist – ohne daß dies freilich, wie noch zu zeigen ist, den Verzicht auf die geschichtsphilosophische Begründung der Gattungspoetik, auf die Konzeption der Gattungen als historischer, bedeuten würde. Andererseits erklärt sich der Unterschied, der zwischen dem Brief an Neuffer von 1798 und dem an Böhlendorff von 1801 besteht, aus der Objektivierung, die nun nicht dem Kontext, dem theoretischen Rahmen, sich verdankt, sondern der Tatsache, daß Hölderlin dank der Lehre vom Wechsel der Töne, deren persönliche Wurzel und persönliche Notwendigkeit der Brief an Neuffer ja offenbart, das Problem seines Dichtens gelöst hat. Zwar ist in dem Brief von 1798 der Weg bereits gesichtet, die Notwendigkeit begriffen, die idealische Dichtung mit der Nüchternheit der Welt, die einst als zerstörende gemieden wurde, zu vermitteln, aber der Ton des Briefes ist von Verzweiflung nicht frei. Die Verzweiflung entspringt nicht der Ratlosigkeit, aber der Problematik des Rates, den Hölderlin sich gegeben hat: diese Problematik wird erst schwinden, wenn die Nüchternheit aufhört, ihm als zerstörende zu erscheinen, wenn er sie als einen der drei Töne begreift, aus deren – wie es im Böhlendorff-Brief heißen wird – lebendigem Verhältnis, aus deren Konzert, das Kunstwerk, das antike wie das moderne, sein Leben hat.

Dies zur Erklärung der Differenz des Briefes an Neuffer und den beiden anderen Zeugnissen. Aber auch zwischen diesen letzteren besteht eine leichte Differenz, die sie einander entfremden könnte. Wurde bis jetzt vor allem das lyrische Gedicht und die Dialektik von Eigenem und Fremdem in der hesperischen Welt zum Exempel genommen, so soll dieser zweite Unterschied am Beispiel des Epos und der Dialektik von Eigenem und Fremdem, wie sie für die Griechen bestimmend wurde, verdeutlicht werden. Über das epische Gedicht heißt es: *Das epische, dem Schein nach naive Gedicht ist in seiner Bedeutung heroisch. Es ist die Metapher großer Bestrebungen.* Über Homer, mit dessen Werk die epische Dichtart mehr noch als die dramatische mit dem Werk des Sophokles für die Gattungspoetik zusammenfällt, schreibt Hölderlin an Böhlendorff:

Die Griechen [sind] *des heiligen Pathos weniger Meister, weil es ihnen angeboren war, hingegen sind sie vorzüglich in Darstellungsgaabe, von Homer an, weil dieser außerordentliche Mensch seelenvoll genug war, um die abendländische Junonische Nüchternheit für sein Apollonsreich zu erbeuten, und so wahrhaft das fremde sich anzueignen.*[163]

Die Differenz beider Texte rührt lediglich vom Unterschied der Gesichtspunkte her: in dem Text über die Dichtarten ist es der definitorische Aspekt, der das Kunstwerk bestimmt, indem er ihm auf den Grund schaut; in dem Brief an Böhlendorff ist es der genetische in dem doppelten Sinn, daß

163 StA, Bd. 6, 1, S. 426.

geschichtsphilosophisch die griechische Dichtung von ihrem Ursprung her begriffen werden soll, zugleich aber die Frage nach der dichterischen Produktion gestellt wird, nach ihrem Ausgangspunkt und nach ihrem Ziel. So geht der zweite Satz des Fragments über die Dichtarten den definitorischen Weg in drei Etappen: zuerst wird gesagt, was das epische Gedicht *dem Schein nach* ist, nämlich naiv (dem entspricht die Nüchternheit des Böhlendorff-Briefes); dann wird hinter diesen Schein zurückgefragt nach der *Bedeutung* des Werkes: diese wird als heroische angegeben (der heroische und der idealische Ton entsprechen zusammen dem heiligen Pathos, dem Feuer vom Himmel), wobei man das Heroische, das Spannungsgeladene dem Blitz, das Idealische, Geistige der Sonne zuordnen darf, die beide, wie ihre Götter: Zeus und Apollon, von Hölderlin zusammengesehen und Juno gegenübergestellt werden, welche die Göttin der Erde ist, weshalb denn die Nüchternheit bei ihm die junonische heißt. Dann erst folgt die eigentliche Definition: das epische Gedicht ist die *Metapher großer Bestrebungen*. D. h.: im epischen Gedicht werden die großen Bestrebungen, das Heroische, übertragen (das bedeutet ja das griechische Wort), sie werden transponiert in die Präzision der Darstellung, in die Nüchternheit, in das Naive. Für den Begriff »Bedeutung« besagt das aber, daß Bedeutung nicht ein Letztes, sondern ein Erstes ist. In einer Auseinandersetzung mit dem Ryanschen Buch über den Wechsel der Töne schreibt Jürg Peter Walser: *Die erste Leistung des poetischen Verfahrens, das Grund-Geben, die Begründung oder Bedeutung, wird* [bei Ryan] *nicht exakt genug erörtert: Bedeutung wird diskussionslos eingeführt. Be-deutung* [bei Walser mit Bindestrich] *heißt aber: die Begründung gibt dem Geist »die Richtung auf« den Stoff, d. h. den Kunstkarakter hin.*[164] Obwohl es Walser nicht ganz gelingt, die in das etymologische Bad, auch Heidegger-

164 *Hölderlins Archipelagus.* Zürich 1962, S. 214 f.

sche Lösung genannt, getauchten Wörter *Begründung* und *Bedeutung* auf Grund dieser Behandlung als Synonyma zu erweisen, dürfte seine Auffassung im wesentlichen richtig sein. Und wirkt seine Gleichsetzung von Kunstcharakter und Stoff zunächst verwirrend, weil man Kunstcharakter mehr mit Sprache, Stil, Form zu verknüpfen und der Fabel, dem Stoff entgegenzusetzen bereit wäre, so liegt dem eine bei Hölderlin völlig irrelevante Vorstellung vom dichterischen Prozeß zugrunde, nach der dieser die Gestaltung eines thematischen Vorwurfs wäre, die Benutzung, die Aktualisierung einer überlieferten Form für einen bestimmten Stoff. Der Prozeß des Dichtens, dessen Theorie bei Hölderlin in dem großen Aufsatz *Über die Verfahrungsweise des poetischen Geistes* festgehalten ist, läßt sich bei ihm – ohne daß wir hier auch nur die Grundzüge seiner Konzeption kommentieren könnten – für unsere Fragestellung so beschreiben, daß der Grund oder die Bedeutung als das Primäre nicht die Fabel ist, sondern das, wofür die Fabel und der Stil erst gefunden werden müssen, ein Außer- oder besser: Vorkünstlerisches. Das erklärt auch, daß das andere Moment in der Struktur des Kunstwerks, sein Telos, Kunstcharakter heißt, es ist das, was dem Grund, der Bedeutung, den Charakter des Künstlerischen gibt, sie der Kunst zuführt. Darum darf Walser Kunstcharakter und Stoff bei Hölderlin gleichbedeutend setzen, wie übrigens schon in den Gegensatzpaaren bei Friedrich Schlegel der Form bzw. der Tendenz der Stoff in der Antike, der Ton in der Moderne gegenüberstehen. Hegels Terminologie in der *Ästhetik*, die als Inhalt nicht etwa den Inhalt des einzelnen Werkes bezeichnet, also den Stoff, die Fabel, sondern den allgemeinen Geist, der sich in ihm ausdrückt, mag die Hölderlinsche Terminologie auf zweifache Weise stützen: 1. weil sie gleichfalls Stoff nicht als ein Primäres, sondern als ein Sekundäres sieht und 2. indem sie an den Anfang ein Allgemeines setzt, dessen »Inhalt« man heute – wie den Hölderlinschen Ausdruck *Bedeutung* – ebenfalls mehr auf ein

Besonderes, d. h. auf das besondere einzelne Kunstwerk zu beziehen pflegt. Das Wort, das im heutigen Wortgebrauch für dieses Allgemeine vorgesehen ist, das Wort *Geist,* stellt sich freilich auch bei Hölderlin ein, aber – das ist entscheidend – nicht als ein Erstes, sondern als ein Letztes, nämlich als die Versöhnung von Grund und Kunstcharakter, von Bedeutung und Schein, als die Auflösung des Widerspruchs. Ist der Kunstcharakter der besondere, der konkrete Schein des Allgemeinen und Abstrakten, das Grundstimmung heißt, so ist Geist das, wozu die beiden Momente, die beiden Töne, beim Epos der heroische und der naive, sich miteinander vermitteln, in dem sie aufgehoben werden: beim Epos ist es der dritte, der idealische Ton. Es ist dieses dritte Moment in der Struktur des Kunstwerks, das uns vollends erlaubt, die Lehren vom Wechsel der Töne und vom Unterschied der Dichtarten zusammenzusehen mit der geschichtsphilosophischen Konzeption des Briefes an Böhlendorff und so Hölderlins Gattungspoetik als eine historisch geprägte, historisch intendierte zu begreifen.

Der Aufsatz *Über den Unterschied der Dichtarten* fährt nach den ersten Definitionen dergestalt fort, daß in je einem Abschnitt die Definitionen der Dichtarten begründet, dann aber auch ergänzt und eingeschränkt werden. Die Ergänzung betrifft das dritte Moment, den *Geist,* mit dem zugleich der noch fehlende dritte Ton (es ist in jeder der drei Dichtarten ein anderer) in die Konstellation der Töne eingeführt wird. Indem das Begriffspaar der Kriterien: *Bedeutung* und *Schein* zur Trias erweitert wird, treten auch neue Namen auf; die eine Reihe haben wir schon verwendet: *Grund* (oder *Grundstimmung*), *Bedeutung, Kunstkarakter, Schein* und *Geist.* Die dritte Nomenklatur lautet in dieser Reihenfolge: *Nachdruk, Richtung* und *Verweilen* (oder *Haltung*). In dem Begriff *Verweilen* wie in dem analogen der *Haltung* drückt sich die Konstanz, das Durchgängige aus, das dem dritten, dem vermittelnden, den Gegensatz aufhebenden, d. h. sowohl auflösenden als auch perpetuierenden, Moment, dem Geist, eigen sein muß. Der Begriff *Richtung*, für *Kunstkarakter*, bestätigt nachträglich die Richtigkeit der Erklärung, daß der *Kunstkarakter* Tendenz ist im Sinne des Böhlendorff-Briefes, d. h. das Fremde, nach dem der an seinem Ursprung Leidende, ihm Verhaftete, strebt; was uns den scheinbaren Widerspruch der Identität von Ton der Seele und Fremdem auslösen half; der Begriff *Nachdruk, Bedeutung* läßt sich als Akzent, als Intention verstehen: worauf er fällt, ist die Grundstimmung, die in das Kunstwerk eingehen soll, darein aber nur eingehen kann verwandelt, transponiert in das Andere: der naive Ton in den idealischen (Lyrik), der heroische in den naiven (Epos), der idealische in den heroischen (Tragödie), was die Auffassung der Kunst als einer Metapher in diesem strengen Wortsinn (der nichts mit »Bild« gemein hat) legitimiert.

Dies die Ergänzung. Die Einschränkung ist eine der Gültigkeit der Definition, indem Hölderlin erkennt, daß innerhalb der einzelnen Dichtarten verschiedene Möglichkeiten bestehen, und zwar wiederum drei, in denen sich die Einteilung in drei Dichtarten gleichsam spiegelt. Ganz analog heißt es in einem schon zitierten Fragment von Friedrich Schlegel, es gebe *unter den Romanen eine lyrische – epische – dramatische Gattung.*[165] Diese Spezifikation bildet jeweils den zweiten Teil der näheren Behandlung der drei Dichtarten, beginnend für die Lyrik *(Ist sein Grundton jedoch heroischer ...)*[166], dann für das Epos *(Ist sein Grundton, der wohl auch verschiedener Stimmung seyn kann ...)*[167] und schließlich für die Tragödie.[168] Auf diese Unterteilung kann hier kaum mehr eingegangen werden. Sie ist wichtig nicht nur wegen des angedeuteten und auch bei Schlegel auftretenden Spiegelungs- oder Potenzierungscharakters. Für das Verständnis der Hölderlinschen Gattungspoetik ist sie zugleich deshalb unschätzbar, weil erst hier konkrete Bei-

165 LN, Nr. 1063, S. 114.
166 StA, Bd. 4, S. 266, Z. 23.
167 StA, Bd. 4, S. 267, Z. 13.
168 StA, Bd. 4, S. 270, Z. 14.

spiele gegeben werden: die Pindarische Hymne *an den Fechter Diagoras* (es ist die siebente Olympische), in dem letzten Bruchstück die *Antigone* und der *Oedipus* als Beispiele lyrischer bzw. tragischer Tragödie. (Es wäre zu zeigen, inwiefern der Anlaß des ersten Briefes an Böhlendorff dessen dramatische Idylle *Fernando oder die Kunstweihe* die epische Art der Tragödie vertritt: darauf deutet schon das Wort *Idylle*, dem naiven Ton zugehörig, welcher ja der Kunstcharakter des Epos ist, dann aber auch Hölderlins Bemerkung, Böhlendorff habe sein Drama *episch* behandelt.) Ist hier auch nicht der Ort, den einzelnen Formen der Dichtarten nachzugehen, so sei doch ein Wort zu dem ersten Beispiel Hölderlins, der siebenten Olympischen Ode gesagt, weil daraus erhellt, wie präzis die bislang möglicherweise allzu abstrakt erscheinenden Definitionen dieses Aufsatzes aus dem einzelnen Kunstwerk sich ableiten lassen, d. h. auf welchem Wege Hölderlins Lehre, die in den ersten Sätzen des Aufsatzes in knappen Formeln gefaßt ist, wieder aufgelöst werden kann in die Erkenntnis, der sie entsprang und in die sie, wie alle Interpretation, erst zurückübersetzt werden muß, um verständlich zu werden. Die 7. Olympische Hymne beginnt (in der Übersetzung Wolfgang Schadewaldts) mit den Versen:

Wie wenn eine Schale einer von reicher Hand
Ergreift, die drinnen schäumt vom Tau des Weinstocks,
Und wird sie schenken,
Dem jungen Eidam zutrinkend von Haus zu Haus: [...]

Nach weiteren sechs Versen, welche die Szene ausmalen, setzt die Gegenstrophe mit den Worten ein:

So sende auch ich ergossenen Nektar,
Der Musen Gabe, preistragenden Männern,
Die süße Frucht des Sinnens[169]

169 In: Pindar, *Siegeslieder*, Deutsche Übertragungen, zusammengest. von U. Hölscher, Frankfurt a. M. 1962, S. 24.

Da wir hier nicht Pindar, sondern Hölderlins Pindar-Verständnis interpretieren, ist es erlaubt, bereits an dieser Stelle auf die Verwandtschaft dieser Hymne Pindars mit Hölderlins Hymne *Wie wenn am Feiertage...* hinzuweisen. Die Verwandtschaft geht über die Identität des Eingangs *Wie wenn...* im doppelten Sinn hinaus. Die Identität des Eingangs, weit davon entfernt, Zufall zu sein, ist ein Hommage à Pindare – mit diesem Hommage beginnt Hölderlin die erste seiner von Pindar bestimmten, durch Pindar ermöglichten späten Hymnen, die sich von den frühen, Schillerschen, nicht bloß unterscheiden, sondern die Lösung darstellen für das Problem, in das Hölderlin nach dem Ausweis des Briefes an Neuffer vom 12. November 1798 geraten war, das Problem des rein idealischen Stils, den jene Hymnen wie auch das spätere *Empedokles*-Drama verkörpern.
Eine Lösung aber ist das Pindarische Modell in der zweifachen Hinsicht, daß es sowohl den naiven als auch den heroischen Ton zu dem idealischen Ton der Hölderlinschen Dichtung, dem *Ton seiner Seele* hinzufügt und mit ihm vermittelt. Die siebente Olympische spezifiziert nach Hölderlins Verständnis das in dem allerersten Satz des Fragments *Über den Unterschied der Dichtarten* definitorisch Gesagte in dem Sinn, daß trotz der *naiven Bedeutung*, dem *idealischen Schein* und, wie aus dem späteren zu ergänzen ist – dem *heroischen Geist*, hier mit einer Strophe eingesetzt wird, die einen *heroischen Grundton* und einen *naiven Kunstcharakter* hat. Dasselbe läßt sich von der Hymne *Wie wenn am Feiertage...* sagen. Und in beiden Gedichten kann diese Bestimmung stilistisch-thematisch aus dem Text heraus verständlich gemacht werden. Naiv ist der Kunstcharakter beider Strophen, der Pindarischen und der Hölderlinschen, weil die Transposition, die Metapher durch einen Vergleich zustande kommt: das, worein transponiert wird, ist die Sphäre des sinnlichen Bildes (die Szene des Zutrinkens bei Pindar, die Landschaftsschilderung bei Hölderlin): hier ist also zugleich im Sinn der Rhetorik von einer

Metapher zu sprechen, Stileigentümlichkeit besonders Homers, Kennzeichen also des epischen Stils, des naiven Tons, sofern dieser den Kunstcharakter, nicht die Grundstimmung betrifft. Der heroische Grund, die heroische Bedeutung ließe sich bei Pindar vom Anlaß der Hymne her, ihrer Widmung an *Diagoras von Rhodos, Sieger im Faustkampf*, mühelos einsehen: Der Kampf, der sowohl für Pindar als auch für Hölderlin über sich immer schon hinausweist, darf bei Hölderlin als Konkretion dessen verstanden werden, was in der Bestimmung des heroischen Grundes der Epik *große Bestrebungen*[170] heißt, später *Energie und Bewegung und Leben.*[171] Aber die heroische *Bedeutung* der Pindarischen wie der Hölderlinschen Eingangsstrophe hat ihre wirkliche Begründung in tieferen Schichten der Bedeutung: nämlich im Zusammenhang von Sonnenstrahl und Blitz, den Äußerungsformen Apollos und Jupiters, deren gemeinsames Sinnbild bei Hölderlin der Pfeil ist, der in seiner Dichtung immer entweder den Strahl der Sonne oder den Blitz des Donnergottes und kein anderes meint, es sei denn, er werde als der *andere Pfeil* bezeichnet.[172] Apoll und Jupiter aber – hineinragend in die Hymnen durch die Motive des Weinstocks und des Blitzes – sind die Götter des himmlischen Feuers, jenes griechischen Ursprungs, in dem der idealische und der heroische Ton zusammengenommen sind (wobei wir den heroischen Jupiter, den idealischen Apoll zuschreiben): als ihr Geschenk erscheint bei Pindar wie bei Hölderlin der Wein, der metaphorisch einsteht für die Dichtung, die Thema der Pindarischen Hymne schlechthin ist.

Daß der Grundton der 7. Olympischen Hymne *heroischer* ist, bedeutet nicht etwa, daß die Grundstimmung der Hymne nicht mehr, wie in der Eingangsdefinition für das

170 StA, Bd. 4, S. 266, Z. 5.
171 Ebd., Seite 267, Z. 7.
172 Vgl. P. Szondi, *Der andere Pfeil. Zur Entstehungsgeschichte des hymnischen Spätstils.* In: *Hölderlin-Studien*, a.a.O., S. 37-61.

lyrische Gedicht postuliert wird, naiv sei und also auch sein Kunstcharakter nicht mehr idealisch. Gesagt wird nur, daß diese Grundstimmung ihrerseits heroisch gefärbt ist. Das aber hat zur Folge, daß der Wechsel der Töne für dieses Gedicht sich so realisiert, daß die Hymne nicht im Ton des Kunstcharakters, also idealisch, sondern im Ton der Grundstimmung, also naiv, anfängt. Die Spezifikation hat so zwar ihre Konsequenzen für die Abfolge der Töne in der Komposition, nicht aber für die Grundstimmung und den Kunstcharakter des ganzen Gedichts, und darum auch nicht für den, den Tongegensatz aufhebenden, *Geist*. Der Geist dieser Hymne, wie nach Hölderlins Verständnis jedes lyrischen Gedichts, ist das *Heroische*, wie der Geist des epischen Gedichts das *Idealische*, und des tragischen (d. h. dramatischen) das *Naive* ist.

Die Einzelinterpretation verlassend, möchte ich mich zuletzt dem zuwenden, was sich durch die Einführung des dritten, die Konstellation der beiden Töne zur Trias ergänzenden Moments in der gattungspoetischen Konzeption ereignet, die Einführung dessen, was Hölderlin *Geist* nennt. Wenn schon bei den ersten Sätzen des Fragments über die Dichtarten gesagt werden konnte, daß diese, indem Hölderlin sie nicht durch spezifische Töne, sondern durch die spezifische Konstellation zweier Töne einer invariablen Begriffstrias bestimmt, nicht, wie die Gattungen der traditionellen Klassifikation, fremd nebeneinander stehen, sondern sich zu einem System zusammenschließen, dessen Deduktionsprinzip, das Erste, aus dem die Dichtarten sich deduzieren lassen, die Reihe der drei Töne ist, so liegt auf der Hand, daß die Einführung des dritten Tons in die Struktur des Kunstwerks, wie sie sich im Begriff des Geistes vollzieht, aus diesem Systemgedanken ebenso entspringt, wie sie das System überhaupt erst als geschlossenes, konsistentes erschafft. Die Spezifikation, von der die Abschnitte über die Dichtarten jeweils in ihrem zweiten Teil handeln, haben, wie man sah, eine gewisse Vermischung der Dichtarten zur

Folge: die Pindarische Hymne beginnt im naiven Ton, als wäre sie ein Epos und kein lyrisches Gedicht. Dieser Prozeß gegenseitiger Annäherung ist indessen bereits durch den Geist-Begriff eingeleitet. Die Mischung der Dichtarten spielt in der Gattungspoetik Friedrich Schlegels bekanntlich eine wichtige Rolle, und zwar beschränkt auf die Moderne, in der sie eine neue Dichtart, den Roman, konstituiert, der solcherart die überlieferten Gattungen der Epik, Lyrik und Dramatik in sich vereint. Anders bei Hölderlin. In demselben Handschriftenkomplex, der das Fragment über den Unterschied der Dichtarten enthält, findet sich das folgende Bruchstück, das in Beißners Edition *Mischung der Dichtarten* überschrieben ist.

Der tragische Dichter thut wohl, den lyrischen, der lyrische den epischen, der epische den tragischen zu studiren. Denn im tragischen liegt die Vollendung des epischen, im lyrischen die Vollendung des tragischen, im epischen die Vollendung des lyrischen. Denn wenn schon die Vollendung von allen ein vermischter Ausdruck von allen ist, so ist doch eine der drei Seiten in jedem die hervorstechendste.[173] Der letzte Satz widerspricht, wie mir scheint, dem Titel des Herausgebers: Denn nicht von der Mischung der Dichtarten ist hier die Rede, sondern von der Vollendung jeder einzelnen Dichtart, nämlich jenem *Geist*, der die beiden Töne von Grundstimmung und Kunstcharakter in dem dritten Ton versöhnt: die beiden Töne des tragischen Gedichts im naiven, des lyrischen im heroischen, des epischen im idealischen. Der Rat aber, den Hölderlin in dem ersten Satz dem tragischen, dem lyrischen und dem epischen Dichter gibt, erklärt sich daraus, daß der Ton, in dem ihre Werke sich jeweils vollenden, d.h. in dem sie ihren *Geist* haben, zugleich der Ton der Grundstimmung einer anderen Dichtart ist. Diese zu studieren, empfiehlt ihnen Hölderlin. Bedenkt man, daß Epos und Tragödie in ihrem Strukturge-

173 StA, Bd. 4, S. 273.

setz mit der Dialektik von Eigenem und Fremdem bei den Griechen, die Lyrik in ihrem Strukturgesetz mit der Dialektik von Eigenem und Fremdem im Abendland zusammenfallen, bedenkt man ferner, daß die griechische Tragödie ihren Ausgang in mehr als einer Hinsicht im Epos nimmt, und nicht nur literarhistorisch darauf folgt, sondern in den geschichtsphilosophischen Ästhetiken der Goethezeit als dessen Weiterführung im Sinne der Überwindung dargestellt wird, so wird klar, daß das unter dem Titel *Mischung der Dichtarten* edierte Bruchstück mit mehr Recht *Geschichtsphilosophie der Dichtarten* heißen würde, denn zu einer solchen legt sie den Grund. Die Anwendung der Lehre vom Wechsel der Töne auf die Gattungspoetik bedeutet bei Hölderlin deren Historisierung, und zwar bereits in jenem Hegelschen Sinn, der auch bei Schlegel vorweggenommen ist: nicht bloß werden die Gattungen als historische Phänomene begriffen, sondern ihre Zurückführung auf ein einziges Prinzip, dessen Variationsformen sie darstellen, dynamisiert das System, und diese Dynamik ist identisch mit dem geschichtlichen Prozeß.

Ein letzter Blick noch auf Hölderlins eigene Dichtung: Die Erkenntnis der Homburger Zeit bedeutet, daß – wenn man einen Vers aus dem *Empedokles* abwandeln darf – es die Zeit des Epos und der Tragödie nicht mehr ist, sondern die Zeit der Lyrik, und zwar einer, deren Geist das Heroische ist. So versagt sich Hölderlin die Vollendung des *Empedokles*-Dramas, er ändert aber auch von Grund auf seinen lyrischen Stil: von Grund auf in dem präzisen Sinn, daß dem bis jetzt rein idealischen Stil ein naiver Grund und ein heroischer Geist, dieser als Aufhebung des Gegensatzes von naivem Grund und idealischem Kunstcharakter, hinzugefügt werden. Vergleicht man das lyrische Spätwerk, die nach 1800, nach der Abreise aus Homburg entstehenden großen Oden, Elegien und Hymnen mit Hölderlins früheren Gedichten, so möchte man die naive Grundstimmung, das E i n e Gefühl, in dem Moment sehen, das mit der Unverbindlichkeit der früheren Hymnen aufräumt und das heute wegen seines ideologischen Mißbrauchs so mißverständlich gewordene Hölderlinsche Verständnis von seinem Dichten als einem Dienen ermöglicht. Der heroische Geist aber konkretisiert sich im Spätwerk durch die Aufgabe, die ihm Hölderlin stellt und die eine geschichtsfremde Rückkehr zu der Götterwelt der Griechen verbietet: Am 8. Dezember 1803 schreibt Hölderlin an seinen Verleger Wilmans, er wolle einzelne Gedichte *besonders,* also auf Einzelblättern, drucken lassen, weil, wie er schreibt, *der Inhalt unmittelbar das Vaterland angehn soll oder die Zeit.*[174] Dieser politische Zug in Hölderlins Dichten, das Eingehen auf die geschichtlichen Spannungen seiner Zeit, wie sie sich am sichtbarsten in der französischen Revolution entladen, müßte in der Hölderlin-Forschung mehr als bisher beachtet werden; Ansätze sind da, aber nicht in der deutschen Germanistik, sondern in der des Auslands, eines Auslands, das Hölderlin übrigens keines war. Da es hier nicht um die Darstellung von Hölderlins Werk, sondern um die Gattungspoetik der Goethezeit geht, möchte ich aber mit einem Hinweis auf andere Aufgaben schließen. Aus dem Fragment geht hervor, daß die Vollendung des lyrischen Gedichts im Epischen liegt. Hat Hölderlin die Lyrik auch als die eigentlich hesperische Dichtart begriffen, so nicht, wie Schlegel den Roman, als die Dichtart der Zukunft, sondern offenbar als eine, die von einem neuen Epos abgelöst werden könnte. Diese Perspektive kehrt überraschend wieder am Schluß von Lukács' *Theorie des Romans:* der Weg der Gattungspoetik – von Schelling, Solger zu Hegel, und dann über Vischer ins 20. Jahrhundert, nicht zuletzt zu Lukács und Benjamin, wird uns künftig beschäftigen müssen.

174 StA, Bd. 6, S. 435 (Nr. 242).

Schellings Gattungspoetik

I

Schellings Bedeutung für die Geschichte der Gattungspoetik geht ebenso beiläufig wie präzise aus einem Brief hervor, den Schiller am 10. März 1801 aus Jena an Goethe schrieb. Dieser hatte ihn offenbar gebeten, im Hinblick auf eine von einem venezianischen Grafen gestellte Preisfrage, die er, Goethe, ausschreiben sollte, mit den befreundeten Philosophen von der Universität Jena Gespräche zu führen, und Schiller meldet ihm nun, er habe sie, die Professoren, *bis jetzt noch nicht viel zum Gespräch bringen können, wenn die Ferien angehen, wird es hoffe ich besser damit gehen, weil sich jetzt am Ende der Collegien die Arbeiten häufen.* Und dann folgt der Satz: *Schelling will eine Deduction der verschiedenen Kunstgattungen a priori liefern, worauf ich begierig bin.*[1]

Daß Schiller darauf begierig war, und daß er Goethe die wohl eben erst vernommene Nachricht gleich meldet, erklärt sich nicht zuletzt aus der Tatsache, daß die beiden wenige Jahre zuvor, 1797, in zahlreichen Briefen, die zwischen Jena und Weimar gewechselt wurden, versucht hatten, die beiden poetischen Gattungen der Epik und der Dramatik in ihrer Eigenart zu bestimmen und gegeneinander abzugrenzen, zu definieren. Die wichtigsten ihrer Einsichten wurden dann von Goethe in dem Aufsatz *Über Epische und Dramatische Dichtung* zusammengestellt. Darin hieß es bekanntlich: *Wollte man das Detail der Gesetze, wonach beyde zu handeln haben, aus der Natur des Menschen herleiten, so müßte man sich einen Rhapsoden und einen*

1 *Briefwechsel*, Bd. II, Nr. 796. (Vgl. *Von der normativen zur spekulativen Gattungspoetik*, Nr. 2, Anm. 35.) Aufschlußreich ist ferner Schellings Vorlesungsankündigung für das Sommersemester 1799: *Ich lese 1. das System der Transcendentalphilosophie, nach Dictaten, morgens von 7-8, wöchentlich 5 Stunden. 2. Naturphilosophie, nach meinem Entwurf, abends von 6-7, wöchentlich 4 Stunden* (zit. nach D. Jähnig, *Schelling. Die Kunst in der Philosophie*. Pfullingen 1966, Bd. 1, S. 251).

Mimen, beyde als Dichter, jenen mit seinem ruhig horchenden, diesen mit seinem ungeduldig schauenden und hörenden Kreise umgeben, immer vergegenwärtigen, und es würde nicht schwer fallen, zu entwickeln, was einer jeden von diesen beyden Dichtarten am meisten frommt, welche Gegenstände jede vorzüglich wählen, welcher Motive sie sich vorzüglich bedienen wird [...][2] Ich zitiere diese Sätze anläßlich Schellings ein zweites Mal, weil auch in ihnen eine Ableitung, eine Deduktion intendiert ist, aber eben keine a priori. Zwar sollen die unterschiedlichen Gesetze, wonach der Epiker und der Dramatiker zu arbeiten haben, aus der Natur des Menschen hergeleitet werden, aber nicht etwa auf Grund eines Unterschieds, der im Menschen vor aller poetischen Praxis gegeben wäre, sondern auf Grund der Verschiedenheit, die zwischen dem Rhapsoden und dem Mimen, dem Dichter und Erzähler epischer Dichtungen einerseits, dem Dichter und Darsteller dramatischer Dichtungen andererseits bestehen soll. Diese Ableitung setzt also die Existenz der Gattungen immer schon voraus. Dem entspricht in Goethes Formulierung, daß aus der Natur des Menschen gar nicht die Gattungen hergeleitet werden sollen, sondern nur das Detail der Gesetze, wonach der Dramatiker und der Epiker zu handeln haben. Es ist eine Ableitung innerhalb der Dichtkunst: die historische Bedeutung dieser Ableitung liegt darin, daß die Gesetze der Poetik nicht, wie noch einige Jahrzehnte zuvor, als durch die Überlieferung gegeben und durch die Autorität des Aristoteles kanonisiert angesehen werden, die Gesetze auch nicht durch Reflexion auf die Wirkung festzusetzen sind, sondern durch den Rückgang zu einem, wie sehr auch imaginären archetypischen Vorgang, in welchem Dichten und Erzählen bzw. Darstellen, wenn nicht zeitlich, so doch im Hinblick auf das Subjekt, das erzählt und darstellt, zusammenfallen. Goethes Ableitung der poetischen Gesetze aus der Natur des Men-

2 *Über epische und dramatische Dichtung*, a.a.O., S. 57.

schen ist im Rahmen seiner Naturphilosophie zu sehen, die für sein eigenes Verständnis keine spekulative, sondern eine empirische war: die Urpflanze hielt Goethe, im Gegensatz zu Schiller, nicht für eine Idee.

Schellings Vorhaben dagegen, von dem Schiller berichtet, ist *eine Deduction der verschiedenen Kunstgattungen a priori,* d. h. die Ableitung nicht bloß der Gesetze, sondern der Existenz der Gattungen selbst aus etwas, das ihnen vorgegeben ist – wobei dieses »vor« natürlich nicht historisch, auch nicht als ein »früher« der Erfahrung verstanden werden darf, sondern logisch im Rahmen des Systems. Schillers Nachricht bezieht sich zweifellos auf die Vorlesung über die *Philosophie der Kunst,* die Schelling im Winter des Jahres 1802/03 an der Universität Jena hielt. Sie ist zwar erst 1859 aus dem handschriftlichen Nachlaß herausgegeben worden, die Vorlesung war aber Schellings Zeitgenossen durch mehrere zirkulierende Nachschriften, seinen Freunden und Schülern darüber hinaus auch aus persönlichem Kontakt, bekannt. Die Kenntnis von Schellings Kunstphilosophie darf darum bei den Verfassern der anderen wichtigen ästhetischen Systeme der ersten Jahrzehnte des 19. Jahrhunderts – zumal bei Solger und Hegel – vorausgesetzt werden. René Wellek spricht in seiner *History of Modern Criticism* mit gutem Recht von der ersten spekulativen Poetik.[3]

Was freilich die Deduktion der Gattungen betrifft, so ist festzuhalten, daß sowohl in den Fragmenten Friedrich Schlegels in den Jahren 1796–98 als auch in den 1798–1800 in Homburg entstandenen Aufsatzfragmenten Hölderlins ein spekulatives System der drei poetischen Gattungen entworfen ist. Es wäre bei der engen persönlichen Verbindung der Genannten wie auch Hegels, sei's im Tübinger Stift, sei's später in Jena, müßig, die Frage nach der Priorität zu stellen, wenn nicht Schellings *Philosophie der Kunst* in ihrem vielleicht zentralen Stück zurückweisen würde auf eine

3 *Geschichte der Literaturkritik 1750-1830.* Übers. von E. und M. Lohner. Darmstadt, Berlin, Neuwied 1959, S. 331.

Jugendschrift von 1795, deren Einfluß wiederum bei Friedrich Schlegel unverkennbar ist. Von dieser Jugendschrift, den *Philosophischen Briefen über Dogmatismus und Kriticismus*, ist zunächst zu handeln.

Der zwanzigjährige Schelling versucht darin, aus der Gegenüberstellung der Lehren Spinozas und Kants, die schon für Fichte die zwei einzigen *völlig konsequenten Systeme* waren, Hinweise zu gewinnen für den Weg, den sein eigenes Denken zu gehen hat.

In dem Spannungsfeld von Subjekt und Objekt, Ich und Nicht-Ich, von Freiheit und Notwendigkeit, das der Bauplatz aller Systemkonstruktionen des Deutschen Idealismus ist, hat nach Schelling der Dogmatismus wie der Kritizismus die Partei nur der einen Seite ergriffen. *Der eigentliche Unterschied der kritischen und dogmatischen Philosophie scheint mir darin zu liegen, daß jene* [also die kritische] *vom absoluten (noch durch kein Objekt bedingten) Ich, diese* [also die dogmatische] *vom absoluten Objekt oder Nicht-Ich ausgeht.*[4] Schon diese Kennzeichnung, in einem an Hegel gerichteten Brief derselben Zeit, läßt Schellings Intention ahnen, die auf der Folie der beiden konträren und doch analogen Systeme Spinozas und Kants zu sich selber zu kommen scheint; es ist die Intention, die Schelling zugleich als das Gemeinsame des Dogmatismus und des Kritizismus erkennt, die aber von keinem der beiden erreicht werden kann.

Wenn dieser [der Dogmatismus] *fordert, ich soll im absoluten Objekt untergehen*, so heißt es in dem vorletzten, dem neunten Brief über *Dogmatismus und Kriticismus, so muß jener* [der Kritizismus] *umgekehrt fordern, alles, was Objekt heißt, soll in der intellektualen Anschauung meiner selbst verschwinden. In beiden Fällen ist für mich alles Objekt, eben damit aber auch das Bewußtseyn meiner selbst*

4 Schelling an Hegel am 4. Febr. 1795. In: *Briefe von und an Hegel*, Hg. Joh. Hoffmeister. Hamburg 1952, Bd. I, S. 20.

als eines Subjekts verloren. M e i n e *Realität verschwindet in der unendlichen. – Diese Schlüsse scheinen unvermeidlich, sobald man voraussetzt, beide Systeme gehen auf Aufhebung jenes Widerspruches zwischen Subjekt und Objekt – auf absolute* I d e n t i t ä t. *Ich kann das Subjekt nicht aufheben, ohne zugleich das Objekt,* a l s s o l c h e s, *eben damit aber auch alles Selbstbewußtsein; und ich kann das Objekt nicht aufheben, ohne zugleich das Subjekt,* a l s s o l c h e s, *d. h. alle Persönlichkeit desselben, aufzuheben. Jene Voraussetzung aber ist schlechterdings unvermeidlich. – Denn alle Philosophie fordert als Ziel aller Synthesis absolute Thesis. Absolute Thesis aber ist nur durch absolute Identität denkbar. Beide Systeme gehen daher notwendig auf absolute Identität... Nicht durch das Ziel* [...] unterschieden sich die beiden Systeme des Kritizismus und Dogmatismus, *sondern durch die* A n n ä h e r u n g *zu ihm, durch die* R e a l i s i e r u n g *desselben, durch den* G e i s t *seiner praktischen Postulate* [...]. Der Dogmatismus könne *so wenig als der Kriticismus das Absolute, als Objekt, durch theoretisches Wissen erreichen, weil ein absolutes Objekt kein Subjekt neben sich duldet, theoretische Philosophie aber eben auf jenen Widerstreit zwischen Subjekt und Objekt gegründet ist. Für beide Systeme bleibt also nichts übrig als das Absolute, da es nicht Gegenstand des* W i s s e n s *seyn konnte, zum Gegenstand des* H a n d e l n s *zu machen, oder die* H a n d l u n g z u f o r d e r n, *durch welche das* A b s o l u t e *realisiert wird.*[5] Durch den Geist dieser Handlung unterscheiden sich also Dogmatismus und Kritizismus voneinander. Im Dogmatismus wird jede freie Kausalität im Subjekt vernichtet, es handelt nicht selbst, sondern läßt die absolute Kausalität in ihm handeln. Der Dogmatismus löst so den theoretischen Widerstreit zwischen Subjekt und Objekt durch die Forderung, daß das Subjekt aufhören

5 *Philosophische Briefe über Dogmatismus und Kriticismus,* 1795. In: Fr. W. J. v. *Schellings Werke.* Nach der Originalausgabe in neuer Anordnung herausgegeben von M. Schröter. München 1927 (Jubiläumsdruck), Bd. I, S. 250-257.

möge, für das absolute Objekt Subjekt, d.h. ein dem Objekt Entgegengesetztes zu sein. Statt der Identität von Subjekt und Objekt tritt die Alleinherrschaft des Objekts ein. Dasselbe in der Umkehrung wäre die Folge, würde alles ins Subjekt gesetzt und dadurch vom Objekt alles negiert. Um nicht in Schwärmerei zu verfallen, dürfe darum der Kritizismus die Absolutheit des Ich nicht einmal als erreichbares Ziel auffassen. *Er gebraucht die Idee desselben nur praktisch, für die Bestimmung des moralischen Wesens.* Der neunte Brief schließt mit den Sätzen: *Meine Bestimmung im Kriticismus nämlich ist – Streben nach unveränderlicher Selbstheit, unbedingter Freiheit, uneingeschränkter Thätigkeit. Sey! ist die höchste Forderung des Kriticismus.*[6]

Diese, wie ich hoffe, in ihrer Knappheit nicht allzu unverständliche Zusammenstellung einiger Thesen des neunten Briefes war nötig, um den Hintergrund deutlich zu machen, auf dem sich im Eingang des zehnten Briefes eine Analyse der griechischen Tragödie abzeichnet, die als die erste spekulative Theorie des Tragischen anzusehen ist und zugleich – ich werde diesen Zusammenhang noch genau darzustellen versuchen, – die Keimzelle nicht nur der späteren deduktiven Gattungspoetik Schellings, sondern seiner *Philosophie der Kunst* insgesamt. Nur das berechtigt die Ausführlichkeit des Zitats. Der zehnte Brief, auf eine imaginäre Beantwortung des neunten eingehend, beginnt mit folgenden Sätzen:

Sie haben Recht, noch Eines bleibt übrig – zu wissen, daß es eine objektive Macht gibt, die unserer Freiheit Vernichtung droht, und mit dieser festen und gewissen Ueberzeugung im Herzen – gegen sie zu kämpfen, seiner ganzen Freiheit aufzubieten, und so unterzugehen. Sie haben doppelt Recht, mein Freund, weil diese Möglichkeit, auch dann noch, wenn sie vor dem Lichte der Vernunft verschwunden ist, doch für

6 Ebd., S. 259.

die Kunst – für das Höchste in der Kunst – aufbewahrt werden muß. Und dann folgt die im wörtlichen Sinn epochemachende Analyse, deren Zusammenhang mit Hegels und Hölderlins kurz darauf entstehende Theorien der Tragödie genauer untersucht zu werden verdiente:

Man hat oft gefragt, wie die griechische Vernunft die Widersprüche ihrer Tragödie ertragen konnte. Ein Sterblicher – vom Verhängnis zum Verbrecher bestimmt, selbst gegen das Verhängnis kämpfend, und doch fürchterlich bestraft für das Verbrechen, das ein Werk des Schicksals war! Der Grund dieses Widerspruchs, das, was ihn erträglich machte, lag tiefer, als man ihn suchte, lag im Streit menschlicher Freiheit mit der Macht der objektiven Welt, in welchem der Sterbliche, wenn jene Macht eine Uebermacht – (ein Fatum) – ist, nothwendig unterliegen, und doch, weil er nicht ohne Kampf unterlag, für sein Unterliegen selbst bestraft werden mußte. Daß der Verbrecher, der nur der Uebermacht des Schicksals unterlag, doch bestraft wurde, war Anerkennung menschlicher Freiheit, Ehre, die der Freiheit gebührte. Die griechische Tragödie ehrte menschliche Freiheit dadurch, daß sie ihren Helden gegen die Uebermacht des Schicksals kämpfen ließ: um nicht über die Schranken der Kunst zu springen, mußte sie ihn unterliegen, aber, um auch diese, durch die Kunst abgedrungene, Demüthigung menschlicher Freiheit wieder gut zu machen, mußte sie ihn – auch für das durchs Schicksal begangene Verbrechen – büßen lassen. Solange er noch frei ist, hält er sich gegen die Macht des Verhängnisses aufrecht. Sowie er unterliegt, hört er auch auf, frei zu seyn. Unterliegend klagt er noch das Schicksal wegen Verlustes seiner Freiheit an. Freiheit und Untergang konnte auch die griechische Tragödie nicht zusammenreimen. Nur ein Wesen, das der Freiheit beraubt war, konnte dem Schicksal unterliegen. – Es war ein großer Gedanke, willig auch die Strafe für ein unvermeidliches Verbrechen zu tragen, um so durch den Verlust seiner Freiheit selbst eben diese Freiheit zu beweisen und noch mit einer Erklärung des freien Willens unterzugehen.[7]

Unter drei Gesichtspunkten möchte ich diesen Text kurz kommentieren: 1) als Tragödieninterpretation, 2) in seiner Bedeutung für die deduktive, d. h. spekulative Gattungspoetik und 3) im Hinblick auf Schellings Auffassung von der Kunst, wie sie sein Denken in den Jahren um 1800 bestimmt, also vor seinen Schriften zur Identitätsphilosophie, zu denen auch die *Philosophie der Kunst* von 1802 gehört, im Hinblick auf die Rolle der Kunst im *System des transzendentalen Idealismus.*

Ein Sterblicher – vom Verhängnis zum Verbrecher bestimmt, selbst gegen das Verhängnis kämpfend, und doch fürchterlich bestraft für das Verbrechen, das ein Werk des Schicksals war – wenn Schelling auch keinen Namen nennt und vorgibt, mehr als nur ein einzelnes Werk der griechischen Tragödiendichtung erklären zu wollen, so ist doch sicher, daß er zuallererst an den *König Ödipus* denkt. Dessen Deutung hat es stets mit jenem Widerspruch zu tun, den der zitierte Satz formuliert. Sagt Schelling, man habe den Grund dieses Widerspruchs nicht tief genug gesucht, so übt er Kritik an der auf Aristoteles zurückgehenden Ansicht, Ödipus selber sei an dem Verbrechen, für das er bestraft wird, auch wenn es das Werk des Fatums ist, nicht ganz unschuldig gewesen. Im 13. Kapitel der Poetik wird Ödipus zu den Personen gezählt, die sich weder durch Tugend und Gerechtigkeit auszeichnen, noch durch Schlechtigkeit und sittliche Verworfenheit ins Unglück geraten, sondern durch irgendein Vergehen – das Wort amartia kann sowohl Irrtum, Fehler als auch moralische Schuld bedeuten. Noch fünfzig Jahre zuvor nahm die genauere Darstellung dessen, was Aristoteles nur behauptet, aber nicht exemplifiziert, sich beispielsweise so aus:

Wer hier sagen wollte, daß Oedipus ganz unschuldig, oder ganz schuldig wäre, der würde in beydem irren. Er ist so, wie

7 Ebd., S. 260 f.

die Menschen insgemein zu seyn pflegen, das ist, von mittlerer Gattung; er hat gewisse Tugenden, aber auch gewisse Laster an sich: und doch stürzen ihn bloß die letzten ins Unglück. Denn hätte er nur niemanden erschlagen, so wäre alles übrige nicht erfolget. Er hätte sich aber billig vor allen Todtschlägen hüten sollen: nachdem ihm das Orakel eine so deutliche Weissagung gegeben hatte. Denn er sollte billig allezeit gedacht haben: Wie? wenn dieß etwa mein Vater wäre! Da er nun also beschaffen ist; so wird dadurch die Tragödie den allermeisten Zuschauern erbaulich: weil nämlich die meisten Menschen von eben der Art sind, als er; das ist, weder recht gut, noch recht böse. Man hat einestheils Mitleiden mit ihm, andererntheils aber bewundert man die göttliche Rache, die gar kein Laster ungestraft läßt.[8]

Zu den methodologischen Prämissen dieser Deutung gehört die bestimmende Rolle der Wirkung, auf deren Erklärung hin der Abschnitt angelegt ist (es wäre falsch zu sagen, daß Gottsched auf die Erklärung der Wirkung mehr Wert legt als auf die des Werkes, denn ein Werk gilt seiner Zeit für erklärt, sobald seine Wirkung erklärt ist). Eine zweite Prämisse bei Gottsched ist, für die Aufklärung höchst charakteristisch, die Meinung, der Zuschauer müsse den Helden als seinesgleichen erleben, nur dann könne er mit ihm Mitleid haben oder jene Furcht empfinden, die Lessing im selben Geist als auf uns selbst bezogenes Mitleiden gedeutet hat. Demgegenüber liegt der Interpretation Schellings die Abstraktion von allen Einzelheiten des Charakters wie des Geschehens zugrunde: weder rechnet er Ödipus nach, was er vielleicht hätte anders machen können und sollen, noch versucht er, das Schicksal des Ödipus als ein allgemein menschliches auszugeben, vielmehr heißt es im selben Brief: *Aber ein solcher Kampf ist auch nur zum Behuf der tragischen*

8 J. Chr. Gottsched, *Versuch einer Critischen Dichtkunst.* Leipzig 1730. Unveränd. photomech. Nachdr. der 4. Aufl. (Leipzig 1751) Darmstadt (Wiss. Buchges.) 1962. *Des I. Abschnitts X. Hauptstück, von Tragödien oder Trauerspielen.* S. 607.

Kunst denkbar: zum System des Handelns könnte er schon deßwegen nicht werden, weil ein solches System ein Titanengeschlecht voraussetzte, ohne diese Voraussetzung aber ohne Zweifel zum größten Verderben der Menschheit ausschlüge.[9] Auch hier ist der Unterschied gegenüber den Anschauungen der Aufklärung ganz deutlich: jene ging von der Gleichheit des Zuschauers und des Helden aus (diesem Argument verdankt sich der Sieg des bürgerlichen Trauerspiels über die Ständeklausel), Aufgabe der tragischen Kunst war es, zu zeigen, wie es kommen könnte, und dem Zuschauer zu nützen, indem derselbe angesichts des ihm Gezeigten nun anders handeln wird als der Held, dessen Untergang er sich selbst ersparen will. Schelling dagegen betont ebenso die Dignität dessen, was der tragische Held im Untergang vollzieht – den Beweis menschlicher Freiheit durch deren Verlust – wie die Unmöglichkeit, dem Beispiel des tragischen Helden zu folgen: Schellings *Ödipus* ist nicht der Gottschedsche Mensch wie du und ich, sondern wird einem Titanengeschlecht zugeordnet. Indem Schelling der Sphäre der Kunst eine Möglichkeit einräumt, die es in der Wirklichkeit nicht gibt, bereitet er schon in dieser frühen Schrift die Kunstauffassung des transzendentalen Idealismus vor.

Gegen die Konfrontation der Wirkungsästhetik der Aufklärung mit dem Blick Schellings auf das, was im Werk selbst, in seiner Handlung, Ereignis wird, seiner Gehalts- oder besser: Realästhetik also, könnte man einwenden, daß ja auch Schelling von der Wirkung ausgeht, wenn er schreibt, man habe oft gefragt, wie die griechische Vernunft die Widersprüche ihrer Tragödie ertragen konnte. Nur, indem Schelling den Grund des Widerspruchs, der das *Ödipus*-Geschehen kennzeichnet, also das, was den Widerspruch, wie Schelling immer noch wirkungsästhetisch schreibt, erträglich machte, in einer tieferen Schicht lokalisiert als die von

9 *Philosophische Briefe über Dogmatismus und Kriticismus*, Nr. 10, a.a.O., S. 262.

Aristoteles bis zur Aufklärung verbreitete Deutung, läßt Schelling die wirkungsästhetische Fragestellung hinter sich, weil er nämlich, dem Widerspruch auf den Grund gehend, den Widerspruch aufhebt. Das wird freilich erst bei der Wiederaufnahme der Tragödieninterpretation in der *Philosophie der Kunst* ganz deutlich. Dort heißt es, gleichsam als theoretische Grundlegung dessen, wofür dann Sätze aus den *Philosophischen Briefen über Dogmatismus und Kriticismus* beinahe unverändert angeführt werden, (und nun mit ausdrücklicher Nennung des Ödipus): *Kein wahrhafter Streit ist, wo nicht die Möglichkeit obzusiegen auf beiden Seiten ist. Aber diese scheint in dem angenommenen Fall von beiden Seiten undenkbar: denn keines von beiden ist wahrhaft überwindlich; die Nothwendigkeit nicht, denn, würde sie überwunden, so wäre sie nicht Nothwendigkeit; die Freiheit nicht, denn sie ist eben deßwegen Freiheit, weil sie nicht überwunden werden kann. Aber selbst wenn es dem Begriff nach möglich wäre, daß diese oder jene unterläge, so wäre es nicht poetisch möglich; denn es wäre nicht ohne absolute Disharmonie möglich. –* [...] *Es bleibt also in diesem Widerspruch schon von selbst nichts übrig als daß beide, Nothwendigkeit und Freiheit, aus diesem Streit zugleich als siegend und als besiegt, und demnach in jeder Rücksicht gleich hervorgehen. Aber eben dieß ist ohne Zweifel die höchste Erscheinung der Kunst, daß die Freiheit sich zur Gleichheit mit der Nothwendigkeit erhebe, und der Freiheit dagegen, ohne daß diese etwas dadurch verliere, die Nothwendigkeit gleich erscheine; denn nur in diesem Verhältniß wird jene wahre und absolute Indifferenz, die im Absoluten ist, und die nicht auf einem Zugleich-, sondern auf einem Gleichseyn beruht, objektiv. Denn Freiheit und Nothwendigkeit können, sowenig als Endliches und Unendliches, anders als in der gleichen Absolutheit eins werden.*[10]

10 Fr. W. J. v. Schelling, *Philosophie der Kunst* (1802/03). Unveränd. photomech. Nachdr. der aus dem handschr. Nachlaß hrsg. Ausg. von 1859 Darmstadt (Wiss. Buchges.) 1960, S. 333 f.

Erst von diesen Ausführungen her ist es ganz verständlich, daß in den *Briefen über Dogmatismus und Kriticismus,* denen es bereits um die Identität von Subjekt und Objekt, von Freiheit und Notwendigkeit geht, die Rede auf die Tragödie kommt. Die tragische Handlung hat ihre Dignität nicht so sehr in der Bestätigung menschlicher Freiheit gegenüber der Notwendigkeit, als vielmehr in dem, was solche Bestätigung der Freiheit überhaupt erst möglich macht, soll die Freiheit wirklich der Notwendigkeit und nicht einer Scheinmacht abgetrotzt sein: nämlich in der Identität beider. Wird davon in den Briefen im Zusammenhang der Tragödie auch nicht ausdrücklich gesprochen, so läßt doch der Kontext und die Bedeutung, welche die Kunst in den folgenden Jahren für Schellings Denken gewinnt, keinen Zweifel daran, daß die Konzeption der (wie Schelling dann sagen wird) *absoluten* Identität auch hinter der frühen Tragödieninterpretation steht, daß auch für sie gilt, was dort von der Möglichkeit gesagt wird *zu wissen, daß es eine objektive Macht gibt, die unserer Freiheit Vernichtung droht, und mit dieser festen und gewissen Überzeugung im Herzen – gegen sie zu kämpfen, seiner ganzen Freiheit aufzubieten, und so unterzugehen* – daß nämlich diese Möglichkeit *auch dann noch, wenn sie vor dem Lichte der Vernunft verschwunden ist, doch für die Kunst* [...] *aufbewahrt werden muß.*[11] Die Bestimmung der ästhetischen Sphäre, die in den *Briefen* erst anklingt, findet sich zweifellos, vorbereitet bei Kant und bei Schiller – in der *Kritik der Urteilskraft* von 1790 und den *Briefen über die ästhetische Erziehung des Menschen* (aus dem Jahr der Schellingschen Briefe, 1795), aber die große Bedeutung Schellings für die Geschichte der Ästhetik im allgemeinen und der Gattungspoetik im besonderen liegt darin, daß er die Einheit von Allgemeinem und Besonderem, von Objekt und Subjekt

11 *Philosophische Briefe über Dogmatismus und Kriticismus,* Nr. 10, a.a.O., S. 260 (vgl. Anm. 7).

nicht bloß abstrakt als Wesen der Kunst postuliert oder psychologisch im Spieltrieb lokalisiert, sondern in der Handlung des *König Ödipus*, im Gehalt des Kunstwerks also, aufzeigt. Was die Widersprüche der griechischen Tragödie *erträglich* macht, die versöhnende und harmonisierende Wirkung, die ihr eigen ist, geht zurück auf die Versöhnung, die zwischen Subjekt und Objekt, Freiheit und Notwendigkeit, in der Tragödie selbst Ereignis wird. Betrachtet man nun die Tragödieninterpretation aus den *Briefen über Dogmatismus und Kriticismus* unter dem Gesichtspunkt der Geschichte der Gattungspoetik, so ist vorab zuzugeben, daß eine Bestimmung der dramatischen Gattung, gar der Entwurf eines Systems der drei Gattungen hier zweifellos nicht intendiert ist: Aber die Wirkungsgeschichte dieser Interpretation – das, was in Schellings *Philosophie der Kunst* aus ihr wurde, und vor allem, was Friedrich Schlegel gleich nach ihrem Erscheinen aus ihr machte – erlaubt es dennoch, in dieser Erklärung der Tragödie aus den Begriffen der Freiheit und Notwendigkeit, d. h. zugleich: aus den Begriffen des Subjekts und des Objekts, den vielleicht wichtigsten Schritt in Richtung auf eine deduktive Gattungspoetik zu sehen. Bei Schelling selbst ist erst durch die Übertragung des, freilich schon mit philosophischen Begriffen erfaßten, tragischen Geschehens (nämlich der Bestätigung der Freiheit in der Unterwerfung unter die Notwendigkeit) auf die Ebene des spekulativen Systems – als absolute Indifferenz von Freiheit und Notwendigkeit – die Möglichkeit gegeben, die beiden anderen Gattungen, die epische und die lyrische, gleicherweise auf spekulative Formeln zu bringen, alle drei Gattungen also abzuleiten aus der Dialektik derselben zwei Begriffe, Freiheit und Notwendigkeit, allgemeiner gesprochen: Subjekt und Objekt. Davon wird bei der Diskussion der *Philosophie der Kunst* von 1802 noch zu sprechen sein. Die Schriften aber, auf die sich Schelling in seinen ästhetischen Vorlesungen stützt: Friedrich Schlegels *Geschichte der Poesie der Griechen und Römer*, August Wilhelm Schlegels Aufsatz über *Hermann und Dorothea*[12] und die ihm, wie es scheint, bekannten Berliner Vorlesungsmanuskripte August Wilhelm Schlegels von 1801 – diese Schriften der Brüder Schlegel sind in ihrer gattungspoetischen Konzeption ihrerseits geprägt durch die Tragödieninterpretation Schellings in den *Briefen über Dogmatismus und Kriticismus*. Ein Jahr nach deren Erscheinen, 1796, veröffentlichte Friedrich Schlegel eine Abhandlung *Über die Homerische Poesie*, die später in die eben genannte *Geschichte der Poesie der Griechen und Römer*[13] einging. Die epische Dichtart wird hier erklärt als jene, welche *eine unbegrenzte Vielheit möglicher, äußrer, durch ursachliche Verknüpfung verbundener Gegenstände durch Gleichartigkeit des Stoffs und Abrundung der Umrisse zu einer blos sinnlichen Einheit* ordnet. Eine Anmerkung zu dieser Stelle, in Schlegels etwas geheimnistuerischem Ton, besagt folgendes: *Der Philosoph wird aus dieser Erklärung ihren Grund und die Einteilung der Dichtarten, welche sie voraussetzt, leicht erraten können.*[14] Daß die hier angedeutete philosophische, d. h. spekulative Gattungspoetik wahrscheinlich an die Tragödieninterpretation von Schellings Briefen anknüpft, zeigt die 1798 erschienene *Geschichte der Poesie der Griechen und Römer*. Dort wird nämlich einerseits postuliert, daß alles, was in den epischen Werken der Alten, *welche von der homerischen Gestalt nicht ganz abgewichen sind* [...], *gethan und gelitten wird, weder als Handlung der Freyheit, noch als nothwendige Fügung des Schicksals* [d. h. als Notwendigkeit] *erscheint, sondern als zufällige Begebenheit*, andererseits, daß Merkmale der Lyrik und der Dramatik in

12 A. W. Schlegel, *Goethes Hermann und Dorothea*, erschienen im *Taschenbuch für 1798* (Berlin). Wieder abgedr. in: A. W. Schlegel, *Kritische Schriften und Briefe* I. *Sprache und Poetik*. Hg. E. Lohner, Stuttgart 1962, S. 42 ff.

13 Vgl. *Von der normativen zur spekulativen Gattungspoetik*, Nr. 5, S. 76, Anm. 68.

14 *Über die Homerische Poesie*, JS, Bd. I, S. 222 (vgl. *Von der normativen zur spekulativen Gattungspoetik*, Nr. 7, S. 114, Anm. 114).

die Epik nur *zugleich mit den bei ihnen herrschenden und einheimischen Begriffen von unbedingter Nothwendigkeit und unbedingter Freyheit* aufgenommen werden könnten, wodurch *die Eigenthümlichkeit und Wesenheit der Dichtart* [nämlich der epischen] *gänzlich zerstört* würde.[15] In Ergänzung zu Schellings Erklärung der Tragödie aus den Begriffen Freiheit und Notwendigkeit wird hier die Relevanz dieser Begriffe für die epische Gattung negiert, für die lyrische hingegen behauptet. Das hat für die künftige spekulative Gattungspoetik in zweifacher Hinsicht wichtige Folgen.

Wie man sah, sind die Begriffe Freiheit und Notwendigkeit gleichbedeutend mit Subjekt und Objekt bzw. subjektiv und objektiv. Indem Schelling die Tragödie auf die Auseinandersetzung der Freiheit mit der Notwendigkeit zurückführt und Friedrich Schlegel die beiden anderen Gattungen unter diesem Gesichtspunkt mit der dramatischen vergleicht, ist die Grundlage geschaffen für jene wohl von Friedrich Schlegel zuerst formulierte, von seinem Bruder in den Berliner Vorlesungen einer breiten Öffentlichkeit mitgeteilte und bis zum heutigen Tag von zahlreichen Gattungstheoretikern vielfach abgewandelte Ansicht, die drei Gattungen ließen sich durch die Begriffe subjektiv und objektiv bestimmen, eine Ansicht, die sich von der auf Aristoteles zurückgehenden und noch zu Schlegels Zeiten maßgeblichen Betrachtungsweise, einer vor allem auf Stoff und Darstellung bezogenen pragmatischen, radikaler nicht unterscheiden könnte. So heißt es etwa in den *Vorlesungen über schöne Literatur und Kunst*, die August Wilhelm Schlegel seit Herbst 1801 in Berlin hielt: *Das Epische, das rein Objektive im menschlichen Geiste. Das Lyrische, das rein Subjektive. Das Dramatische, die Durchdringung von beiden.*[16] Wie ich an anderer Stelle[17] zu zeigen versucht habe, konkurrieren bei Friedrich

15 JS, Bd. 1, S. 288 f.

16 *Kritische Schriften und Briefe*, II. *Die Kunstlehre*. a.a.O., S. 306.

17 Vgl. *Von der normativen zur spekulativen Gattungspoetik*, Nr. 8, S. 133, Anm. 136 u. 137.

Schlegel zwei gegensätzliche Definitionsreihen. Einerseits heißt es, das Epos sei objektive Poesie, die Lyrik subjektive, das Drama objektiv-subjektive[18], dies in Übereinstimmung mit dem zitierten Satz seines Bruders, andererseits aber, in einem wenig später entstandenen Stück derselben *Fragmente zur Poesie und Literatur: Epos = Subjektiv–Objektiv. Drama = Objektiv. Lyrik = Subjektiv.*[19] Der Unterschied ist nicht nur im Hinblick auf Schlegels gattungspoetische Konzeption wichtig, er macht zugleich auf eine wichtige Implikation der deduktiven Gattungspoetik aufmerksam, nämlich auf die historische. Bei Schelling ist sie in den *Briefen über Dogmatismus und Kriticismus* schon deshalb nicht zu bemerken, weil dort allgemein von der Tragödie gehandelt wird. Inwiefern die historische Dimension auch in dem ausgebauten System der Gattungen, wie es seine Philosophie der Kunst vorträgt, zu kurz kommt, und aus welchen Gründen, wird noch zu zeigen sein. Im Hinblick auf die beiden konträren Systementwürfe Friedrich Schlegels sei hier abschließend nur daran erinnert, daß seine *Geschichte der Poesie der Griechen und Römer* die Epocheneinteilung der antiken Dichtung zugleich als eine Abfolge der poetischen Gattungen versteht und diese Abfolge ursächlich auf Wandlungen in der Geschichte des griechischen Staatslebens zurückführt, worin ihm Schelling übrigens folgen wird. Indem Schlegel die Geschichte der griechischen Dichtung zugleich als Naturgeschichte der Dichtung überhaupt faßt, d. h. als System, verwandelt sich die Abfolge Epos, Lyrik, Dramatik für ihn in die Systembewegung objektiv, subjektiv und objektiv-subjektiv, eine Bewegung, die, wie man sieht, dem Schema Thesis, Antithesis, Synthesis gehorcht. Nicht die Tatsache der historischen Begründung seiner deduktiven Gattungspoetik, sondern die geschichtsphilosophische Konzeption, der sich diese Begründung verdankt, ändert sich und ruft jene Wandlung in der

18 LN, Nr. 1750, S. 175.
19 LN, Nr. 2065, S. 204.

Auffassung zuerst der dramatischen, dann der epischen Gattung als der subjektiv-objektiven, der systematisch letzten und historisch spätesten vor: die Überwindung nämlich der klassizistischen Auffassung, die in der Geschichte der griechischen Poesie das gesamte System, die ganze Naturgeschichte der Poesie realisiert findet. Mit der Umbegründung der Gattungspoetik anhand des Gegensatzes Antike–Moderne rückt der Roman als die wahrhaft synthetische Gattung an die Stelle, die einst die Tragödie einnahm, er gilt Schlegel bekanntlich als die *progressive Universalpoesie.*[20]

Dieser Exkurs mag die Bedeutung der Schellingschen Tragödieninterpretation aus den *Briefen* erwiesen haben, im folgenden soll sie unter dem dritten angekündigten Gesichtspunkt, dem der Schellingschen Kunstauffassung betrachtet werden, wie sie dann für das *System des transzendentalen Idealismus* bestimmend wird.

20 *Athenäum*-Fragment Nr. 116, KA, Bd. 2, S. 182 (vgl. *Von der normativen zur spekulativen Gattungspoetik*, Nr. 7, S. 116, Anm. 115).

2

Um den Zusammenhang einsehen zu können, der – über die Wandlungen von Schellings Denken hinweg – zwischen der Jugendschrift und seiner *Philosophie der Kunst* von 1802 besteht, ist es notwendig, den frühen Text noch unter einem dritten Gesichtspunkt zu betrachten, nämlich dem von Schellings Konzeption der Kunst, der ästhetischen Sphäre. Dazu gilt es den Weg zu verfolgen, der von hier über das *System des transzendentalen Idealismus* von 1800 zu den identitätsphilosophischen Schriften führt: der *Darstellung seines (meines) Systems der Philosophie* von 1801, dem Gespräch *Bruno oder über das göttliche und natürliche Princip der Dinge* von 1802, den im selben Jahr gehaltenen *Vorlesungen über die Methode des akademischen Studiums*, schließlich zur *Philosophie der Kunst* selbst, die ebenfalls im Jahr 1802 den Gegenstand von Schellings Lehrtätigkeit in Jena bildete.[21*]

Die deduktive Gattungspoetik ist, wie sich zeigte, deduktiv

21* Bei dieser problemgeschichtlichen Betrachtung werde ich mich auf zwei Werke der Sekundärliteratur berufen, die der Aufmerksamkeit empfohlen seien: 1. die vor mehr als vierzig Jahren entstandene, aber, wie mir scheint, nicht überholte und – nebenbei bemerkt – von Adorno sehr geschätzte Darstellung von Richard Kroner, *Von Kant bis Hegel* (2 Bde, Tübingen 1921-24, 2. Aufl. 2 Bde in einem Bd., Tübingen 1961) in ihren Schelling gewidmeten Kapiteln, die, wie das ganze Werk, Darstellung und Kritik in vorbildlicher Weise verbinden; 2. die Dissertation von Jürgen Habermas, *Das Absolute und die Geschichte. Von der Zwiespältigkeit in Schellings Denken.* (Bonn 1954, erschienen bei Bouvier, leider nur in photokopierter Form). Zwar steht im Zentrum von Habermas' Interesse der spätere Schelling, nämlich dessen Freiheitschrift von 1809 und die *Weltalter*-Fragmente – Habermas untersucht auch die Entwicklung von den Jugendschriften zur Naturphilosophie und zum System des transzendentalen Idealismus und weiter zur Identitätsphilosophie –, wobei indessen seine Bemerkungen für uns deshalb besonders wichtig sind, weil sein Blickwinkel, der schon im Titel der Arbeit formuliert ist, zugleich die beste Vorbedingung darstellt für die kritische Erkenntnis der Eigenart von Schellings Gattungspoetik und von deren Stellenwert im Rahmen der spekulativen Gattungspoetik der Goethezeit. Es ist die Frage nach dem Verhältnis der Geschichte zum Absoluten in Schellings Denken.

kraft ihres spekulativen Ursprungs, also ihrer Beziehung aufs Absolute, sie ist aber zugleich von Schlegel und Hölderlin bis Hegel immer auch geschichtsphilosophisch konzipiert. Der entscheidende Unterschied der Schellingschen Ästhetik von der seiner Zeitgenossen ist, um dies vorwegzunehmen, gerade die Abwertung der historischen Dimension, wie sie sich aus seinen identitätsphilosophischen Prämissen ergibt.

Schellings Konzeption des Ästhetischen in der Tragödieninterpretation der Briefe ist aus den Sätzen abzuleiten, die im zehnten Brief die eigentliche Analyse umrahmen. *Sie haben Recht*, heißt es zu Beginn, an den imaginären Briefpartner gerichtet, *noch Eines bleibt übrig – zu wissen, daß es eine objektive Macht gibt, die unserer Freiheit Vernichtung droht, und mit dieser festen und gewissen Ueberzeugung im Herzen – gegen sie zu kämpfen, seiner ganzen Freiheit aufzubieten, und so unterzugehen. Sie haben doppelt Recht, mein Freund, weil diese Möglichkeit, auch dann noch, wenn sie vor dem Lichte der Vernunft verschwunden ist, doch für die Kunst – für das Höchste in der Kunst – aufbewahrt werden muß.* Und zum Schluß: *Solange die griechische Kunst in den Schranken der Natur bleibt, welches Volk ist da natürlicher, aber auch, sobald sie jene Schranken verläßt, welches schrecklicher! Die unsichtbare Macht ist zu erhaben, als daß sie durch Schmeichelei bestochen, ihre Helden zu edel, als daß sie durch Feigheit gerettet werden könnten. Hier bleibt nichts übrig als Kampf und Untergang. – Aber ein solcher Kampf ist auch nur zum Behuf der tragischen Kunst denkbar: zum System des Handelns könnte er schon deßwegen nicht werden, weil ein solches System ein Titanengeschlecht voraussetzte, ohne diese Voraussetzung aber ohne Zweifel zum größten Verderben der Menschheit ausschlüge.*[22]

Der Anfang des zweiten Zitats, *Solange die griechische*

22 *Philosophische Briefe über Dogmatismus und Kriticismus*, Nr. 10, a.a.O., S. 260 ff.

Kunst in den Schranken der Natur bleibt..., könnte im Zusammenhang der frühromantischen Gegenüberstellung von Antike und Moderne als Natur und Kunst verstanden und damit mißverstanden werden. Eine Anmerkung Schellings zu dieser Stelle stellt klar, daß es ihm hier um eine Unterscheidung innerhalb der griechischen Kunst geht, nämlich um die Unterscheidung der olympischen Götter vom Fatum. Die griechischen Götter, heißt es hier, *standen noch innerhalb der Natur. Ihre Macht war nicht unsichtbar, nicht unerreichbar für menschliche Freiheit.* [...] *Das eigentliche Uebernatürliche der Griechen beginnt mit dem Fatum, mit der unsichtbaren Macht, die keine Naturmacht mehr erreicht...*[23] Die Anmerkung ist wichtig, weil hier die zuerst von Schlegel formulierte, später auch in Schellings *Philosophie der Kunst* eingegangene Unterscheidung des Epos von der Tragödie vorbereitet ist: im Epos treten die Götter in sinnlicher Präsenz auf, die Welt des Epos ist nicht geschieden in eine menschliche Sphäre der Freiheit und eine außermenschliche der Notwendigkeit, darum ist im Epos weder der Streit beider, noch ihre durch den Streit hervorgebrachte Identität bzw. Synthese möglich, wie sie die *Philosophie der Kunst* für die Tragödie postulieren wird und wie sie die Formel der Brüder Schlegel für das Drama *subjektiv-objektiv* impliziert. So ist also die abschließende Feststellung, daß *ein solcher Kampf nur zum Behuf der tragischen Kunst denkbar* ist, weil er *ein Titanengeschlecht voraussetzte,* nicht auf die geschichtsphilosophische Differenz Antike–Moderne, sondern auf die systematische Differenz der ästhetischen und der praktischen Sphäre zurückzuführen. Ebenso besagt die einleitende Bemerkung, die Möglichkeit, welche die Tragödie bezeugt, sei *vor dem Lichte der Vernunft verschwunden,* bloß die vorausgegangene Klärung des Dogmatismus und des Kritizismus habe ergeben, daß die Aufhebung des Widerspruchs zwischen Subjekt und

23 Ebd., S. 261.

Objekt, die absolute Identität, als erreichbares Ziel dem Denken versagt ist. Nur wenn man die im 10. Brief gegebene Tragödiendeutung von der Intention der anderen Briefe her interpretiert, eine Interpretation, welche durch ihre Wiederaufnahme in der *Philosophie der Kunst* bestätigt wird, d. h. nur wenn man den beschriebenen Prozeß, in dem die Freiheit durch ihren Verlust selbst affirmiert wird, nämlich den Vorgang begreift, der zur absoluten Indifferenz von Freiheit und Notwendigkeit führt, wird verständlich, daß Schelling diesen die Tragödie konstituierenden Prozeß so emphatisch in sein Denken einbezieht und von ihm sagt, er müsse *für die Kunst – für das Höchste in der Kunst – aufbewahrt werden.* Die Intention seiner Philosophie erfüllt sich erst in der Kunst.[24*]

Schellings These von 1800, daß die Intention der Philosophie sich erst in der Kunst erfülle, ist, wie man sah, in den *Briefen über Dogmatismus und Kriticismus* zwar impliziert, Schelling scheint indessen zu zögern, sie offen auszusprechen – wie er auch noch zögert, die Tragödie auf den Begriff der absoluten Identität von Freiheit und Notwendigkeit, Subjekt und Objekt, zu bringen. Dennoch wird die Funktion der Tragödienanalyse in den *Briefen* erst auf Grund einer solchen von Schellings späteren Schriften her sich ergebenden Interpretation ganz einsichtig.

Daß das Ziel der Philosophie erst in der Kunst erreicht wird, diese These ist nun nicht etwa, wie man erwarten könnte,

24* *Die Kunst in der Philosophie* ist der Untertitel eines zweibändigen Werkes über Schelling, das Dieter Jähnig unter dem Titel *Schelling* (vgl. Anm. 1) veröffentlicht hat (Bd. 1: *Schellings Begründung von Natur und Geschichte*, Bd. 2: *Die Wahrheitsfunktion der Kunst*. Pfullingen 1966 und 69) – zweifellos die umfassendste Darstellung der Schellingschen Philosophie um 1800 sowohl unter dem Gesichtspunkt der Funktion der Kunst in ihr als auch unter dem Gesichtspunkt der Funktion des transzendentalen Idealismus für die Ästhetik und Dichtung von 1800. Wäre die Richtung unserer Beschäftigung mit Schelling nicht durch das Gesamtthema der Vorlesung bestimmt, wäre nicht die Beschäftigung mit Schelling insofern eingeschränkt, so müßten wir uns hier zweifellos ausführlich mit den Arbeiten von Jähnig auseinandersetzen. Da dies nicht möglich sein wird, sei um so nachdrücklicher auf diese beiden Bände verwiesen.

die Basis, auf der sich Schellings Ästhetik, die *Philosophie der Kunst* von 1802 erhebt: die Identitätsphilosophie, wie Schelling sie 1801 festlegt, hat ihr Wesen geradezu darin, daß sie das Erreichen dieses Zieles, das der Kunst vorbehalten schien, für die Philosophie vindiziert. Dabei gilt das Ziel – will man die Kritik an der Identitätsphilosophie auf eine schroffe Formel bringen – jetzt darum als erreichbar, weil es zum Ausgangspunkt gemacht worden ist. Das aber hat – wie noch zu zeigen sein wird – für Schellings Ästhetik, und in deren Rahmen: für die Gattungspoetik, seine Konsequenzen.

Nicht in der *Philosophie der Kunst* also, sondern auf der ihr unmittelbar vorausgehenden Stufe seines Denkens konzipiert Schelling das Ästhetische als philosophische Utopie. Was im 10. der *Briefe über Dogmatismus und Kriticismus* erst anklingt, wird zur Hauptthese des *transzendentalen Idealismus.* Weil sich zwischen ihm und der Tragödieninterpretation auf diesem Wege eine ebenso unerwartete wie für die Schellingsche Ästhetik charakteristische Affinität herstellt, möchte ich mich zunächst der Kunstkonzeption im *System des transzendentalen Idealismus* zuwenden.

Die *Kunst,* heißt es hier, ist *das einzige wahre und ewige Organon zugleich und Document der Philosophie* [...], *welches immer und fortwährend aufs neue beurkundet, was die Philosophie äußerlich nicht darstellen kann, nämlich das Bewußtlose im Handeln und Produciren und seine ursprüngliche Identität mit dem Bewußten. Die Kunst ist eben deßwegen dem Philosophen das Höchste, weil sie ihm das Allerheiligste gleichsam öffnet, wo in ewiger und ursprünglicher Vereinigung gleichsam in Einer Flamme brennt, was in der Natur und Geschichte gesondert ist, und was im Leben und Handeln, ebenso wie im Denken, ewig sich fliehen muß.*[25]

25 *System des transzendentalen Idealismus.* In: *Schellings Werke,* a.a.O., Bd. 2, S. 627 f.

Gegenüber den Sätzen aus den *Briefen über Dogmatismus und Kriticismus* fällt ein zweifacher Unterschied auf. Erstens hieß es dort, die für die Kunst aufzubewahrende Möglichkeit, die wir als die absolute Identität von Freiheit und Notwendigkeit, Subjekt und Objekt interpretiert haben, sei *vor dem Lichte der Vernunft verschwunden* – hier wird Kunst als Dokument dessen gesehen, was die Philosophie *äußerlich nicht darstellen kann,* was ihr aber auf andere Weise dennoch zugänglich ist. Zweitens wird die Identität, als deren äußerliche Darstellung die Kunst dem Philosophen zum Höchsten wird, nicht als die von Freiheit und Notwendigkeit oder Subjektivität und Objektivität, sondern als die von Bewußtem und Bewußtlosem bezeichnet. Was den zweiten Unterschied betrifft, so geht aus anderen Passagen von Schellings Schrift unzweideutig hervor, daß immer noch dieselbe Identität gemeint ist: der Terminus *bewußtlos* steht für Notwendigkeit, Objektivität; der terminus *bewußt* für Freiheit, Subjektivität. Wir brauchen hier nicht nach den Gründen zu fragen, aus denen Schelling im *transzendentalen Idealismus* zu dieser terminologischen Erweiterung sich veranlaßt sieht, wichtig ist nur der Zusammenhang dieser terminologischen Änderung mit Schellings Kunstauffassung. Zwar läßt sich in der Interpretation des *König Ödipus* das von ihm, Ödipus, nicht in subjektiver Freiheit, sondern als Werk des Geschicks, der objektiven Notwendigkeit Verübte, auch als ein Bewußtloses bezeichnen, im Gegensatz zu dem, was er bewußt, d. h. auf Grund einer Entscheidung seines freien Willens tut. Da aber die Identität von Bewußtlosem und Bewußtem nicht mehr nur für die Tragödie, sondern für Kunst überhaupt zur Wesensbestimmung wird, darf man vermuten, daß Schellings Begründung der Vormachtstellung der Kunst sich gewandelt hat und daß diese Wandlung mit dem terminologischen Wandel Freiheit–Notwendigkeit zu bewußt–bewußtlos in Zusammenhang steht.

Der andere Unterschied – daß die Identität, die dem Schelling der *Briefe* als vor dem Licht der Vernunft verschwunden galt, vom Schelling des *transzendentalen Idealismus* für die Philosophie zurückerobert wurde – markiert einen entscheidenden Schritt auf seinem Denkweg. *Die ganze Philosophie* – heißt es nun, der Satz ist von Schelling in sein Handexemplar eingetragen worden – *Die ganze Philosophie geht aus, und muß ausgehen von einem Princip, das als das absolute Princip auch zugleich das schlechthin Identische ist. Ein absolut Einfaches, Identisches läßt sich nicht durch Beschreibung, überhaupt nicht durch Begriffe auffassen oder mittheilen. Es kann nur angeschaut werden. Eine solche Anschauung ist das Organ aller Philosophie. – Aber diese Anschauung, die nicht eine sinnliche, sondern eine intellektuelle ist, die nicht das Objektive oder das Subjektive, sondern das absolut Identische, an sich weder Subjektive noch Objektive, zum Gegenstand hat, ist selbst bloß eine innere, die für sich selbst nicht wieder objektiv werden kann: sie kann objektiv werden nur durch eine zweite Anschauung. Diese zweite Anschauung ist die ästhetische.*[26] Indem das Denken in der Philosophie Schellings der Anschauung weicht, gleicht sich seine Philosophie der Kunst an, ist die Differenz zwischen beiden nur mehr eine relative: In der Kunst kann sinnlich angeschaut werden, was der Philosophie in der ihr von Schelling als Organ zugeschriebenen intellektuellen Anschauung bereits vor das geistige Auge geführt ist. Richard Kroner hat an Schellings Begriff der intellektuellen Anschauung in dem bereits erwähnten Buch scharfe Kritik geübt, wo er u. a. schreibt: *Schelling übersteigt wie im Traume die Schranken, die Kant aufgerichtet, und die auch Fichte für unübersteiglich gehalten hatte. So bewundernswert der frische Wagemut ist, mit dem er an die Lösung seiner Aufgabe herantritt, so genialisch die Einsichten und Ausblicke sind, die er überall gewinnt, – das ganze Gebäude erscheint doch wenig fest gefügt, und sein*

26 Ebd., S. 625.

Erbauer ähnelt mehr einem Vernunft-Abenteurer als einem Architekten, der seine Pläne auf Grund logischer Besinnung entwirft und ausführt. [...] *Die tiefere Ursache aber, die Schelling dazu verleitet, auf solche Abenteuer auszugehen, ist darin zu suchen, daß er in der intellektuellen Anschauung den Schlüssel zu besitzen glaubt, der ihm das Tor des Absoluten öffnet. Schelling hat den Schritt zum ›absoluten‹ Idealismus im Prinzip schon in der Schrift »Vom Ich«* [*1795*], *schon in dem Augenblicke getan, da er im »reinen ewigen Sein« die ›Urform‹ des Ich gefunden zu haben glaubte und damit die Überzeugung in sich festigte, das dialektische Problem der Identität gelöst zu haben.* [...] *Die intellektuelle Anschauung vollbringt das Wunder, das kein endliches Erkennen zu begreifen oder gar zu leisten vermag: sie setzt Sein und Idee, Gegenstand und Vernunft widerspruchlos identisch, in ihr schaut das absolute Sein sich selbst an, ohne sich zu entzweien, in ihr »ist« unmittelbar und ungetrennt der Anschauende das Angeschaute. Von dieser Anschauung, die als solche zwar allem endlichen Erkennen vorausliegt und von ihm nie wieder erreicht wird, wird doch auch es selbst in letzter Hinsicht getragen: sie ist seine höchste Bedingung. Nur insofern das endliche Erkennen durch die intellektuelle Anschauung bedingt ist und in ihr wurzelt, ist es spekulatives Erkennen: insofern aber ist in ihm Sein und Idee, – die Natur, die angeschaut wird, und die Vernunft, die sie anschaut, – eines und dasselbe* [...].[27]

Zitiert seien diese Sätze Kroners nur als Hinweis auf die Probleme und Gründe, aus welchen er bei Schelling Widerspruchlosigkeit nicht als Überwindung des Widerspruchs gelten lassen will, wie er denn auch für Schellings methodischen Standpunkt als entscheidend erweist, daß dieser das Anschauen als das eigentlich spekulative Erkenntnismittel ansieht, welches die Gegensätze des Seins und des Denkens, des Empirischen und des Apriorischen zu überwinden die

27 *Von Kant bis Hegel* (zit. nach der 2. Aufl.), a.a.O., Bd. II, S. 36 f.

Macht haben soll. Hier haben wir uns mit der Frage zu beschäftigen, in welcher Weise Kunst für Schelling den Gegenstand der intellektuellen Anschauung, die absolute Identität, zu objektivieren – oder, wie er auch sagt, – zu reflektieren vermag. Zugleich wird sich ergeben, was es für die Ästhetik besagt, daß Schelling an der früher zitierten Stelle, welche die Kunst als das *einzige wahre und ewige Organon zugleich und Dokument der Philosophie bestimmt*, nicht von Subjekt und Objekt, sondern von Bewußtem und Bewußtlosem, von deren Identität, wie er schreibt, *im Handeln und Produciren* spricht.

Der Zusatz *und Produciren* verrät den entscheidenden Unterschied gegenüber den *Briefen über Dogmatismus und Kriticismus*. Das Handeln, welches im Gegensatz zum wirklichen Handeln das Ziel der Identität von Subjekt qua Freiheit und Objekt qua Notwendigkeit erreicht, war dort das Handeln, in der die Handlung der Tragödie, die Handlung, in welcher – der Formulierung Hölderlins aus den *Anmerkungen zum Oedipus* zufolge – *der Gott und Mensch sich paart, und gränzenlos die Naturmacht und des Menschen Innerstes im Zorn Eins wird.*[28]

Für Hölderlin, anders als für Schelling, bleibt es freilich nicht bei dieser Einswerdung. Hölderlins Satz besagt, daß das Ungeheure dieses Einswerdens dadurch sich begreift, daß das grenzenlose Einswerden durch grenzenloses Scheiden sich reinigt.

An die Stelle des Handelns als der Tat des Tragödienhelden, als dramatischer Handlung, tritt dann im *System des transzendentalen Idealismus* das Handeln als kreativer Akt des Dichters, als Produzieren. Der sechste und letzte Hauptabschnitt dieses Werks ist überschrieben: *Deduktion eines allgemeinen Organs der Philosophie, oder Hauptsätze der Philosophie der Kunst nach Grundsätzen des transzendentalen Idealismus.*[29]

28 StA, Bd. 5, S. 201.
29 *System des transzendentalen Idealismus*, a.a.O., S. 619 f.

Die Deduktion beginnt mit der Feststellung, daß das zu deduzierende Produkt mit dem Freiheitsprodukt gemein haben muß, daß es ein mit Bewußtsein Hervorgebrachtes, mit dem Naturprodukt, daß es ein bewußtlos Hervorgebrachtes ist. Das Ich in der Tätigkeit, um die es hier geht, müsse mit Bewußtsein (subjektiv) anfangen, und im Bewußtlosen oder objektiv enden, das Ich sei bewußt der Produktion nach, bewußtlos in Ansehung des Produkts. Die bewußte und die bewußtlose Tätigkeit müßten *Eines seyn, denn sonst ist keine Identität; beide müssen getrennt seyn, denn sonst ist Identität, aber nicht für das Ich.* Wie ist dieser Widerspruch aufzulösen, fragt Schelling. Es müsse einen Punkt geben, wo Bewußtsein und Bewußtlosigkeit zusammenfallen, wodurch das Produzieren aufhört; das Produzierende, die Intelligenz, endet in einer vollkommenen Anerkennung der im Produkt ausgedrückten Identität, als einer solchen, deren Prinzip in ihr selbst liegt; sie endet in einer vollkommenen Selbstanschauung. *Da es nun,* fährt Schelling fort, *die freie Tendenz zur Selbstanschauung in jener Identität war, welche die Intelligenz ursprünglich mit sich selbst entzweite, so wird das Gefühl, was jene Anschauung begleitet, das Gefühl einer unendlichen Befriedigung seyn. Aller Trieb zu produciren steht mit der Vollendung des Produkts stille, alle Widersprüche sind aufgehoben, alle Räthsel gelöst. Da die Produktion ausgegangen war von Freiheit, d. h. von einer unendlichen Entgegensetzung der beiden Thätigkeiten, so wird die Intelligenz jene absolute Vereinigung beider, in welcher die Produktion endet, nicht der Freiheit zuschreiben können, denn gleichzeitig mit der Vollendung des Produkts ist alle Erscheinung der Freiheit hinweggenommen; sie wird sich durch jene Vereinigung selbst überrascht und beglückt fühlen, d. h. sie gleichsam als freiwillige Gunst einer höheren Natur ansehen, die das Unmögliche durch sie möglich gemacht hat. – Dieses Unbekannte aber, was hier die objektive und die bewußte Thätigkeit in unerwartete Harmonie setzt, ist nichts anderes als jenes Absolute, welches den allgemeinen Grund der prästabilirten Harmonie zwischen dem Bewußten und dem Bewußtlosen enthält. Wird also jenes Absolute reflektirt aus dem Produkt, so wird es der Intelligenz erscheinen als etwas, das über ihr ist, und was selbst entgegen der Freiheit zu dem, was mit Bewußtseyn und Absicht begonnen war, das Absichtslose hinzubringt. – Dieses unveränderlich Identische, was zu keinem Bewußtseyn gelangen kann und nur aus dem Produkt widerstrahlt, ist für das Producirende eben das, was für das Handelnde das Schicksal ist, d. h. eine dunkle unbekannte Gewalt, die zu dem Stückwerk der Freiheit das Vollendete oder das Objektive hinzubringt; und wie jene Macht, welche durch unser freies Handeln ohne unser Wissen, und selbst wider unsern Willen, nicht vorgestellte Zwecke realisirt, Schicksal genannt wird, so wird das Unbegreifliche, was ohne Zuthun der Freiheit und gewissermaßen der Freiheit entgegen, in welcher ewig sich flieht, was in jener Produktion vereinigt ist, zu dem Bewußten das Objektive hinzubringt, mit dem dunkeln Begriff des Genies bezeichnet. – Das postulirte Produkt ist kein anderes als das Genieprodukt, oder, da das Genie nur in der Kunst möglich ist, das Kunstprodukt.*[30]

Wäre unser Thema die Ästhetik im allgemeinen oder gar die Philosophie und Psychologie des schöpferischen Aktes, so müßten wir diese, ihren Ursprung aus dem Geist der Romantik deutlich verratende, zugleich Erkenntnisse der Freudschen Psychoanalyse wenn nicht vorwegnehmende, so doch vorausahnende Theorie vom Ineinandergreifen der Freiheit und der Notwendigkeit, des eigenen und des fremden Tuns im künstlerischen Produzieren genauer diskutieren. Heißt es bei Freud doch etwa, *das Werk gerät, wie es kann, und stellt sich dem Verfasser oft wie unabhängig, ja wie fremd gegenüber.*[31] Unter dem Gesichtspunkt der

30 Ebd., S. 615 f.

31 S. Freud, *Der Mann Moses und die monotheistische Religion.* In: S. F., *Ges. Werke,* Bd. XVI. London 1950, S. 211. Vgl. dazu: Th. W. Adorno,

Schellingschen Gattungspoetik ist das Entscheidende des zitierten Abschnitts, in dem eine Philosophie der Kunst entworfen wird, die These, daß das Kunstwerk die Identität von Freiheit und Notwendigkeit, von Subjekt und Objekt reflektiert, weil diese, als die bewußte und die bewußtlose Tätigkeit in der Produktion des Kunstwerks eins geworden sind. Handlung ist nicht mehr die im Kunstwerk dargestellte, sondern die, deren Ergebnis das Kunstwerk ist. Schelling verläßt damit die Position der Gehaltsästhetik, die er in den *Briefen über Dogmatismus und Kriticismus* durch die Analyse der Tragödienhandlung auf epochemachende Weise erobert hatte, es ist – blickt man auf die Geschichte der Ästhetik – methodologisch ein Rückschritt. Schelling geht es nicht mehr um das, was im Kunstwerk (durch Gehalt und Form vermittelt) Ereignis wird – wodurch eine spezielle Poetik erst möglich würde –, Schelling geht es nun um die ästhetische Anschauung und um dieser willen erst um das Kunstprodukt. Das Kunstprodukt freilich wird wiederum nicht an sich, sondern von seiner Genese, von der künstlerischen Tätigkeit her, bestimmt. So heißt es unter dem Titel *Charakter des Kunstprodukts* im selben Schlußteil des *Systems des transzendentalen Idealismus: Das Kunstwerk reflektirt uns die Identität der bewußten und der bewußtlosen Thätigkeit. Aber der Gegensatz dieser beiden ist ein unendlicher, und er wird aufgehoben ohne alles Zuthun der Freiheit. Der Grundcharakter des Kunstwerks ist also eine bewußtlose Unendlichkeit* [*Synthesis von Natur und Freiheit*]. *Der Künstler scheint in seinem Werk außer dem, was er mit offenbarer Absicht darein gelegt hat, instinktmäßig gleichsam eine Unendlichkeit dargestellt zu haben, welche ganz zu entwickeln kein endlicher Verstand fähig ist.* Und ferner: *Jede ästhetische Produktion geht aus vom Gefühl eines unendlichen Widerspruchs, also muß auch das Gefühl, was die Vollendung des Kunstprodukts begleitet,*

Philosophie der neuen Musik. (Neuausgabe) Frankfurt a. M. 1969, S. 24, Anm. 10.

das Gefühl einer solchen Befriedigung seyn, und dieses Gefühl muß auch wiederum in das Kunstwerk selbst übergehen. Der äußere Ausdruck des Kunstwerks ist also der Ausdruck der Ruhe und der stillen Größe, selbst da, wo die höchste Spannung des Schmerzes oder der Freude ausgedrückt werden soll.[32]

Verbürgt das Kunstwerk qua Kunstwerk die Aufhebung des Widerspruchs, die Objektivierung der absoluten Identität, und wird diese absolute Identität nicht so sehr am Kunstwerk selbst, als vielmehr in seiner Wirkung, in der ästhetischen Anschauung, lokalisiert, so wird die Möglichkeit zerstört, die in der Tragödienanalyse der *Briefe*, zweifellos unbeabsichtigt, entstanden war: nämlich die Möglichkeit einer deduktiven Gattungspoetik, einer Poetik, welche die Gattungen unter dem Gesichtspunkt der Dialektik von Subjekt und Objekt, Freiheit und Notwendigkeit bestimmt. Der Grund dieser Einbuße ist unschwer zu erkennen: er liegt paradoxerweise in der größeren Bedeutung, welche die Kunst seit den *Briefen über Dogmatismus und Kriticismus* für Schellings Denken erlangt hat. Die Möglichkeit, für welche die Tragödie dort einsteht, muß für die Kunst aufbewahrt werden, vor dem Lichte der Vernunft gilt sie als verschwunden. Sobald aber die Möglichkeit der absoluten Identität für die Vernunft postuliert wird, nämlich in der intellektuellen Anschauung, und die Kunst als deren Objektivierung zum *einzigen wahren und ewigen Organon zugleich und Document der Philosophie* avanciert, wie es am Schluß des *Systems des transzendentalen Idealismus* heißt, kann diese Möglichkeit nicht mehr auf eine einzige Gattung der Dichtkunst beschränkt bleiben. So kann es nicht verwundern, daß Schellings ausgeführte Philosophie der Kunst erst in einer späteren Phase seines Denkens entsteht, in der Kunst ihre Bedeutung recht eigentlich eingebüßt hat, insofern als das Denken auf die Kunst nicht mehr

32 *System des transzendentalen Idealismus*, a.a.O., S. 619 f.

angewiesen ist und die Philosophie der Kunst nur mehr als eine Illustrierung der Philosophie selbst erscheint. Nicht zuletzt darum blieb die *Philosophie der Kunst* zu Schellings Lebzeiten unveröffentlicht.

Im Jahr 1800 hatte er noch an Fichte geschrieben, Natur und Transzendentalphilosophie verhielten sich zueinander wie Thesis und Antithesis, es gebe aber eine Aufhebung beider, nämlich in der Philosophie der Kunst, denn die Kunst sei ein *nicht bloß philosophische* [*r*], *sondern wirklich objektive* [*r*] *Ideal-Realismus.*[33] Aber Schellings Vorlesungen über die Philosophie der Kunst stellen, wie gesagt, nicht diesen Schlußstein seines Systems von 1800 dar. Die Funktion der Philosophie der Kunst in Schellings *System des transzendentalen Idealismus* verbietet deren Ausbau zu einer materialen Ästhetik und läßt es bei den *Hauptsätzen*, wie es dort heißt, bewenden. Erst der Übergang zur Identitätsphilosophie, in der die Kunst ihre Vormachtstellung einbüßt, wird ein System der einzelnen Künste und innerhalb der Poetik ein System der Gattungen möglich machen, wenngleich diese Unterscheidungen durch die identitätsphilosophischen Prämissen nur Scheinunterschiede zum Gegenstand haben können.

Daß die Philosophie der Kunst, wie sie im *System des transzendentalen Idealismus* in Hauptsätzen formuliert ist, eine Spezifizierung nach Gattungen, eine Gattungspoetik, verbietet, ist wohl auch Schelling bewußt gewesen. Unter dem Titel *Folgesätze* heißt es in derselben Schrift, wenn *die ästhetische Produktion von Freiheit ausgeht, und wenn eben für die Freiheit jener Gegensatz der bewußten und der unbewußten Thätigkeit ein absoluter ist, so gibt es eigentlich auch nur Ein absolutes Kunstwerk, welches zwar in ganz verschiedenen Exemplaren existiren kann, aber doch nur Eines ist, wenn es gleich in der ursprünglichsten Gestalt noch nicht existiren sollte.* Schon diese gleichsam archetypi-

33 Schelling an Fichte am 19. Nov. 1800. In: *J. G. Fichtes Briefwechsel*, krit. Gesamtausg., ges. u. hrsg. v. H. Schulz, Leipzig 1925, Bd. 2, S. 296.

sche Rückbindung aller Kunstwerke auf ein einziges absolutes Kunstwerk, als dessen verschiedene Exemplare sie nur erscheinen, statt an der jeweiligen Verschiedenartigkeit – wie es eine Gattungspoetik voraussetzt – ihre Wesenszüge zu haben, zeigt, daß von diesen Prämissen her der Weg zu einer Gattungspoetik abgeschnitten ist. Beinahe expressis verbis sagt es aber Schelling in dem anschließenden Passus, der von der eben zitierten These meint, es könne kein Vorwurf gegen sie sein, *daß mit derselben die große Freigebigkeit, welche mit dem Prädicate des Kunstwerks getrieben wird, nicht bestehen kann.* Dann heißt es nämlich: *Es ist nichts ein Kunstwerk, was nicht ein Unendliches unmittelbar oder wenigstens im Reflex darstellt. Werden wir z. B. auch solche Gedichte Kunstwerke nennen, welche ihrer Natur nach nur das Einzelne und Subjektive darstellen? Dann werden wir auch jedes Epigramm, das nur eine augenblickliche Empfindung, einen gegenwärtigen Eindruck aufbewahrt, mit diesem Namen belegen müssen, da doch die großen Meister, die sich in solchen Dichtungsarten geübt, die Objektivität selbst nur durch das Ganze ihrer Dichtungen hervorzubringen suchten, und sie nur als Mittel gebrauchten, ein ganzes unendliches Leben darzustellen und durch vervielfältigte Spiegel zurückzustrahlen.*[34] Schelling berührt hier die Frage, die sich angesichts seiner Definition des Kunstprodukts von der zur Darstellung reiner Subjektivität neigenden Lyrik, wie auch von der objektivistischen Epik her stellen muß, und die in den Gattungspoetiken des Deutschen Idealismus zumeist dazu geführt hat, daß die Identität von Subjekt und Objekt nicht für die Kunst als solche in Anspruch genommen wird, sondern in ihrer unterschiedlichen Realisierung den Deduktionsgrund für die Unterschiede der Dichtarten abgibt. Davon will aber Schelling hier so wenig etwas wissen, daß er die einzelnen Gattungen zu bloßen Mitteln degradiert, welche der Dichter

34 *System des transzendentalen Idealismus,* a.a.O., S. 627.

gebraucht, um ein Ganzes hervorzubringen, das nur in der Summe aller seiner Werke und so auch in der Summe der einzelnen Dichtarten liegen kann. Nach der Eigenart der einzelnen Gattungen zu fragen, danach, auf welche Weise sie die Identität von Subjekt und Objekt herstellen, wird dagegen abgelehnt.

Ein Wort abschließend noch zu dem Zusammenhang, der zwischen der im *System des transzendentalen Idealismus* entwickelten Theorie der Identität von bewußter und bewußtloser Tätigkeit, d. i. von Freiheit und Notwendigkeit, im schöpferischen Akt und der Tragödieninterpretation der *Briefe über Dogmatismus und Kriticismus* besteht. Wie man sah, begreift Schelling das Hervorbringen des Kunstprodukts als Handlung, in der, wie in jeder Handlung, Subjekt gegen Objekt, Freiheit gegen Notwendigkeit steht. Was die Tätigkeit des Künstlers von der realen Handlung unterscheidet, ist aber, daß sie weder im Raum der Subjektivität verbleibt, noch, indem ein Objektives entsteht, das seinen Ursprung nicht aus dem Subjekt haben kann, die Subjektivität auslöscht. An dem Kunstprodukt haben sowohl Freiheit als auch Notwendigkeit ihr Teil, die freie Tätigkeit ist ganz übergegangen in das Objektive, das Notwendige, die Intelligenz wird aber *in einer vollkommenen Anerkennung der im Produkt ausgedrückten Identität, als einer solchen, deren Princip in ihr selbst liegt* [...], *enden,* [...] *sie wird sich durch jene Vereinigung selbst überrascht und beglückt fühlen, d. h. sie gleichsam als freiwillige Gunst einer höheren Natur ansehen, die das Unmögliche durch sie möglich gemacht hat.*[35] Die Nähe dieses Vorgangs zu dem tragischen Geschehen, wie es in den *Briefen* analysiert wird, ist augenfällig. Die Konzeption der absoluten Identität von Freiheit und Notwendigkeit in der künstlerischen Produktion orientiert sich an jener anderen, welche die Identität aus der Auseinandersetzung des tragischen Helden mit dem

35 Ebd., S. 615 (vgl. Anm. 30).

Schicksal hervorgehen läßt – wobei wir hier die Ödipus-Analyse der *Briefe* mit der ergänzenden Deutung der *Philosophie der Kunst* zusammen sehen, wo ja allererst von Identität von Freiheit und Notwendigkeit die Rede ist. Obwohl Schelling im *System des transzendentalen Idealismus* der Tragödie keine Erwähnung tut, wird ihm dieses Faktum der Entwicklungsgeschichte seines Denkens schwerlich verborgen geblieben sein. Denn wie sollte man anders verstehen, daß er den Künstler in Form des Vergleichs geradezu mit dem tragischen Helden identifiziert. So heißt es in dem Abschnitt über die Deduktion des Kunstprodukts: *Ebenso wie der verhängnißvolle Mensch nicht vollführt, was er will, oder beabsichtigt, sondern was er durch ein unbegreifliches Schicksal, unter dessen Einwirkung er steht, vollführen muß, so scheint der Künstler, so absichtsvoll er ist, doch in Ansehung dessen, was das eigentlich Objektive in seiner Hervorbringung ist, unter der Einwirkung einer Macht zu stehen, die ihn von allen andern Menschen absondert, und ihn Dinge auszusprechen oder darzustellen zwingt, die er selbst nicht vollständig durchsieht, und deren Sinn unendlich ist.*[36] Wenngleich diese Sätze sehr wohl als Motto über Walter Muschgs *Tragische*[r] *Literaturgeschichte*[37] stehen könnten, darf man aus ihnen nicht folgern, daß Schellings Kunstkonzeption tragischen Wesens sei. Zwar dürfte die Analogie erwiesen haben, daß die Kunstkonzeption im *System des transzendentalen Idealismus* ihren Ursprung aus Schellings Tragödienauffassung hat: Mit Pantragik aber hat diese Konzeption schon deshalb nichts zu tun, weil Schellings Konzeption der Tragödie selber nicht auf Widerspruch, sondern auf Harmonie abzielt. Der Hinweis auf das Vorbild des tragischen Helden ändert also das Bild, das im *System des transzendentalen Idealismus* vom Künstler entworfen wird, nicht. Dieser Hinweis mag indessen helfen, in der bewegten Geschichte von Schellings Gedankenwelt in bezug auf die

36 Ebd., S. 617.
37 W. Muschg, *Tragische Literaturgeschichte*. Bern 1948.

Konzeption der Identität von Subjekt und Objekt in der Kunst eine gewisse Kontinuität wahrzunehmen und damit auch die Unterschiede, die seine im Rahmen der Identitätsphilosophie ausgearbeitete *Philosophie der Kunst* von 1802 von den Schlußabschnitten des *Systems des transzendentalen Idealismus* trennen und zugleich an die *Briefe über Dogmatismus und Kriticismus* wieder anknüpfen.

3

Wenn es auf der Stufe des transzendentalen Idealismus bei diesen Hauptsätzen hat bleiben, wenn es zu keinem ausgebauten System der Ästhetik hat kommen können, so ist bei der Analyse von Schellings Vorlesungen aus dem Jahr 1802/03, bekannt als *Philosophie der Kunst*, darum nicht bloß nach ihren Voraussetzungen, sondern auch nach deren Differenz gegenüber den Grundsätzen des transzendentalen Idealismus zu fragen. Die Vorlesungen über die Philosophie der Kunst gehören Schellings identitätsphilosophischem Denken an, dessen Prinzipien am klarsten in der, bereits erwähnten, Schrift *Darstellung meines Systems der Philosophie* von 1801 formuliert sind. Hinzugehören ferner das Gespräch *Bruno oder über das göttliche und natürliche Prinzip der Dinge* und die *Vorlesungen über die Methode des akademischen Studiums* – beide aus dem Jahr 1802.

Jürgen Habermas hat in seiner bereits erwähnten Dissertation den Stellenwert der Philosophie der Kunst in Schellings philosophischen Systemen von 1800 und 1801 wie folgt charakterisiert: *Die Wendung vom Leben zur Gestalt ist es, die sich in* [dem] *Bemühen Schellings meldet, die intellektuelle Anschauung in der ästhetischen selbst wieder objektiv werden* [zu] *lassen. Fichte erfährt das Sein im Akt der absoluten Selbstbestimmung des Subjekts, Hegel in der absoluten Befreiung des Geistes im Sichselbstdenken. Schelling aber drängt auf die Objektivation dieser inneren Erfahrung, ihm geht es um die Anschauung des Absoluten als der absoluten Gestalt. Wenn dann in der Identitätsphilosophie die Kunstanschauung ihre zentrale Stellung verliert und die intellektuelle Anschauung ihre Funktion übernimmt, so ist damit nur gemeint, daß der Philosoph nunmehr unmittelbar das Absolute anschauen kann, aber als Gestalt, also in derselben Weise wie mittelbar der Betrachter des Kunstwerkes. Der Name wechselt, die Intention bleibt dieselbe* [...].[38]

38 *Das Absolute und die Geschichte*, a.a.O., S. 179.

Solange der Philosoph auf die Kunst als die Objektivation der absoluten Identität angewiesen ist, gibt es die Möglichkeit einer materiellen (ich sage nicht: *materialistischen*) Ästhetik, in welcher die einzelnen Künste und, innerhalb der Dichtkunst, die einzelnen Gattungen unter dem Gesichtspunkt der Dialektik von Subjekt und Objekt differenzierend bestimmt würden, nicht. Indem die Identitätsphilosophie dem Philosophen die unmittelbare Anschauung des Absoluten zusichert, verliert die Kunst, wie Habermas schreibt, ihre zentrale Stellung in Schellings Philosophie, gewinnt aber zugleich die Möglichkeit (statt als die Kunst bzw. die Kunstanschauung für die absolute Identität einzustehen), in ihrer Differenzierung in Erscheinung zu treten. Aber wenn dieser Verlust zugleich ein Gewinn ist, so doch nur ein halber, weil nämlich das, was die Identitätsphilosophie ermöglicht und die Differenzierung der Kunst erlaubt, zugleich die Bedeutung der Differenzen kassiert. Nach dem Rückgriff auf die kantianisch-schillersche Position im transzendentalen Idealismus, dem die absolute Identität des Kunstwerks nicht durch dessen Gehalt, sondern durch dessen Entstehung und Anschauung begreiflich wurde, was eine Unterscheidung der Künste und Dichtarten gar nicht erst zum Thema hat werden lassen, ist nun, im Rahmen der Identitätsphilosophie, die Wiederaufnahme des gehaltsästhetischen Ansatzes, der in der Tragödieninterpretation der *Briefe über Dogmatismus und Kriticismus* vorliegt, möglich: Die dort gebotene Deutung der Tragödie ergibt beinahe von selber die Komplementärdefinitionen der epischen und der lyrischen Gattung und erlaubt auch die Bestimmung der Komödie, mithin der dramatischen Gattung als ganzer. – Mit der Position aber, welche die Identitätsphilosophie einnimmt und dank der diese Unterscheidungen überhaupt erst möglich werden, verlieren die Unterschiede zugleich ihre Relevanz. Das ist die Paradoxie von Schellings Philosophie der Kunst, die nun näher zu betrachten ist.

Schon einige Sätze aus der Darstellung des identitätsphilosophischen Systems beleuchten grell die methodologischen Vorentscheidungen, durch die eine auf diesem System basierende Ästhetik bedingt sein wird:

Ich nenne Vernunft die absolute Vernunft, oder die Vernunft, insofern sie als totale Indifferenz des Subjektiven und Objektiven gedacht wird [...]. – *Der Standpunkt der Philosophie ist der Standpunkt der Vernunft, ihre Erkenntniß ist eine Erkenntniß der Dinge, wie sie an sich, d. h. wie sie in der Vernunft sind. Es ist die Natur der Philosophie, alles Nacheinander und Außereinander, allen Unterschied der Zeit und überhaupt jeden, welchen die bloße Einbildungskraft in das Denken einmischt, völlig aufzuheben, und mit Einem Wort in den Dingen nur das zu sehen, wodurch sie die absolute Vernunft ausdrücken, nicht aber, insofern sie Gegenstände für die bloß an den Gesetzen des Mechanismus und in der Zeit fortlaufende Reflexion sind.*[39] [...] *Nichts ist an sich betrachtet endlich* [...]. *Hieraus folgt, daß vom Standpunkt der Vernunft aus keine Endlichkeit sey, und daß die Dinge als endlich betrachten, so viel ist, als die Dinge nicht betrachten, wie sie an sich sind. – Ebenso, daß die Dinge als verschieden oder als mannichfaltig betrachten so viel heiße, als sie nicht an sich oder vom Standpunkt der Vernunft aus betrachten. – Der Grundirrthum aller Philosophie ist die Voraussetzung, die absolute Identität sey wirklich aus sich herausgetreten, und das Bestreben, dieses Heraustreten, auf welche Art es geschehe, begreiflich zu machen. Die absolute Identität hat eben nie aufgehört, es zu seyn, und alles was ist, ist an sich betrachtet – auch nicht die Erscheinung der absoluten Identität, sondern sie selbst, und da es ferner die Natur der Philosophie ist, die Dinge zu betrachten, wie sie an sich sind, d. h. insofern sie unendlich und die absolute Identität selbst sind, so besteht also die wahre Philosophie in dem Beweis, daß die absolute Identität (das Unendliche) nicht aus sich selbst herausgetreten, und*

39 *Darstellung meines Systems der Philosophie* (1801). In: *Schellings Werke*, a.a.O., Bd. 3, S. 10 f.

alles, was ist, insofern es ist, die Unendlichkeit selbst sey [...].[40]

Es fragt sich, wie auf Grund solcher Prämissen ein System der Künste, gar der Dichtarten, das doch nur auf dem Weg der Unterscheidung zu gewinnen wäre, noch möglich sein soll, und nicht minder, ob der historische bzw. geschichtsphilosophische Gesichtspunkt, der in den Anfängen der spekulativen Poetik, bei Friedrich Schlegel, aber auch bei Hölderlin, entscheidend ist und der gleichfalls auf ein Unterscheiden zurückgeht, mit dem Gesichtspunkt der Schellingschen Identitätsphilosophie zu vereinen ist. Der Verdacht läßt sich nicht unterdrücken, es sei Schelling nicht so sehr um das philosophische Verstehen, d. h. um die Deduktion der Unterschiede gegangen, welche die einzelnen Künste, die einzelnen Dichtarten und die Epochen Antike und Moderne voneinander trennen, als vielmehr um den Nachweis, daß diese für die Ästhetik seiner Zeit im Brennpunkt der Diskussion stehenden Unterschiede und Gegensätze, denen man noch die von naiv und sentimentalisch, schön und erhaben hinzufügen kann, streng genommen gar keine Unterschiede sind. Streng genommen – d. h. vom Standpunkt der Vernunft her gesehen, welche die Dinge betrachten will, wie sie – nach Schelling – an sich sind, und an sich sind sie eben, den Grundsätzen der Identitätsphilosophie zufolge, nicht endlich, nicht unterschieden. Schellings Deduktion der einzelnen Gattungen ist so, im landläufigen Sinn, nicht so sehr deren Konstruktion als Destruktion, und zwar deshalb, weil Schelling Konstruktion geradezu als die Negation oder Aufhebung der formellen Gegensätze definiert; andere als formelle Gegensätze, als bloß quantitative, nicht qualitative, Differenzen, gibt es für die Identitätsphilosophie nicht. Bevor wir die Konsequenzen dieser Lehre für die Gattungspoetik und für ihren Zusammenhang mit der Geschichtsphilosophie der Kunst betrachten, sei ein von Schelling selbst

40 Ebd., S. 15 f.

gegebenes Beispiel zitiert. Schelling erklärt die *quantitative Differenz* als *eine Differenz, die nicht dem Wesen nach gesetzt ist (eine solche* – d. h. eine dem Wesen nach gesetzte, eine qualitative Differenz, so fügt er hinzu – *statuiren wir überhaupt nicht), eine Differenz also, welche bloß auf der Verschiedenheit der Form beruht, und die man deßwegen auch differentia formalis nennen kann. Beispiel, die reine Idee des Dreiecks. In demselben ist weder ein gleichschenkliges noch ein ungleichschenkliges, noch gleichseitiges noch ungleichseitiges. Jede dieser Formen ist eine quantitative Differenz der Idee des Dreiecks. Nun kann aber eben die Idee des Dreiecks nur in der Totalität dieser Formen existiren, so daß es zwar immer im Einzelnen mit Differenz, im Ganzen aber mit Indifferenz gesetzt ist.*[41]

Überträgt man das an diesem Beispiel Demonstrierte auf die Gattungspoetik, so wird man sich hüten müssen, im Dreieck gleichsam eine »Gattung« der Geometrie zu sehen. Es gibt für Schelling nicht etwa – wie später, mutatis mutandis, für Benjamin – eine Idee des Dramas, eine Idee des Epos und eine der Lyrik, sondern bloß die eine Idee der Kunst, die in der Totalität der einzelnen voneinander sich nur quantitativ unterscheidenden Formen existiert. Schelling hält also an jenem Satz des transzendentalen Idealismus fest, demzufolge es *eigentlich nur Ein absolutes Kunstwerk gibt, welches zwar in ganz verschiedenen Exemplaren existiren kann, aber doch nur Eines ist, wenn es gleich in der ursprünglichsten Gestalt noch nicht existiren sollte.*[42]

Jürgen Habermas hat als das charakteristische Symptom für die Wende von der Natur- zur Identitätsphilosophie die unterschiedliche Bewertung der Realität des konkreten Seienden bezeichnet. Der Naturphilosophie sei es *um die Rehabilitation der Naturwirklichkeit zu tun* [gewesen], *die Realität der Natur* [habe sie] *an die Seite der Realität der Geschichte* [gestellt], *die Realität des Seienden im Ganzen*

41 Ebd., S. 23.
42 *System des transzendentalen Idealismus*, a.a.O., S. 627.

gegen die Phänomenalität der Objekte bei Kant und Fichte in Schutz [genommen]. *Demgegenüber* [heiße] *es 1801, daß es in Wahrheit nichts auf sich hat mit dieser Realität von Natur und Geschichte, daß außerhalb der absoluten Identität nichts an sich sei.*[43] In seiner Kritik an Schellings Identitätsphilosophie, die ich hier nur resümieren kann, schreibt Habermas, Schelling versuche, *die Realität der endlichen einzelnen Dinge zu retten, indem er ihre Endlichkeit von ihrer Zeitlichkeit und Einzelheit und Scheinbarkeit ablöst und auf ihre an sich seienden Vorbilder, die Ideen nämlich überträgt.* [...] *Das Besondere* [werde] *in seiner Allgemeinheit gedacht, aber indem es als Besonderes aufgelöst wird: Das einzelne Seiende hat keine Realität. Auf der Ebene, auf der die Identität gedacht werden soll, auf der Ebene des einzelnen Seienden, wird sie nicht gedacht. Vielmehr wird diese Einheit als das unaufgelöste Problem aus der Sphäre des Endlichen herausgehoben und ins Unendliche selbst verschoben* [...]. *Schelling bleibt nichts anderes übrig, als das Sein qua Ewigsein in der absoluten Identität, in dem Kosmos von Ideen zu absorbieren, und das Endliche ganz aus ihr herausfallen zu lassen. Aber daß durch diese Nivellierung der Endlichkeit des Endlichen zum Schein die Identität selbst fragwürdig wird, weil sie mit ihrem einen Glied selbst hinfällig wird, ist die Beunruhigung, die schon in der Identitätsphilosophie selbst, als sie nach außen hin den Gipfel ihrer Vollendung erreicht hat, ihr Unwesen treibt.*[44]

Soweit Habermas, der im letzten Satz des Zitats, dem Gegenstand seiner Arbeit entsprechend, in deren Zentrum Schellings Denken in den Jahren 1809-1821 steht, über die Grenzen der Identitätsphilosophie hinausweist. Wir hingegen müssen uns hier den einzelnen Aspekten der Philosophie der Kunst zuwenden und sie von den identitätsphilosophischen Prämissen her, d. h. vorgängig der Beschäftigung

43 *Das Absolute und die Geschichte,* a.a.O., S. 194.
44 Ebd., S. 188 f.

mit der Gattungspoetik selbst anhand von vier Problemkreisen: 1. der Aufgabe der Ästhetik, 2. Schellings Kunstkonzeption, 3. dem System der Kunst und schließlich der Geschichtlichkeit der Kunst zu begreifen suchen.

Was zunächst die Aufgabe der Philosophie der Kunst betrifft, begegnet man schon hier der charakteristischen Paradoxie der Schellingschen Ästhetik: daß nämlich ihre wichtigsten Neuerungen und Ergebnisse durch nichts anderes in Frage gestellt werden, als durch das, dem sie sich verdanken. In der Einleitung zu seinen Vorlesungen über die Philosophie der Kunst erteilt Schelling jeglicher Wirkungsästhetik den Abschied. In Sätzen, deren Programm die *Kunst der Interpretation* und den *New Criticism* vorwegzunehmen scheint, schreibt Schelling: *Interessirt es uns, den Bau, die innere Anlage, die Beziehungen und Verwickelungen eines Gewächses oder eines organischen Wesens überhaupt so weit wie möglich zu verfolgen, wie viel mehr müßte es uns reizen, dieselben Verwickelungen und Beziehungen in den noch viel höher organisirten und in sich selbst verschlungeneren Gewächsen zu erkennen, die man Kunstwerke nennt.* Es bedeutet gegenüber der Ästhetik der Aufklärung einen entscheidenden Schritt, das Kunstwerk selbst auf diese Weise zum Gegenstand der Kunstphilosophie zu machen. Aber die Naturanalogie, der sich die Würde der Betrachtung des einzelnen Kunstwerks verdankt, führt zugleich über das einzelne Werk hinaus, das wegen des Vergleichs mit den Gewächsen der Natur immer schon in Gefahr ist, seine Individualität einzubüßen und zum bloßen Exemplar zu werden. So heißt es denn zu Beginn desselben Abschnitts: *Der ist noch sehr weit zurück, dem die Kunst nicht als ein geschlossenes, organisches und ebenso in allen seinen Theilen nothwendiges Ganzes erschienen ist, als es die Natur ist.*[45] Wenn hier nicht das Kunstwerk, sondern die Kunst selbst als ein geschlossenes, organisches Ganzes

45 *Philosophie der Kunst*, a.a.O., S. 1 f.

erscheint, so ist damit die Analyse des einzelnen Kunstwerks als Aufgabe nicht etwa gestrichen, vielmehr wird deutlich, daß die Analyse des Kunstwerks im Hinblick auf die Erkenntnis dessen erfolgen soll, was die Kunst selber ist – es ist der Widerspruch, den Habermas in den Satz gefaßt hat, das Besondere werde in seiner Allgemeinheit gedacht, aber dabei als Besonderes aufgelöst.

Schelling war sich sehr wohl bewußt, die überlieferte Ästhetik hinter sich gelassen zu haben. Er bat seine Zuhörer, die Wissenschaft der Kunst, die er vortrug, *mit nichts von all dem zu verwechseln, was man bisher unter diesem Namen oder irgend einem andern als Aesthetik oder Theorie der schönen Künste und Wissenschaften vorgetragen hat. Noch existirt überall keine wissenschaftliche und philosophische Kunstlehre; höchstens existiren Bruchstücke einer solchen, und auch diese sind noch wenig verstanden, und können nicht anders als im Zusammenhang eines Ganzen verstanden werden.*[46] Er hebt die von ihm intendierte Philosophie der Kunst sowohl von der Wirkungsästhetik ab, die das Schöne aus der empirischen Psychologie zu erklären sucht, als auch von den Musterpoetiken, die – wie Schelling schreibt – *gewissermaßen Recepte oder Kochbücher* [sind], *wo das Recept zur Tragödie so lautet: Viel Schrecken, doch nicht allzuviel; so viel Mitleid als möglich und Thränen ohne Zahl.*[47] Von der Wirkung, in deren Bann auch die Musterpoetiken der Aufklärung standen, lenkt Schelling den Blick zurück aufs Kunstwerk: man müsse untersuchen, *durch welche Mittel es dem Künstler gelingt, ihr Gemüth* [das der Menschen] *zu beherrschen, ihre Seele zu reinigen, ihr Innerstes aufzuregen*, es geht ihm um die *Reconstruktion des Kunstwerks durch den Verstand.*[48] Aber wiederum verhindert das Selbstverständnis der Schellingschen Philosophie, daß in dieser Rekonstruktion das Kunstwerk in seiner

46 Ebd., S. 5.
47 Ebd., S. 6.
48 Ebd., S. 2.

Besonderheit eingesehen, daß nach den spezifischen Mitteln der verschiedenen Kunst- und Dichtungsarten gefragt werde. Dies wird im Gegensatz zur Philosophie der Kunst als Kunsttheorie bezeichnet: *Kein Gegenstand* [*qualifizirt*] *sich zum Gegenstand der Philosophie, als insofern er selbst im Absoluten durch eine ewige und nothwendige Idee gegründet und fähig ist das ganze ungetheilte Wesen des Absoluten in sich aufzunehmen. Alle verschiedenen Gegenstände als verschiedene sind nur Formen ohne Wesenheit – Wesenheit hat nur Eines, und durch dieses Eine, was fähig ist, es als das Allgemeine in sich, seine Form, als Besonderes aufzunehmen. Es gibt also z. B. eine Philosophie der Natur, weil in das Besondere der Natur das Absolute gebildet, weil es demnach eine absolute und ewige Idee der Natur gibt. Ebenso eine Philosophie der Geschichte, eine Philosophie der Kunst.*

Damit wäre – mit Schelling betrachtet – *die Realität einer Philosophie der Kunst bewiesen, eben dadurch, daß ihre Möglichkeit bewiesen ist; es sind eben damit auch ihre Grenzen zugleich und ihre Verschiedenheit namentlich von der bloßen Theorie der Kunst gezeigt. Nämlich nur sofern die Wissenschaft der Natur oder Kunst in ihr das Absolute darstellt, ist diese Wissenschaft wirkliche Philosophie, Philosophie der Natur, Philosophie der Kunst. In jedem andern Fall, wo die besondere Potenz als besondere behandelt und für sie als besondere Gesetze aufgestellt werden, wo es also keineswegs um die Philosophie als Philosophie, die schlechthin allgemein ist, sondern um besondere Kenntniß des Gegenstandes, also einen endlichen Zweck, zu thun ist – in jedem solchen Fall kann die Wissenschaft nicht Philosophie, sondern nur Theorie eines besonderen Gegenstandes, wie Theorie der Natur, Theorie der Kunst heißen. Diese Theorie könnte allerdings ihre Principien wieder von der Philosophie entlehnen, wie z. B. die Theorie der Natur von der Naturphilosophie, aber eben deßwegen, weil sie nur entlehnt, ist sie nicht Philosophie. – Ich construire demnach in der Philosophie der Kunst zunächst nicht die Kunst als Kunst, als dieses Besondere, sondern ich construire das Universum in der Gestalt der Kunst, und Philosophie der Kunst ist Wissenschaft des All in der Form oder Potenz der Kunst. Erst mit diesem Schritt erheben wir uns in Ansehung dieser Wissenschaft auf das Gebiet einer absoluten Wissenschaft der Kunst.*[49]

Der Begriff der *Potenz,* wie er in Schellings Definition der Philosophie der Kunst als der Wissenschaft des Alls in der Form der Potenz der Kunst verwendet wird, ist der Kunstgriff, der es der Identitätsphilosophie erlaubt, mit dem Skandalon der realen Verschiedenheit der Dinge fertig zu werden. In der Einleitung zur *Philosophie der Kunst* schreibt Schelling, der Ausdruck *Potenz* beziehe sich *auf die allgemeine Lehre der Philosophie von der wesentlichen und innern Identität aller Dinge und alles dessen, was wir überhaupt unterscheiden. Es ist wahrhaft und an sich nur Ein Wesen, Ein absolut Reales, und dieses Wesen als absolutes ist untheilbar, so daß es nicht durch Theilung oder Trennung in verschiedene Wesen übergehen kann; da es untheilbar ist, so ist Verschiedenheit der Dinge überhaupt nur möglich, insofern es als das Ganze und Ungetheilte unter verschiedenen Bestimmungen gesetzt wird. Diese Bestimmungen nenne ich Potenzen.* Und fast bedauernd fügt Schelling hinzu: *Könnte man diese* – nämlich die Potenzen – *hinwegnehmen, um das reine Wesen gleichsam entblößt zu sehen, so wäre in allem wahrhaft Eins.*[50]

Es ist hier nicht meine Aufgabe, und es läge auch außerhalb meiner Kompetenz, die Schellingsche Potenzlehre in ihren Einzelheiten und in ihrer Problematik zu erläutern. Wesentlich für unsere Diskussion der Schellingschen Poetik ist aber, daß der Begriff der quantitativen Differenz – was etwa aus dem zitierten Abschnitt über die verschiedenen Formen von

49 Ebd., S. 11 f.
50 Ebd., S. 10.

Dreiecken, die jeweils eine quantitative Differenz der Idee des Dreiecks sind, nicht zu entnehmen ist –, daß also der Begriff der quantitativen Differenz wie der der Potenz von Schelling allemal auf das Verhältnis von Subjektivität und Objektivität bezogen ist. Paragraph 42 in der Darstellung seines *Systems der Philosophie* erklärt: *Jede bestimmte Potenz bezeichnet eine bestimmte quantitative Differenz der Subjektivität und Objektivität.*[51] Eine qualitative Differenz von Subjekt und Objekt gibt es für die Identitätsphilosophie nicht, setzt sie doch Subjekt und Objekt als dem Wesen nach eins.[52] In bezug auf die absolute Identität, welche die absolute Indifferenz des Subjektiven und Objektiven ist, so daß in ihr weder das eine noch das andere unterschieden werden kann, gibt es keine quantitative Differenz. Diese ist vielmehr nur außerhalb der absoluten Identität möglich. Da für Schelling *alles, was ist, die absolute Identität selbst* ist, sie also von allem, was ist, nicht getrennt gedacht werden kann, sondern nur als alles ist, ergibt sich die Gleichsetzung von absoluter Identität und absoluter Totalität, die Schelling auch Universum nennt. Dies ist die identitätsphilosophische Voraussetzung jener programmatischen Sätze der *Philosophie der Kunst,* nach denen Schelling im ersten, allgemeinen, Teil seiner Vorlesungen die Kunst nicht als Kunst, als dieses Besondere, zu konstruieren gedenkt, sondern das Universum in der Gestalt der Kunst; Philosophie der Kunst ist für Schelling *Wissenschaft des All in der Form oder Potenz der Kunst.*

Fragt man also nach Schellings Kunstkonzeption, d. h. nach dem Verhältnis, in das Schelling die Kunst zur Philosophie setzt, so besagt schon der Ausdruck *Potenz der Kunst,* daß die Antwort sich am Gedanken der quantitativen Differenz der Subjektivität und Objektivität orientieren wird, oder, wie Schelling auch sagt, des Idealen und des Realen. In der 14. Vorlesung über die *Methode des akademischen Studiums*

51 A.a.O., Bd. 3, S. 30.
52 Vgl. § 23 der *Darstellung meines Systems . . .,* a.a.O., S. 19 f.

heißt es: *Denn auch angenommen, daß die Kunst aus nichts Höherem begreiflich sei, so ist doch so durchgreifend, so allwaltend das Gesetz des Universums, daß alles, was in ihm begriffen ist, in einem andern sein Vorbild oder Gegenbild habe, so absolut die Form der allgemeinen Entgegenstellung des Realen und Idealen, daß auch auf der letzten Grenze des Unendlichen und Endlichen, da wo die Gegensätze der Erscheinung in die reinste Absolutheit verschwinden, dasselbe Verhältnis seine Rechte behauptet und in der letzten Potenz wiederkehrt. Dieses Verhältnis ist das der Philosophie und der Kunst. – Die letztere, obgleich ganz absolut, vollkommene Ineinsbildung des Realen und Idealen verhält sich doch selbst wieder zur Philosophie wie Reales zum Idealen. In dieser* [der Philosophie] *löst der letzte Gegensatz des Wissens sich in die reine Identität auf, und nichtsdestoweniger bleibt auch sie im Gegensatz gegen die Kunst immer nur ideal. Beide begegnen sich also auf dem letzten Gipfel und sind sich, eben kraft der gemeinschaftlichen Absolutheit, Vorbild und Gegenbild.*[53]

Die Frage nach der Aufgabe, die Schelling der Philosophie der Kunst zuweist, führt, weil die Frage auch die nach dem Verhältnis von Philosophie und Kunst zueinander impliziert, zugleich zu Schellings Auffassung von der Kunst. Und das bis hierher über die Schellingsche Konzeption des quantitativen Unterschieds Referierte, der allein die Unterschiedenheit der Dinge bedingt, die an sich betrachtet die absolute Identität sind, hat zugleich das Prinzip vorweggenommen, das Schellings System der Kunst (also der 3. Frage) zugrunde liegt, wiederum nämlich das der quantitativen Differenz der Subjektivität und Objektivität, des Idealen und des Realen.

Das Wesen dieses Schellingschen Systematisierungsprinzips – und damit die Eigenart seiner Ästhetik, die sie von der

53 *Vorlesungen über die Methode des akademischen Studiums* (1802). In: *Schellings Werke*, a.a.O., Bd. 3, S. 370 (die 14. Vorlesung ist als *Ergänzung 1* abgedr. im Nachdr. der *Philosophie der Kunst*, a.a.O., S. 387).

seiner Zeitgenossen unterscheidet – wird vielleicht am deutlichsten, wenn man an die schon zitierten Definitionen zurückdenkt, die Friedrich und August Wilhelm Schlegel mit Hilfe der Begriffe subjektiv und objektiv von den drei poetischen Gattungen gegeben haben. Für August Wilhelm konnte es heißen, *das Epische* [sei] *das rein Objektive im menschlichen Geiste. Das Lyrische, das rein Subjektive. Das Dramatische, die Durchdringung von beiden.* Wie man sah, knüpfen diese Definitionen wahrscheinlich an Schellings Verständnis der Tragödie, mithin der dramatischen Gattung, als der Identität (Schlegel sagt: Durchdringung) von Freiheit und Notwendigkeit, d. h. Subjekt und Objekt an. Der Schelling der Briefe über *Dogmatismus und Kriticismus* hat die beiden anderen Gattungen nicht definiert, wie man denn auch seine Tragödiendeutung nur mit Einschränkung als Definition der Gattung wird gelten lassen wollen. Indem nun in den folgenden Jahren Schelling die absolute Identität von Subjekt und Objekt nicht als ein der Kunst Vorbehaltenes, nur von ihr Erreichtes, behauptet, sondern diese Synthesis zur Thesis seines ganzen Systems macht, das darum das identitätsphilosophische heißt, können sich die epische und die lyrische Gattung zu der dramatischen nicht als die rein objektive bzw. die rein subjektive zu der subjektiv-objektiven verhalten. Das rein Subjektive und das rein Objektive gibt es nach der Lehre der Identitätsphilosophie nicht, Subjekt und Objekt sind immer schon identisch; was es gibt, ist allein die quantitative Differenz der Subjektivität und Objektivität: alles, was ist, ist zwar Identität von Subjektivem und Objektivem, aber als ein Einzelnes bestimmt es sich durch das Überwiegen des Subjektiven oder des Objektiven, wodurch die quantitative Differenz entsteht.

Für die Definition der poetischen Gattungen und allgemein für das System der Philosophie der Kunst besagt dies, daß die einzelnen Gattungen, wie auch die einzelnen Künste, sich dadurch unterscheiden, daß in ihnen, sei's das Subjektive, d. h. das Reale, sei's das Objektive, d. h. das Ideale überwiegt, oder aber die Indifferenz beider möglichen quantitativen Differenzen sich herstellt. Dieses Überwiegen des Subjektiven oder des Objektiven hat Schelling in der Darstellung des identitätsphilosophischen Systems mit Hilfe des + Zeichens ausgedrückt. In der Philosophie der Kunst erfüllt diese Aufgabe der in einem sehr prägnanten Sinn verwendete Begriff der Einbildungskraft. Paragraph 22 der *Philosophie der Kunst* besagt: *Wie Gott als Urbild im Gegenbild zur Schönheit wird, so werden die Ideen der Vernunft, im Gegenbild angeschaut, zur Schönheit; und das Verhältniß der Vernunft zu der Kunst ist daher dasselbe wie das Verhältniß Gottes zu den Ideen. Durch die Kunst wird die göttliche Schöpfung objektiv dargestellt, denn diese beruht auf derselben Einbildung der unendlichen Idealität ins Reale, auf welcher auch jene beruht. Das treffliche deutsche Wort Einbildungskraft bedeutet eigentlich die Kraft der Ineinsbildung, auf welcher in der That alle Schöpfung beruht. Sie ist die Kraft, wodurch ein Ideales zugleich auch ein Reales, die Seele Leib ist, die Kraft der Individuation, welche die eigentlich schöpferische ist.*[54]

Im Hinblick auf diesen Begriff der Ineinsbildung und die durch ihn ermöglichte Differenzierung heißt es bereits in der Einleitung zur *Philosophie der Kunst: Lyrik = Einbildung des Unendlichen ins Endliche = Besonderem. Epos = Darstellung (Subsumtion) des Endlichen im Unendlichen = Allgemeinem. Drama = Synthese des Allgemeinen und Besonderen.*[55] Der Unterschied, den in diesen Bestimmungen die Begriffe *Einbildung* und *Darstellung = Subsumtion* signalisieren, ist entscheidend für die Art und Weise, wie sich die quantitative Differenz für Schellings Ästhetik konkretisiert: diesem Punkt möchte ich mich abschließend kurz zuwenden. Schelling unterscheidet drei Möglich-

54 *Philosophie der Kunst*, a.a.O., S. 30.
55 Ebd., S. 15.

keiten der Darstellung. *Diejenige Darstellung* – heißt es in Paragraph 39 der *Philosophie der Kunst* –, *in welcher das Allgemeine das Besondere bedeutet, oder in welcher das Besondere durch das Allgemeine angeschaut wird, ist Schematismus. – Diejenige Darstellung aber, in welcher das Besondere das Allgemeine bedeutet, oder in welcher das Allgemeine durch das Besondere angeschaut wird, ist allegorisch. – Die Synthesis dieser beiden, wo weder das Allgemeine das Besondere, noch das Besondere das Allgemeine bedeutet, sondern wo beide absolut eins sind, ist das Symbolische.*[56]

Die Definition der Epik aus der Einleitung: *Darstellung (Subsumtion) des Endlichen im Unendlichen = Allgemeinem* kehrt hier als Definition des Schematismus wieder: das Allgemeine bedeutet das Besondere. Gleiches gilt für die Definition der Lyrik und der Allegorie sowie für die Definition des Dramas und des Symbols. Mit anderen Worten: Epos, Lyrik und Drama verhalten sich solcherart zueinander, daß Epos und Lyrik verschiedene Formen der Beziehung von Allgemeinem und Besonderem, d. h. Objektivem und Subjektivem, Idealem und Realem darstellen, während das Drama die Aufhebung dieses Unterschieds ist, die Synthese der beiden Formen, welche durch eine jeweils andere quantitative Differenz bestimmt sind, mit Schelling zu sprechen: das Drama ist deren Indifferenz.

Denn verstehe ich die Schellingsche Unterscheidung von Schematismus, Allegorie und Symbol richtig, so handelt es sich auch hier um quantitative Differenzen; nämlich um das Überwiegen des Allgemeinen, der Objektivität im Schematismus, also auch in der Epik, die Schelling zufolge das Endliche im Unendlichen darstellt; um das Überwiegen des Besonderen, der Subjektivität, in der Allegorie, also auch in der Lyrik, die als die Einbildung des Unendlichen ins Endliche definiert wird. Als die Indifferenz beider, in der

56 Ebd., S. 51.

weder die Subjektivität noch die Objektivität überwiegt, begreift Schelling das Symbol und ordnet ihm in der Gattungspoetik das Drama zu. An ihm, genauer: an der Tragödie, hatte er schon in den Briefen über Dogmatismus und Kritizismus die Möglichkeit der Identität von Subjekt und Objekt, Freiheit und Notwendigkeit begriffen. Im Rahmen des Systems, das er auf der Grundlage der Identitätsphilosophie errichtet, und das Nicht-Identität nur noch als quantitative Differenz duldet, steht das Drama rechtens an der Stelle, wo es auch eine quantitative Differenz nicht mehr gibt, sondern, wie Schelling schreibt, *jene wahre und absolute Indifferenz, die im Absoluten ist,* [...] *objektiv* wird.[57]

57 Ebd., S. 334.

4

Ist es auch nicht möglich, Schellings Lehre von den Dichtarten zu verstehen, ohne in das System seiner Philosophie von 1801 eingedrungen zu sein, so war doch der Versuch, die philosophischen Voraussetzungen seiner Gattungspoetik darzustellen, wie auch die Zusammenstellung der Zitate – fast muß ich befürchten, den Anschein erweckt zu haben, als ginge es um eine Einführung in Schellings Identitätsphilosophie – bestimmt mit Rücksicht auf den besonderen Gegenstand. Zentrale Fragen, fast möchte ich sagen: die im strengen Sinne philosophischen (etwa das Problem von Erkennen und Sein, das Problem der Vernunft) blieben unberührt, wie denn auch das Absehen von Fichte bei einer Darstellung des jungen Schelling philosophiegeschichtlich ganz und gar unstatthaft ist und nur durch unseren spezifischen Gesichtspunkt seine Legitimation erhalten mag, gibt es doch bei Fichte nicht einmal Ansätze zu einer Ästhetik. Vor der Beschäftigung mit der spekulativen Position, von der her Schelling seine Lehre von den poetischen Gattungen entwirft und auf die hinzuweisen ich mich hier begnügen mußte, ist noch eine Frage zu diskutieren, die für ihren Stellenwert in der Entwicklung der deduktiven Gattungstheorien zwischen 1795 und 1830, besonders aber für das Verhältnis der Schellingschen Ästhetik zur Hegelschen, entscheidend ist: die Frage, ob, und wenn ja, wie, die Geschichte Eingang gefunden hat in Schellings Philosophie der Kunst, inwiefern diese zugleich Geschichtsphilosophie ist.

In der Einleitung zu seinen ästhetischen Vorlesungen, also zur *Philosophie der Kunst,* nennt Schelling[58] die *historische Seite der Kunst* [...] *ein wesentliches Element aller Con-*

58 Ebd., S. 7.

struktion. Der Satz zeigt, wie mißverständlich einzelne Zitate aus Schellings Ästhetik sind, wenn man sie nicht im Zusammenhang seiner Identitätsphilosophie sieht, die er übrigens zu Beginn seiner ästhetischen Vorlesungen selber in gedrängter Form rekapituliert hat. Denn die Behauptung, daß die historische Seite der Kunst ein wesentliches Element aller Konstruktion in der Ästhetik sei, würde, wenn nicht klargestellt ist, was Konstruktion bei Schelling bedeutet, auch auf die Kunstlehre etwa Friedrich Schlegels zutreffen. Bei Schlegel ging, wie ich zu zeigen versucht habe, das System der Dichtarten hervor aus der Geschichte der griechischen und römischen Poesie, aus deren Verständnis als einer Naturgeschichte der Kunst. Die historische Bewegung wurde zur systematischen, ohne daß sie aufhörte, historische zu sein. Ohne dessen spekulative Prämissen ist so bei Schlegel Wesentliches von Hegels ästhetischem System vorweggenommen. Ganz anders nimmt sich dagegen das Schellingsche System aus. Wir wissen bereits, daß er Konstruktion definiert als Aufhebung der formellen Gegensätze, der quantitativen Differenzen; in der Konstruktion erweist sich das Einzelne, das Unterschiedene, als das Identische. Gibt sich Schellings Identitätsphilosophie mit dem Unterschiedenen ab, so nicht, um es festzuhalten und aus ihm das Ganze zu konstruieren, wie es die Aufgabe der Hegelschen Philosophie sein wird, für die das Ganze (ein zunächst abstraktes), was es dem Begriff nach ist, erst wird in der Entäußerung, der Konkretisierung, im Hervorbringen der geschichtlichen Welt des Verschiedenen. Die Identitätsphilosophie dagegen bedarf des Unterschiedenen allein, um im Postulat, daß es nur ein relativ Verschiedenes, nur quantitativ Differentes sei, der These der absoluten Identität über den Anschein der Nicht-Identität zum Sieg zu verhelfen. Was die Identitätsphilosophie *Construktion* nennt, ist, im Hinblick auf anderes als die absolute Identität selbst, Destruktion. Daß der zitierte Satz über die historische Seite der Kunst als ein wesentliches Element aller Konstruktion nicht im Sinne

Friedrich Schlegels gemeint ist, der im *Gespräch über die Poesie* sagt, eine Theorie der Dichtarten müsse zugleich Geschichte und Theorie der Dichtkunst sein, daß der Satz vielmehr gemeint ist im Sinn der Aufhebung der Geschichtlichkeit, das zeigen die folgenden Sätze, mit denen die Einleitung der Schellingschen *Philosophie der Kunst* schließt: *Wie die Kunst an sich ewig und nothwendig ist, so ist auch in ihrer Zeiterscheinung keine Zufälligkeit, sondern absolute Nothwendigkeit. Sie ist auch in dieser Beziehung noch der Gegenstand eines möglichen Wissens, und die Elemente dieser Construktion sind durch die Gegensätze gegeben, welche die Kunst in ihrer Zeiterscheinung zeigt. Die Gegensätze aber, die in Ansehung der Kunst durch ihre Zeitabhängigkeit gesetzt sind, sind, wie die Zeit selbst, nothwendig unwesentliche und bloß formelle Gegensätze, ganz verschieden also von den realen im Wesen oder der Idee der Kunst selbst gegründeten. Dieser allgemeine und durch alle Zweige der Kunst hindurchgehende formelle Gegensatz ist der der antiken und modernen Kunst.*

Es wäre ein wesentlicher Mangel der Construktion, wenn wir die Rücksicht darauf bei jeder einzelnen Form der Kunst vernachlässigen wollten. Da aber dieser Gegensatz als ein bloß formeller angesehen wird, so die Construktion eben in der Negation oder Aufhebung bestehend. Wir werden, indem wir diesen Gegensatz berücksichtigen, unmittelbar zugleich die historische Seite der Kunst darstellen, und können hoffen nur dadurch unserer Construktion im Ganzen die letzte Vollendung zu geben. – Nach meiner ganzen Ansicht der Kunst ist sie selbst ein Ausfluß des Absoluten. Die Geschichte der Kunst wird uns am offenbarsten ihre unmittelbaren Beziehungen auf die Bestimmungen des Universums und dadurch auf jene absolute Identität zeigen, worin sie vorherbestimmt sind. Nur in der Geschichte der Kunst offenbart sich die wesentliche und innere Einheit aller Kunstwerke, daß alle Dichtungen eines und desselben Genius sind, der auch in den Gegensätzen der alten und neuen Kunst sich nur in zwei verschiedenen Gestalten zeigt.[59]

Schlegels Weg führte von der Literaturgeschichtsschreibung, mit der er als Student der Klassischen Philologie begann, zur Geschichtsphilosophie, in der die Geschichte selbst aufbewahrt blieb. Die Schellingsche Ästhetik kennt Geschichte, wie schon die ersten Sätze des zitierten Abschnitts zeigen, nur in Form von Geschichtsphilosophie: in der Zeiterscheinung der Kunst sei keine Zufälligkeit, sondern absolute Notwendigkeit. Ist die Kunst auch in dieser Beziehung, als geschichtliche also, der Gegenstand eines möglichen Wissens, so nur, weil noch die Zeiterscheinung dieselbe absolute Notwendigkeit bezeugt, die für Schelling das Wesen der Kunst selber ist. Geschichtsphilosophie ist so nicht so sehr, wie bei Schlegel, Resultat der Historie, begriffene Geschichte, als vielmehr ein Akt der Philosophie selbst, genauer: der Identitätsphilosophie, die beweisen will, daß es außer der absoluten Identität nichts gibt, daß die Abhängigkeit der Kunst von der Zeit, ihre Geschichtlichkeit zu keinen wesentlichen Unterschieden in der Kunst führen kann; bewiesen soll werden, daß die Kunst, der Geschichte zum Trotz, eine und stets dieselbe ist. Wenn sich diese wesentliche und innere Einheit aller Kunstwerke, wie Schelling schreibt, nur in der Geschichte der Kunst offenbart, so nicht, weil diese – wie später bei Hegel – überhaupt erst in der Vielheit, im Durchgang durch die Geschichte zu sich selber käme und wirklich würde, sondern weil in der Konstruktion der Geschichte, in der Konstruktion ihrer Gegensätze, welche bloß formelle sind, dieselbe Identität auf Kosten der historischen Unterschiedenheit sich herzustellen hat wie in der Konstruktion der Kunst selbst, nämlich in ihrer Gliederung in einzelne Künste und in der Einteilung der Poesie in drei Dichtarten: Auch deren Konstruktion dient, wie wir sehen werden, nicht so sehr der Unterscheidung als dem Aufweis der Identität.

59 Ebd., S. 15 f.

Schellings System der Kunst und seine Geschichtsphilosophie haben solcherart denselben Ausgangspunkt und dieselbe Funktion: wenn sie in der Philosophie der Kunst eine Einheit bilden, so nicht, weil Schelling die einzelnen Künste und die einzelnen Dichtarten in ihrer wesentlichen (d. h. ihr Wesen ausmachenden) Geschichtlichkeit begreifen würde (wie vor ihm Schlegel, Schiller und Hölderlin und nach ihm Hegel), sondern weil dem Identitätsphilosophen Schelling die Gegensätze der Geschichte ebensosehr nur als formelle, in der Konstruktion aufzuhebende erscheinen wie die Gegensätze im System der Kunst. Es wird zu zeigen sein, wie Schelling den Gegensatz Antike–Moderne, gleich dem von Schiller übernommenen von Naiv und Sentimentalisch, ebenso mit dem Begriff der quantitativen Differenz begreift und somit aufhebt wie die Unterscheidung der drei Dichtarten. Die Homologie, d. h. die Struktur- und Funktionsgleichheit seines Systems der Kunst und seiner Geschichtsphilosophie, läßt sich aber auch aus der Entwicklungsgeschichte seines Denkens entnehmen: wie es die Identitätsphilosophie war, die ein System der Kunst erst möglich machte, weil erst durch sie die überlieferte Vielzahl der Künste und Gattungen in ihrer Identität begriffen werden konnte, so gibt es auch eine Geschichtsphilosophie für Schelling erst auf der Grundlage der Identitätsphilosophie. In einem Aufsatz aus dem Jahr 1798, mit dem Titel *Über die Frage, ob eine Philosophie der Erfahrung, insbesondere ob eine Philosophie der Geschichte möglich sei,* wird diese Frage noch entschieden verneint, und zwar steht diese Verneinung im selben Denkhorizont wie die Behauptung im zehnten der *Philosophischen Briefe über Dogmatismus und Kriticismus,* wonach das in der Tragödie sich Ereignende – von Schelling später als absolute Identität von Freiheit und Notwendigkeit begriffen – keinen Bestand hat vor der Vernunft, d. h. nur in der ästhetischen Sphäre möglich ist.

So ist ..., daß wir Geschichte haben, schreibt Schelling in dem genannten Aufsatz, *Werk unserer Beschränktheit.*

Denn hätten wir je unsere ganze Aufgabe erfüllt und das Absolute realisirt: dann würde es auch für jeden Einzelnen und für das ganze Geschlecht kein anderes Gesetz geben, als das Gesetz seiner vollendeten N a t u r, *alle Geschichte würde sonach aufhören; daher das Gefühl der Langweile, das jeder Vorstellung eines absoluten Vernunftzustandes (wie der Vorstellung eines Theaterstücks, worin nur vollkommene Wesen, oder der Lectüre eines Romans – wie der Richardsonschen – wo Idealmenschen auftreten, oder eines christlichen Heldengedichts, worin Engel – überhaupt die langweiligsten aller Wesen – die Hauptrolle spielen) unausbleiblich sich anheftet. – Wenn wir daher ein Absolutes* a u ß e r u n s *setzen, so könnte es für dieses* k e i n e *Geschichte geben, unsere eigene Geschichte wäre sonach eine bloße Täuschung, und die Freiheit, welche der glückliche Traum unserer Beschränktheit uns vorspiegelte, wäre in Ansehung jenes Wesens (das wir nicht kennen) eiserne Nothwendigkeit. Daher gibt es im Dogmatismus keine Freiheit, sondern nur Fatalismus, und umgekehrt die Philosophie, die von* F r e i h e i t *ausgeht, hebt ebendamit alles Absolute außer uns auf.*[60]

Daß Schelling noch vor denselben Fragen steht wie in den *Briefen über Dogmatismus und Kriticismus,* wird gerade in den letzten der zitierten Sätze deutlich. Aber nun wird das Problem behandelt im Hinblick auf das, was Geschichte ist, und auf die Frage, ob das, was Geschichte ist, eine Philosophie der Geschichte zulasse oder nicht. Dabei ergibt sich für Schelling, daß Geschichte gerade insofern i s t, als Freiheit und Notwendigkeit nicht identisch sind. Geschichte, heißt es an einer anderen Stelle des Aufsatzes, ist *überhaupt nur da wo ein* I d e a l *und wo* u n e n d l i c h - m a n n i c h f a l t i g e A b w e i c h u n g e n v o n d e m s e l b e n *im Einzelnen, doch völlige* C o n g r u e n z m i t d e m s e l b e n *im Ganzen stattfindet.*[61]
Geschichte gibt es Schelling zufolge auf Grund dieser Dis-

60 *Schellings Werke,* a.a.O., Bd. 1, S. 396 f.
61 Ebd., S. 393.

krepanz zwischen dem Ideal und dem Einzelnen, von ihm Unterschiedenen, und Geschichte besteht in der Progression, in der Annäherung an das Ideal, in der Realisierung jenes Imperativs *Sei!*, mit dem der neunte *Brief über Dogmatismus und Kriticismus* schloß, da er das Ziel aller Philosophie, die Identität von Subjekt und Objekt, von Freiheit und Notwendigkeit, für weder erreicht noch erreichbar hielt, sondern nur dessen Idee für die Bestimmung des moralischen Wesens gebrauchte. *Was nicht progressiv ist, ist kein Objekt der Geschichte*, lautet einer der Lehrsätze der kurzen Abhandlung, und was *Progression* ist, das sagt Schelling negativ, im Hinblick auf die Tiere, die keine Geschichte haben, *weil die Gattung nicht fortschreitet, weil jedes einzelne Individuum den Begriff der Gattung vollkommen ausdrückt, weil jedes einzelne das Ideal seiner Gattung realisirt, weil sonach kein Realisiren in einer Unendlichkeit aufeinanderfolgender Generationen, weil sonach auch keine Überlieferung von Geschlecht zu Geschlecht, kein Aufbauen auf das Fundament des frühern, keine Vermehrung des von dem vorhergehenden Erlangten, kein Hinausschreiten über die Grenze, an welcher diese stille standen, in dieser Aufeinanderfolge denkbar ist.*[62]
Aus diesen Sätzen über die Geschichte wird verständlich, erstens warum Schelling 1798 die Möglichkeit einer Philosophie der Geschichte leugnet, und zweitens, warum für den Schelling der Identitätsphilosophie (1801-1802) es in seiner Philosophie der Kunst Geschichte nur als Geschichtsphilosophie gibt.
Der Mensch bringe seine Geschichte nicht mit, er bringe sie erst selbst hervor, er habe Geschichte a posteriori, er könne Geschichte nur insofern haben, als diese nicht a priori bestimmt ist. So sei eine Geschichte a priori widersprechend in sich selbst, und, weil Philosophie der Geschichte so viel ist, als Wissenschaft der Geschichte a priori, sei eine Philoso-

62 Ebd., S. 394 f.

phie der Geschichte unmöglich. Dies ist Schellings Argumentation zu dem ersten genannten Punkt, der den Gegenstand seines Aufsatzes von 1798 bildet. Der zweite, für uns wichtigere Punkt, daß nämlich die Philosophie der Kunst Geschichtsphilosophie statt Geschichte kennt, geht aus einem Vergleich der Thesen dieses Artikels mit denen seines identitätsphilosophischen Systems hervor. Jürgen Habermas hat es als das charakteristische Symptom für die Wende von der Natur- zur Identitätsphilosophie bezeichnet, daß die Realität des konkret Seienden nun anders bewertet wird: für den Schelling der Identitätsphilosophie habe es mit der Realität von Natur und Geschichte nichts auf sich, denn außerhalb der absoluten Identität sei nichts an sich. Gründete sich das Geschichtsverständnis in dem Artikel von 1798 auf die Tatsache, daß es *unendlich-mannichfaltige Abweichungen vom Ideal im Einzelnen* gibt (wobei zu beachten ist, daß schon hier die *völlige Congruenz mit demselben im Ganzen* postuliert wird), so wird 1801, in der Darstellung des identitätsphilosophischen Systems, behauptet, die Dinge oder Erscheinungen, welche uns als verschieden erscheinen, seien nicht wahrhaft verschieden, sondern realiter Eins, nämlich so, daß zwar keines für sich, aber alle in der Totalität (in welcher die entgegengesetzten Potenzen ursprünglich sich gegeneinander aufheben), die reine ungetrübte Identität selbst darstellen. Hat für den jungen, auf der Schwelle der Naturphilosophie stehenden Schelling das abweichende Einzelne noch Realität, während die Kongruenz, die Identität, ein Ziel ist, dem sich die Menschheit im Lauf ihrer Geschichte annähert, ohne es je zu erreichen, so wird im System der Identitätsphilosophie dem verschieden Erscheinenden Realität abgesprochen und jener Identität zugesprochen, welche sich – dies das Entscheidende – nicht erst im zeitlich-historischen Ablauf herstellt, sondern, wie Schelling schreibt, das Ursprüngliche ist. Diese Identität sei schon in allem, was ist; sie sei ewig, ohne alle Beziehung auf die Zeit – Bestimmungen, die beinahe unverändert aus der Darstellung des identitätsphilosophischen Systems in die Philosophie der Kunst übernommen werden.

Die Umbewertung der Realität des konkreten Seienden, von der Habermas spricht, hängt zusammen mit der Änderung in Schellings Haltung gegenüber jener Beschränktheit, als deren Werk er im Aufsatz von 1798 es bezeichnet hat, daß wir überhaupt Geschichte haben. In einem Denkprozeß, der eine gewisse Ähnlichkeit hat mit der Genese der romantischen Ironie bei Friedrich Schlegel, wird diese Beschränktheit im Rahmen der Identitätsphilosophie aus einem Beweis für die Idealität der Identität, zum Beweis für die eigene Irrealität und für die Realität dessen, was von ihr negiert wurde.

Wir sagen, heißt es in der *Philosophie der Kunst, daß ein Ding dauert, weil seine Existenz seinem Wesen, sein Besonderes seinem Allgemeinen unangemessen ist. Die Dauer ist nichts anderes als ein fortgehendes Setzen seines Allgemeinen in sein Concretes. Vermöge der Beschränktheit des letzteren ist es nicht alles und in der That auf einmal, was es seinem Wesen oder seinem Allgemeinen nach seyn könnte. Dieß ist nun im Absoluten wieder undenkbar: da das Besondere in ihm dem Allgemeinen absolut gleich, so ist es alles, was es seyn kann, auch wirklich und auf einmal ohne Dazwischentreten der Zeit, es ist also ohne alle Zeit, an sich ewig.*[63]

Die von Habermas betonte Wandlung des Schellingschen Standpunkts gegenüber der Realität des konkret Seienden, des Einzelnen in seiner historisch bedingten Verschiedenheit, ist hier darum so deutlich, weil der Ausgangspunkt dieselbe Auffassung von Geschichte, von Dauer ist wie im Aufsatz über die Unmöglichkeit einer Philosophie der Geschichte. Dauer, Geschichte gibt es, hier wie dort, auf Grund einer Diskrepanz. Aber für den Schelling von 1798 hatte das Einzelne in seiner Abweichung vom Ideal Realität;

63 *Philosophie der Kunst*, a.a.O., S. 20.

Geschichte wurde begriffen als Progression, als Annäherung an dieses Ideal. Für den Schelling der Identitätsphilosophie von 1801 ist aus dem noch nicht erreichten Ideal das Wesen, das Allgemeine des einzelnen Seienden geworden, das diesem vorgegeben ist, das das einzelne Seiende selber ist, sobald es *an sich*, sobald es im Absoluten betrachtet wird, wie es, Schelling zufolge, der Philosophie geziemt. Wirklichkeit hat nur dieses Zusammenfallen des Besonderen mit dem Allgemeinen im Absoluten, also gerade das ungeschichtliche Sein des konkreten Einzelnen, während Schelling für den Realitätscharakter des Einzelnen qua Besonderen, als des mit seinem Allgemeinen, seinem Wesen nicht Identischen, ihm nicht Angemessenen, dasselbe Wort verwendet, das auch in der Definition der Potenzen eine, wie Richard Kroner bemerkt hat, sehr problematische Funktion hat: das Wort »setzen«. In dem zitierten Abschnitt aus der *Philosophie der Kunst* heißt es: *Die Dauer ist nichts anderes als ein fortgehendes Setzen seines* [d. h. eines Dinges] *Allgemeinen in sein Concretes.*[64] Ähnlich heißt es über die Potenzen: *Verschiedenheit der Dinge* [ist] *überhaupt nur möglich, insofern es als das Ganze und Ungetheilte unter verschiedenen Bestimmungen gesetzt wird. Diese Bestimmungen nenne ich Potenzen.*[65] Die Potenz sei dadurch bestimmt, schreibt Kroner, *daß sie als quantitative Differenz des Subjektiven und Objektiven gesetzt ist,* und stellt eine Frage, deren kritische Kraft darin liegt, daß sie im Rahmen des identitätsphilosophischen Systems nicht beantwortet werden kann, die Frage: *Wer »setzt« denn?* Richard Kroner nennt den Ausdruck *setzen* (oder *gesetzt* sein) in Schellings System *anstößig* und *unverständlich.*[66]

Für den Schelling von 1798 gab es keine Möglichkeit einer Philosophie der Geschichte, weil der Mensch nur insofern Geschichte haben kann, als sie nicht a priori bestimmt ist,

64 Ebd., S. 20.
65 Ebd., S. 10.
66 *Von Kant bis Hegel*, a.a.O., Bd. I, S. 126, Anm. 1.

während doch Philosophie der Geschichte eine Wissenschaft der Geschichte a priori sein müßte. Für den Schelling der Identitätsphilosophie von 1801, also auch in der *Philosophie der Kunst,* gibt es dagegen statt Geschichte nur noch Geschichtsphilosophie. Aufgabe der Geschichtsphilosophie ist die Konstruktion, d. h. die Aufhebung des historisch Unterschiedenen: die Geschichte der Kunst, heißt es in der Einleitung, zeige am *offenbarsten ihre unmittelbaren Beziehungen auf die Bestimmungen des Universums und dadurch auf jene absolute Identität* [...], *worin sie vorherbestimmt sind.*[67] Der Aufweis dieses Vorherbestimmtseins der Geschichte ist Aufgabe der Schellingschen Geschichtsphilosophie, in der die Geschichte im selben Maß aufgehoben wird, in dem deren Philosophie ihre Aufgabe erfüllt.

Jürgen Habermas ist in seiner Dissertation auf den Hintergrund dieser Geschichtsfeindlichkeit eingegangen und hat darin eine Gemeinsamkeit Schellings mit den Frühromantikern gesehen. Er beruft sich auf die wichtige frühe Arbeit von Carl Schmitt über *Politische Romantik* (1919), in welcher als Grundzug der frühen Romantik die okkasionalistische Haltung gegenüber dem Seienden gesehen wird. Das Ding werde aus dem Realnexus herausgebrochen und verliere damit seine eindeutige Bezogenheit. In dieser schwerelosen Gelöstheit reduziere sich das Sein der Dinge zum Anlaß, zum elastischen Punkt, zum Inzitament. Die Herauslösung des Dinges aus dem festen Realzusammenhang ermögliche es, das All auf dem Grunde jedes einzelnen Dings transparent zu machen: das Einzelne ist Medium des Allgemeinen, das Endliche auf der Folie des Unendlichen zu verstehen.

Für gewöhnlich, schreibt Habermas, *neigen wir dazu, in der Romantik eine Art Geburt des geschichtlichen Denkens zu sehen. Sofern man dabei an die einzelwissenschaftlichen Leistungen und die Anregungen denkt, die vom Geist der*

67 *Philosophie der Kunst,* a.a.O., S. 16.

Historischen Schule getragen werden, ist das richtig; versteht man jedoch unter geschichtlichem Denken ein Denken aus der Erfahrung der Geschichtlichkeit des Menschen, so geht man fehl. Carl Schmitt hat das nicht ausgesprochen, doch ist es sein großes Verdienst, diese Konsequenz mit einigen prägnanten Formulierungen nahe gerückt zu haben: »Romantisch ist die Verwertung der Vergangenheit als Negation der Gegenwart, als Ausweg aus dem Gefängnis der konkret gegenwärtigen Realität; der Romantiker flüchtet nicht ins Nichts, sondern sucht eine konkrete Realität, nur eine solche, die ihn nicht stört und widerlegt.« Vergangenheit interessiert den Romantiker nicht als solche oder gar als das, was ihm zur Entscheidung gestellt wird, also seine eigene Vergangenheit, sie interessiert ihn, weil sie zeitlich entfernt ist, weil sie nicht die Appellqualität, die Zudringlichkeit und die Unverrückbarkeit der Gegenwart hat. Die Vergangenheit ist ein ausgezeichnetes Feld okkasionalistischer Manipulation, der Realzusammenhang verliert in der Perspektive des »Historikers« seine Starre, die Distanz leistet dem Verfahren der Entwirklichung Vorschub. Nur so sei es zu verstehen, schreibt Habermas, *wenn die im Transzendentalen Idealismus eben aufgebrochenen geschichtlichen Dimensionen* [in der Identitätsphilosophie] *wieder nivelliert und die Zeitlichkeit zum Modus des Nichtseins degradiert wird, während das Ewigsein zur Alleingeltung arriviert. Geschichte und Natur verlieren ihr Seinsgewicht. »Es ist hier (Schelling spricht von der absoluten Identität) kein Übergang, kein Vor und Nach, sondern absolute Gleichzeitigkeit des Seins in der Form selbst.« Die frühromantische Zeiterfahrung ist ungeschichtlich. Das der Geschichte transzendente Natur- und Kunsterlebnis, der Augenblick, dominiert. In ihm sucht der Romantiker die Fülle der Realität, wobei die Dimensionen der Zeit als Privationen dieser Realität erscheinen.*[68]

68 *Das Absolute und die Geschichte*, a.a.O., S. 196 f.

Ich habe diese, von Carl Schmitts Romantik-Deutung inspirierten Darlegungen von Habermas zitiert, weil sie geeignet sind, die Position Schellings gegenüber der Geschichte aus ihrer spekulativen Abstraktheit zu befreien und in Zusammenhängen zu zeigen, die von unserer Beschäftigung mit Literatur und Literaturtheorie her vertrauter sind. Dennoch kann es mit der Bezeichnung Schellings als eines Romantikers, mit der Zurückführung seiner identitätsphilosophischen Thesen auf die Intentionen der Romantik nicht getan sein. Erstens wird in den angeführten Sätzen, wie Habermas aus Carl Schmitts Buch referiert, die Frühromantik von der Romantik nur sehr unzureichend unterschieden. Es trifft Wesentliches der Gedankenwelt etwa Friedrich Schlegels, wenn gesagt wird, das Einzelne werde aus dem Realnexus herausgebrochen, wodurch die Möglichkeit entstehe, das All auf dem Grund jedes einzelnen Dings transparent zu machen; ebenso trifft auf Schlegels Denken zu, daß die Vergangenheit als Negation der Gegenwart verwertet wird. Heißt es dann aber, der Romantiker suche eine konkrete Realität, die ihn nicht stört und widerlegt, und finde diese in der Vergangenheit, so ist wohl nicht mehr von der Frühromantik, sondern von der Romantik selbst die Rede, nicht von Jena, sondern von Heidelberg. Und selbst wenn man aus dem Schmittschen Porträt der Romantik die Züge wegläßt, die der Frühromantik nicht eigen sind, wird zwischen Friedrich Schlegel (den ich hier als den bedeutendsten Theoretiker der Frühromantik in den Vordergrund stelle) und Schelling, was ihr Verhältnis zur Geschichte und was ihre Geschichtsphilosophie betrifft, nicht bloß Gemeinsames sichtbar, sondern auch solches, das auf einen fundamentalen Gegensatz weist. Friedrich Schlegel hat in seinen Fragmenten zur Literatur und Poesie geschrieben, *die einzige pragmatische Kunstlehre für den Künstler* [*sei*] *die Lehre vom Klassischen und vom Romantischen, d. h. die Unterscheidung von Antike und Moderne.* Ähnlich spricht Schelling schon in der Einleitung seiner *Philosophie der Kunst* von dem allgemeinen und durch alle Zweige der Kunst hindurchgehenden Gegensatz, der zwischen der antiken und der modernen Kunst besteht. Diese, keineswegs auf Schlegel und Schelling beschränkte, Vormachtstellung des Gegensatzes Antike–Moderne im ästhetisch-geschichtsphilosophischen Denken der Zeit – eine modifizierte Wiederaufnahme der *Querelle des Anciens et des Modernes*[69], die in Frankreich hundert Jahre früher ausgefochten wurde – diese Vormachtstellung also des Gegensatzes Antike–Moderne im romantischen Denken geht zweifellos auf die Intention zurück, mit Hilfe der Vergangenheit die Gegenwart zu negieren. Das spezifisch Frühromantische ist dabei gerade die Umwertung der Negativität der Gegenwart kraft der Ironie. Der Vergleich der Abhandlungen Friedrich Schlegels über die Poesie der Griechen und Römer, aus seiner klassizistischen Phase, mit den Fragmenten der Jahre 1797–1800 bestätigt ferner die These Carl Schmitts von der okkasionalistischen Haltung gegenüber der Geschichte, in der die historischen Fakten, ihrem realen Kontext entrissen, zum Anlaß geschichtsphilosophischer Spekulation werden. Aber entscheidend für das Verständnis der Schellingschen Ästhetik und der Behandlung der Geschichte darin ist, daß der Gegensatz von antiker und moderner Kunst, von dem es heißt, er gehe durch alle Zweige der Kunst hindurch, als ein formeller Gegensatz angesehen wird, d. h. als ein Gegensatz, der kein wesentlicher ist, sondern einer, in dessen Aufhebung die Philosophie ihre Aufgabe sehen muß. Damit ist die Grenze bezeichnet, die Schelling von Friedrich Schlegel trennt. Zwar gibt es auch bei Schlegel, insbesondere in dem *Studium*-Aufsatz, der zwischen seiner klassizistischen und romantischen Phase den Übergang bildet, die Vorstellung einer Synthese von antiker und zeitgenössischer Dich-

69 Vgl. dazu: H. R. Jauß, *Schlegels und Schillers Replik auf die «Querelle des Anciens et des Modernes»*. In: *Europäische Aufklärung*, Festschrift f. Herbert Dieckmann, München 1966. Wieder abgedr. in: H. R. Jauß, *Literaturgeschichte als Provokation*, Frankfurt a. M. 1970 (edition suhrkamp 418), S. 67 ff.

tung, von Naturpoesie und Kunstpoesie in einer künftigen Poesie des Objektiven. Und es läßt sich zeigen, daß diese Synthese nach dem Vorbild des Fichteschen Ideal-Realismus konzipiert ist. Aber aus dem, was in Fichtes Philosophie und in Schlegels Ästhetik Programm war, aus dem, wodurch das Moment des Progressiven, der Annäherung an ein ins Unendliche entrücktes Ziel, zum Wesensmerkmal des von ihnen Bestimmten – bei Fichte der Philosophie, bei Schlegel der Kunst – wurde, macht der Schelling der Identitätsphilosophie, der sich von seinen Fichteschen Anfängen gelöst hat, ein immer schon Erreichtes. Die Synthesis ist für ihn bereits in der Thesis gegeben. Davon habe ich bei der Darstellung der identitätsphilosophischen Prämissen der *Philosophie der Kunst* schon gesprochen, im Zusammenhang der Behandlung der Geschichte in ihr möchte ich zum Schluß noch zeigen, wie sich diese Prämissen in Schellings Konstruktion des Gegensatzes von Antike und Moderne auswirken, des Gegensatzes, den Schelling deutlicher als seine Zeitgenossen, etwa Schlegel oder Schiller, als den von Heidentum und Christentum begreift.

Wenn [...] *die in der griechischen Mythologie erfüllte Forderung Darstellung des Unendlichen als solchen im Endlichen, demnach Symbolik des Unendlichen war,* schreibt Schelling, *so liegt dem Christenthum die entgegengesetzte zu Grunde, das Endliche ins Unendliche aufzunehmen, d. h. es zur Allegorie des Unendlichen zu machen. Im ersten Fall gilt das Endliche etwas für sich, denn es nimmt das Unendliche in sich selbst auf, im andern Fall ist das Endliche für sich selbst nichts, sondern nur, sofern es das Unendliche bedeutet. Unterordnung des Endlichen unter das Unendliche ist also Charakter einer solchen Religion.*[70] Diese Konzeption verleugnet den Einfluß der zeitgenössischen Ästhetiker nicht. Sie begreift den Gegensatz von Antike und Moderne mit Hilfe der Gegensatzpaare *Endlich–Unendlich,*

70 *Philosophie der Kunst,* a.a.O., S. 74.

Natur–Geschichte. Aber anders als Schlegel oder Schiller geht es Schelling nicht um die Konstruktion des Gegensatzes, Schelling faßt die antike Kunst nicht als die des Endlichen und die moderne als die des Unendlichen auf, vielmehr behauptet er, daß sich die moderne von der antiken nur insofern unterscheidet, als sie, als vom Christentum geprägte, statt das Unendliche ins Endliche aufzunehmen und die Identität beider im Symbol zu realisieren, das Endliche dem Unendlichen bloß unterordnet. Die moderne Kunst ist dergestalt nicht etwas wesentlich anderes als die antike, ihr liegt nur ein defizienter Modus jener Identität zugrunde, welche die antike konstituiert. Während Hegel, vermittels der Dialektik, die Differenz zwischen Antike und Moderne als Folge eines Prozesses begreifen kann, in welchem das geistige Moment, das sich im klassischen Kunstwerk, im Symbol, ganz mit dem sinnlichen Moment hat verbinden lassen, über dieses hinauswächst, sich emanzipiert und so Religion und Philosophie vorbereitet, welche die sinnliche Sphäre ganz hinter sich lassen, herrscht bei Schelling Statik: die absolute Identität als die absolute Totalität, demnach das, was alles immer schon ist und wovon es sich nicht wesentlich, sondern nur dem Schein nach unterscheiden kann, um ein Unterschiedenes zu sein.

5

Hatte Schelling vor der Konzeption seiner Identitätsphilosophie die Möglichkeit einer Philosophie der Geschichte bestritten, da Geschichtsphilosophie die Lehre von der Geschichte a priori sein müßte, während es diese, als ein Werk der menschlichen Freiheit, nur a posteriori gebe, so triumphiert dann, in der Identitätsphilosophie von 1801, doch das a priori. Damit wird der historische Aspekt der Kunst, ihre Zeiterscheinung, als notwendig und vorherbestimmt gesetzt und eine Philosophie der Geschichte nicht nur möglich, sondern notwendig. Sie hat nun die Aufgabe, die Geschichte – das reale Einzelne in seiner Historizität wie auch den Prozeß historischen Wandels – aufzuheben.

Freilich erscheint Geschichte vorherbestimmt nicht in dem Sinne, als wäre sie vorhersehbar, als habe alles, was kam, so und nicht anders kommen müssen. Vielmehr erweist das Historische für Schelling seine Notwendigkeit und Prädetermination insofern, als das historisch Differente, das den Wandel konstituiert, sich zurückführen läßt auf quantitative Differenzen, d. h. der Wandel erscheint als Potenzreihe – ersichtlich an der Reduktion etwa des Gegensatzes Antike–Moderne auf den von Symbol und Subsumtion. Da aber alle Potenzen – wie § 44 in Schellings *Darstellung meines Systems der Philosophie* bestimmt – *absolut gleichzeitig* sind, die Potenzen *ohne alle Beziehung auf Zeit, schlechthin ewig,* so bedeutet die Konstruktion des historischen Ablaufs als einer Potenzreihe die Umwandlung von Dynamik in Statik: der Geschichte wird ihre Geschichtlichkeit recht eigentlich entzogen. Diese Enthistorisierung nicht etwa bloß sonst historisch begriffener Phänomene, sondern der Geschichte selbst, die Abschaffung der Geschichte durch deren eigene Philosophie, ist eines der wichtigsten Momente von Schellings Ästhetik.

Daran wollte ich erinnern, weil die Schellingsche Gattungspoetik die drei Gattungen, Lyrik, Epik, Dramatik, aus denselben Potenzen versteht wie den Gegensatz Antike–Moderne. Das scheint die Annahme zu erlauben, auch bei Schelling seien – wie bei Friedrich Schlegel und, weniger deutlich, bei Hölderlin – die einzelnen Gattungen verschiedenen Epochen zugeordnet, d. h. das System der Gattungen historisiert. Daß es dazu trotz der Analogien, die sich, dank der Herleitung von denselben Potenzen, zwischen den einzelnen Gattungen und den Epochen Antike und Moderne ergeben, nicht kommt, liegt an der Enthistorisierung der Geschichte, genauer: daran, daß die Intention von Schellings Identitätsphilosophie die Aufhebung aller Unterschiede als bloß formeller, aller Gegensätze als bloß scheinbarer ist.

Bereits in der Einleitung bestimmt Schelling die drei Gattungen: *Lyrik = Einbildung des Unendlichen ins Endliche = Besonderem. Epos = Darstellung (Subsumtion) des Endlichen im Unendlichen = Allgemeinem. Drama = Synthese des Allgemeinen und Besonderen.*[71] Diese Definitionen unterscheiden sich, wie man sah, von denen der Brüder Schlegel, deren Einfluß auf sie ja evident ist, dadurch, daß sie, entsprechend der identitätsphilosophischen Prämisse, von den drei Gattungen nicht je eine den beiden Polen der Gegensätze subjektiv–objektiv, ideal–real, endlich–unendlich zuweisen, um die dritte dann als deren Zusammenfall (Synthesis) zu begreifen. An allen drei Gattungen haben sowohl das Unendliche als auch das Endliche teil, aber diese verhalten sich zueinander anders in der Lyrik als in der Epik, so daß die Dramatik nicht – wie bei den Brüdern Schlegel – das Endliche und das Unendliche, das Subjektive und das Objektive, die als Lyrik und Epik einander gegenüberstehen, allererst miteinander vermittelt: was im Drama zur Synthese kommt, das sind vielmehr die beiden möglichen Verhältnisse von Endlichem und Unendlichem zueinander, nämlich Differenz und Identität.

71 Ebd., S. 15 (vgl. Anm. 40).

Ich werde noch zu zeigen haben, inwiefern Schelling die Epik als Identität, die Lyrik als Differenz und die Dramatik als die Indifferenz von Identität und Differenz auffassen kann. Zuvor ist zu fragen, wie sich die Aufhebung der Geschichte in der Identitätsphilosophie auf das gattungspoetische System auswirkt. Beim Übergang von der Darstellung des Epos zu der des Dramas schreibt Schelling:

Von dem epischen Gedicht [...] *als der Identität ging die Poesie aus, gleichsam von einem Stande der Unschuld, wo alles noch beisammen und eins ist, was später nur zerstreut existirt, oder nur aus der Zerstreuung wieder zur Einheit kommt. Diese Identität entzündete sich im Fortgang der Bildung im lyrischen Gedicht zum Widerstreit, und erst die reifste Frucht der späteren Bildung war es, wodurch, auf einer höheren Stufe, die Einheit selbst mit dem Widerstreit sich versöhnte, und beide wieder in einer vollkommneren Bildung eins wurden. Diese höhere Identität ist das Drama, welches, die Naturen beider entgegengesetzten Gattungen in sich begreifend, die höchste Erscheinung des Ansich und des Wesens aller Kunst ist. – So gesetzmäßig ist der Gang aller natürlichen Bildung, daß, was die letzte Synthese der Idee nach, die Vereinigung aller Gegensätze zur Totalität ist, auch die letzte Erscheinung der Zeit nach ist.*[72]

Die Sätze sind in diesem Zusammenhang besonders wichtig, denn sie scheinen all das, was ich bis jetzt über die Aufhebung der Geschichte in Schellings Ästhetik gesagt habe, zu widerlegen. Was hier skizziert wird, ist die Interpretation der Geschichte der griechischen Poesie – Schelling spricht von der natürlichen Bildung – als einer Abfolge der Gattungen, und zwar in der Reihenfolge Epos, Lyrik, Drama, und zugleich wird hier die Interpretation dieser Abfolge als eines Vorgangs gegeben, in welchem eine ursprüngliche Identität sich in Widerstreit verwandelt, aus dem dann eine höhere Identität hervorgeht: als eines Vorgangs also, der mit der

72 Ebd., S. 331.

Intention der Schellingschen Philosophie – wie auch der seiner Zeitgenossen – aufs engste verknüpft ist. Die Geschichte der griechischen Dichtung scheint hier zugleich ein System der drei Gattungen zu sein und die Realisierung einer Dialektik (Beispiel einer Realdialektik), welche von der unvermittelten Identität über den Widerstreit zur vermittelten Identität führt. Das aber widerspricht Schellings identitätsphilosophischer Grundthese von der absoluten Identität als einem Ursprünglichen, das nicht erst hervorgebracht wird, sondern immer schon ist, und zwar in allem, was ist.

Wäre die Deutung, die ich den zitierten Sätzen probeweise gegeben habe – die Geschichte der griechischen Dichtung als System der Gattungen und zugleich als Realisierung einer Dialektik der Idee – wäre diese Deutung Schellings eigene, so hätte er nie behaupten dürfen, die wahre Philosophie bestehe in dem Beweis, daß die absolute Identität nicht aus sich selbst herausgetreten ist[73], während es der Fehler des Idealismus sei, *eine* Potenz zur ersten zu machen, in Wahrheit sei die absolute Identität ewig und ohne alle Beziehung auf die Zeit.[74]

Wie ist dieser Widerspruch nun zu erklären? Zunächst muß man, ohne daß damit schon der Widerspruch erklärt werden könnte, auf die große Nähe des zitierten Abschnitts über die Abfolge der Gattungen in der natürlichen Bildung zu den Anschauungen Friedrich Schlegels hinweisen. Schellings These von der Gesetzmäßigkeit der natürlichen Bildung, und weitgehend auch sein Verständnis der Dichtarten, entsprechen den Grundgedanken von Schlegels *Geschichte der Poesie der Griechen und Römer* und der Abhandlung *Über das Studium der Griechischen Poesie* aus den Jahren 1795-1798. Schelling versteht die Geschichte der griechischen Poesie nicht anders als Schlegel. Wie wenig er aber der Versuchung erlag, die historische Abfolge der Gattungen in

73 Vgl. *Darstellung meines Systems* . . ., a.a.O., § 14, S. 16.
74 Vgl. ebd., § 44, S. 31 f.

ein historisiertes System der Gattungspoetik einzubringen, gar diese Systembewegung – wie dann Hegel – als einen Prozeß der Idee selbst zu verstehen, geht aus folgenden Sätzen zu Beginn des Abschnitts über die *Construktion der einzelnen Dichtarten* hervor:

Wenn wir in der Abhandlung der verschiedenen Dichtungen der natürlichen oder historischen Ordnung folgen wollten, so würden wir von dem Epos als der Identität ausgehen und von da zur lyrischen und dramatischen Poesie fortgehen müssen. Allein da wir uns hier ganz nach der wissenschaftlichen Ordnung zu richten haben, und da nach der bereits vorgezeichneten Stufenfolge der Potenzen die der Besonderheit oder Differenz die erste, die der Identität die zweite, und das, worin Einheit und Differenz, Allgemeines und Besonderes selbst eins sind, die dritte ist, so werden wir auch hier dieser Stufenfolge getreu bleiben und machen demnach den Anfang mit der lyrischen Kunst.[75]

Schelling unterscheidet also die natürliche oder historische Ordnung von der wissenschaftlichen, d. h. philosophischen, oder genauer, identitätsphilosophischen. Sein antihistorischer Impuls führt nicht etwa zur Leugnung der Geschichtlichkeit der Gattungen, er übernimmt vielmehr Schlegels Konzeption des Prozesses, in dem zuerst die Epik, dann die Lyrik, schließlich die Dramatik entstanden – eines Prozesses, der die Geschichte der griechischen Poesie ist. Dieser Prozeß aber wird ihm nicht zum gattungspoetischen System. Da er vielmehr die Gattungen a priori deduzieren will, nämlich aus den Potenzen, folgt seine Darstellung der Gattungen nicht der historischen Ordnung, sondern der philosophischen, d. h. der Stufenfolge der Potenzen. Das aber bedeutet, daß er an die erste Stelle nicht das Epos, sondern die Lyrik setzt. Indem er dies tut, dementiert er die historische Ordnung nicht, ist doch die Stufenfolge der Potenzen keine zeitliche: alle Potenzen sind absolut gleichzeitig, so

75 *Philosophie der Kunst*, a.a.O., S. 283.

heißt es im § 44 der *System-Darstellung* von 1801. Diese neue Reihenfolge der Dichtarten, die sich der Stufenfolge der Potenzen, wie sie außerhalb der *Philosophie der Kunst* festgelegt wurde, verdankt, hat es so wenig auf die Widerlegung der historischen Ordnung abgesehen, daß sie, trotz der Abweichung, was den Anfang betrifft, die Übereinstimmung hinsichtlich des Abschlusses, der Endstellung des Dramas, zur höheren Ehre der historischen Ordnung auslegt: *So gesetzmäßig* – heißt es in dem früher zitierten Abschnitt – *ist der Gang aller natürlichen Bildung, daß, was die letzte Synthese der Idee nach, die Vereinigung aller Gegensätze zur Totalität ist, auch die letzte Erscheinung der Zeit nach ist.*[76] Der Gang der natürlichen Bildung, die Geschichte der Antike, mag ihr eigenes Gesetz haben – Schelling ist es nicht darum zu tun, dies zu bestreiten. Seine Philosophie der Geschichte will die Geschichte aufheben, nicht widerlegen; aufheben, weil sie, qua Philosophie, nach Schellings Programm in der *System-Darstellung* die Dinge zu betrachten hat, wie sie an sich sind; die Dinge aber, nach dem Hauptsatz der Identitätsphilosophie, an sich betrachtet gar nicht mehr geschichtlich sind. *Es ist die Natur der Philosophie,* heißt es in § 1, *alles Nacheinander und Außereinander, allen Unterschied der Zeit und überhaupt jeden, welchen die bloße Einbildungskraft in das Denken einmischt, völlig aufzuheben, und mit Einem Wort in den Dingen nur das zu sehen, wodurch sie die absolute Vernunft ausdrücken, nicht aber, insofern sie Gegenstände für die bloß an den Gesetzen des Mechanismus und in der Zeit fortlaufende Reflexion sind.*[77]

Schellings System der Dichtarten ist so über die Geschichte erhaben. Weder läßt es sich von der Geschichte die Abfolge vorschreiben, in der es die Dichtarten ordnet; noch versucht es das Verhältnis der einzelnen Dichtarten oder der verschiedenen Formen innerhalb einer Dichtart durch den

76 Vgl. Anm. 72.
77 *Darstellung meines Systems ...*, a.a.O., S. 11.

Rekurs auf die Geschichte zu begreifen. Betrachtet man Schellings gattungspoetisches System nicht so sehr im Rahmen seiner Philosophie, wie wir es bis jetzt getan haben, weil nur so seine Eigenart verständlich werden kann, befragt man sie vielmehr nach seiner Erkenntnisleistung im Hinblick auf die Eigenart der Gattungen selbst, so wird als sein konstitutiver Fehler ein mechanistisch-formalistisches Moment erscheinen. Was ich meine, mag in der *Philosophie der Kunst* am deutlichsten vielleicht der Vergleich des Rittergedichts mit dem Roman zeigen, eine Stelle, auf die ich bei der Darstellung von Schellings Konzeption der epischen Gattung noch zurückkommen werde; hier sei sie nur als Beispiel für Schellings Methode zitiert, einzelne historische Formen der Kunst in ihrem Verhältnis zueinander zu definieren. *Das romantische Epos hat in der Gattung, zu der es gehört, selbst wieder einen Gegensatz. Wenn es nämlich überhaupt zwar dem Stoff nach universell, der Form nach aber individuell ist, so läßt sich zum voraus eine andere entsprechende Gattung erwarten, in welcher an einem partiellen oder beschränkteren Stoff sich die allgemein gültigere und gleichsam indifferentere Darstellung versucht. Diese Gattung ist der Roman, und wir haben mit dieser Stelle, die wir ihm geben, zugleich auch seine Natur bestimmt.*[78] Was hier als Konstruktion im pejorativen Wortsinn wirkt, geht von einem Verständnis des Rittergedichts und des Romans aus, einem Verständnis, dem man eine gewisse Legitimation nicht wird absprechen können. So zielt die These von der allgemein gültigeren und gleichsam indifferenteren Darstellung im Roman auf die Ironie, die der Gattung – in den Augen ihrer frühromantischen Theoretiker wie auch des jungen Lukács – jene Totalität verschaffen soll, die sie wegen der mit dem modernen Romanhelden gesetzten Subjektivität, wegen des Stoffes also nicht hat, eine Totalität und Allgemeinheit, die dem mittelalterlichen Rittergedicht

78 *Philosophie der Kunst*, a.a.O., S. 317.

durch das Verständnis von dessen zentraler Figur als einer repräsentativen gewährleistet ist. Statt aber diese Umkehrung konkret-historisch aus dem Entstehen des bürgerlichen Individualismus verstehen zu können und aus dessen Versuch, sich dennoch zu einer Ganzheit zu transzendieren, muß Schellings System, um seiner identitätsphilosophischen Prämissen willen, sich bei einem unhistorischen Gegensatzverhältnis bescheiden, in welchem Rittergedicht und Roman, losgelöst von aller Geschichte, zueinander sich verhalten, als ginge es um geometrische Figuren.

Bevor ich nun mit der Darstellung und Diskussion von Schellings Konzeption der einzelnen Dichtarten beginne, möchte ich noch einmal den Systemkontext in Erinnerung rufen, der ihre Bestimmungen prägt und aus dem sie deduziert werden. Dazu bietet sich eine Seite aus der Einleitung zur *Philosophie der Kunst* an, die in jene bereits zitierten und kommentierten Definitionen von Lyrik, Epos und Drama mündet.

Schelling geht von der Frage aus, wie *jenes an sich schlechthin Eine und Einfache in eine Vielheit und Unterscheidbarkeit übergehe,* [...] *wie ein wirkliches und einzelnes Kunstwerk entstehe,* und antwortet: *Wie* [...] *das Absolute – Nichtwirkliche – überall in der Identität, so ist das Wirkliche in der Nichtidentität des Allgemeinen und Besonderen, in der Disjunktion, so daß entweder im Besonderen oder Allgemeinen. So entsteht auch hier* [wie in der Philosophie] *ein Gegensatz, der Gegensatz von bildender und redender Kunst. Die bildende und die redende Kunst = der realen und idealen Reihe der Philosophie. Jener* [der bildenden] *steht diejenige Einheit vor, in welcher das Unendliche ins Endliche aufgenommen wird* [Allegorie] *– die Construktion dieser Reihe entspricht der Naturphilosophie–, dieser* [der redenden Kunst] *steht die andere Einheit vor, in welcher das Endliche ins Unendliche gebildet wird* [Schematismus], *die Construktion dieser Reihe entspricht dem Idealismus in dem allgemeinen System der*

Philosophie. Die erste Einheit werde ich die reale, die andere die ideale nennen, die, welche beide begreift, die Indifferenz. Dann fährt Schelling fort: *Fixiren wir nun jede dieser Einheiten für sich, so müssen, weil jede derselben für sich absolut ist, in jeder wieder dieselben Einheiten wiederkehren, in der realen also wiederum die reale, ideale, und die, worin beide eins sind. Ebenso in der idealen. – Jeder dieser Formen, insofern sie entweder in der realen oder idealen Einheit begriffen sind, entspricht eine besondere Form der Kunst, der realen, sofern in der realen, entspricht die* M u s i k, *der idealen die* M a l e r e i, *der welche innerhalb der realen wieder beide Einheiten in-eins-gebildet darstellt, die* P l a s t i k. *– Dasselbe ist der Fall in Ansehung der idealen Einheit, welche wieder die drei Formen der lyrischen, epischen und dramatischen Dichtkunst in sich begreift.*[79]

Der Grundgegensatz des Idealen und Realen, der schon das Verhältnis von Philosophie und Kunst bestimmt – die Philosophie schaue die Ideen an, wie sie a n s i c h sind, die Kunst schaue sie r e a l an, lehrt Schelling –, kehrt also innerhalb der Kunst wieder, und zwar als Gegensatz von redender und bildender Kunst, und er kehrt ferner wieder innerhalb der bildenden Kunst, besser der bildenden Künste, in denen die Musik der realen, die Malerei der idealen Einheit entspricht, die Skulptur der Indifferenz beider, während innerhalb der redenden Kunst, d. h. der Poesie, die drei Dichtarten nach Schelling von den beiden Einheiten und ihrer Indifferenz sich deduzieren lassen, die Lyrik von der realen, die Epik von der idealen, die Dramatik von der Indifferenz beider.

Mit der These, daß die lyrische Poesie unter den drei Dichtarten der realen Form entspricht, und im System der einzelnen Künste der Musik, beginnt Schellings Darstellung der Lyrik, die er, der philosophischen, nicht der historischen Ordnung folgend, als erste behandelt. *In derjenigen Form* – so begründet er diese These – *welche der Einbildung des*

79 Ebd., S. 14 f.

Unendlichen in das Endliche entspricht, muß eben deßwegen das Endliche, die Differenz, die Besonderheit das Herrschende seyn. Aber eben dieß ist der Fall in der lyrischen Poesie. Sie geht unmittelbarer als irgend eine andere Dichtart von dem Subjekt und demnach von der Besonderheit aus, es sey nun, daß sie den Zustand eines Subjekts z. B. des Dichters ausdrücke, oder von einer Subjektivität die Veranlassung einer objektiven Darstellung nehme. Sie kann eben deßwegen und in dieser Beziehung wieder die subjektive Dichtart heißen, Subjektivität nämlich im Sinn der Besonderheit genommen.[80]

Nennt Schelling die Lyrik die subjektive Dichtart, so befindet er sich in Übereinstimmung mit der Auffassung der Brüder Schlegel. Aber er nennt sie, wie man sieht, nicht die schlechthin subjektive Dichtart, sondern subjektiv nur hinsichtlich ihres Ausgangspunkts, des dichterischen Subjekts. Wenn es in der Darstellung des identitätsphilosophischen Systems heißt, es finde zwischen Subjekt und Objekt kein Gegensatz an sich statt, zwischen ihnen sei nur eine quantitative Differenz möglich, nicht aber eine qualitative, so entspricht dem in Schellings Gattungspoetik, daß die Lyrik nicht die Dichtart des Subjektiven ist, sondern der Einbildung des Unendlichen in das Endliche, des Objektiven ins Subjektive, so daß in der Verbindung beider das subjektive Moment vorherrscht, wodurch sich die hier vorliegende quantitative Differenz gegenüber der absoluten Identität bestimmt. Anders gesagt: der Gegensatz des Unendlichen und Endlichen, der Gegensatz von Notwendigkeit und Freiheit, der – wie man sah – die frühe Tragödieninterpretation der *Briefe über Dogmatismus und Kriticismus* bestimmt, worin der tragische Prozeß verstanden wird als die Identität beider, der Freiheit und Notwendigkeit, herbeiführend, welche Identität dann, im *System des transzendentalen Idealismus,* das Wesen von Kunst als solcher ausmacht,

80 Ebd., S. 283 f.

indem an die Stelle des tragischen Prozesses der kreative Akt tritt – der Gegensatz von Notwendigkeit und Freiheit wird im System der Dichtarten nicht auf die Tragödie beschränkt. Er tritt auch in Epik und Lyrik auf; im lyrischen Gedicht, wie Schelling ausführt, in der Form, daß der Widerstreit von Notwendigkeit und Freiheit *als Streit und als Aufhebung des Streits nur im Subjekt ist und ins Subjekt zurückfällt*[81], wodurch das lyrische Gedicht im Ganzen dennoch den Charakter der Freiheit an sich hat.

Mag auch Schellings Denken, wie Habermas betont hat, der Romantik verhaftet sein: in einem wichtigen Punkt unterscheidet es sich von ihr. Die Subjektivität ist ihm nicht der Garant der Idee und des Unendlichen, dem die prosaische Welt als eine der Endlichkeit feindlich gegenübersteht. Das Subjektive ist vielmehr das Endliche, die Besonderheit, darum auch die zunächst befremdliche Definition der lyrischen Dichtart als der realen. Vielleicht darf darauf hingewiesen werden, daß dies nicht zwar unserem stark von der romantischen Dichtung bestimmten Lyrikverständnis entspricht, wohl aber den Überlegungen Hölderlins, in dessen Homburger Fragmenten Lyrik zum Grund das *Eine Gefühl* hat, ein Besonderes, dem Hölderlin jenen naiven Ton zuordnet, der in der Sphäre des Kunstcharakters, des Ausdrucks durch Stoff und Sprache, die epische Welt Homers kennzeichnet, was auf eine ähnliche Vorstellung vom Subjektiven, nämlich als einem Partikularen, hindeutet, wie sie bei Schelling zu finden ist.

Weil die Lyrik das Unendliche im Endlichen darstellt, herrscht in ihr das Besondere, nicht das Allgemeine; die Differenz, nicht die Identität. Weil die Lyrik den Streit von Freiheit und Notwendigkeit, d. h. der Subjektivität und der Objektivität, nur im Subjekt aufhebt, herrscht in ihr die Freiheit. Freiheit und Differenz sind die beiden Begriffe, an denen sich Schellings Lyrikverständnis orientiert, genauer

81 Ebd., S. 332.

gesagt: von diesen beiden Begriffen soll in seiner Gattungspoetik die lyrische Dichtart deduziert werden. Wie dies geschieht, möchte ich im folgenden noch zeigen:

Daß die Lyrik das Allgemeine in ein Besonderes einbildet, es in einem Besonderen darstellt, drückt sich Schelling zufolge darin aus, daß in einem lyrischen Gedicht – anders als im epischen oder dramatischen – ein *Wechsel der Zustände* nicht möglich ist, vielmehr nur *Ein Ton, Eine Grundempfindung*[82] in ihr herrscht. Hier, wie an manchen anderen Stellen der *Philosophie der Kunst*, ist die Nähe zu Hölderlin augenfällig. Nicht nur gemahnen die Begriffe *Ton, Grundempfindung, Wechsel* an die poetologischen Überlegungen der Homburger Schriften. Geht man davon aus, daß Hölderlin den Wechsel der Töne im Hinblick auf sein eigenes Werk konzipiert, das immer ausschließlicher ein lyrisches wurde, so darf behauptet werden, daß diese Konzeption objektiv-polemisch gegen jene Bestimmung der Lyrik als einer ein-tönigen, des Wechsels entbehrenden, Dichtart gerichtet ist, die nicht nur bei Schelling erscheint, sondern genau dem Bild entspricht, das Hölderlin von seiner früheren Lyrik hatte. Bleibt auch die Grundempfindung das ganze Gedicht hindurch identisch, das *Eine Gefühl*, wie es bei Hölderlin heißt, und entspricht auch diesem *Einen Gefühl* als Ausdruck, als *Kunstkarakter* (in der Hölderlinschen Terminologie) ein einziger Ton, der idealische, durch den, mit Schelling zu sprechen, das Unendliche ins Endliche eingebildet wird, so wird diese Starre doch aufgelockert durch das Prinzip des Tönewechsels, das die Abfolge der Strophen regelt und eben jenen Wechsel der Zustände im Rahmen einer einzigen Grundempfindung intendiert, den Schelling der lyrischen Dichtart abspricht.

An Hölderlin gemahnt auch, daß Schelling – was in ihrer Epoche keineswegs selbstverständlich war – die Darstellung des Unendlichen oder Allgemeinen im Besonderen, das lyri-

82 Ebd., S. 284.

sche Prinzip also, an Pindars Oden exemplifiziert. Indem er das Besondere, den Ausgangspunkt der Lyrik, hier nicht mit der Subjektivität des Dichters, sondern mit *einem besonderen Gegenstand und einer besonderen Begebenheit* identifiziert – die Pindarischen Oden gehen bekanntlich vom Sieg einzelner Athleten aus –, wird deutlich, daß ihm auch die Subjektivität des Dichters als ein Reales, als ein Besonderes gilt. Die Pindarische Ode wird für Schelling zum Exempel für seine Bestimmung des Lyrischen, insofern sie *von einem besonderen Gegenstand und einer besonderen Begebenheit* ausgeht, *aber von dieser ins Allgemeine* abschweift, *z. B. in den späteren mythologischen Kreis, und indem sie aus diesem wieder zum Besondern zurückkehrt, bringt sie eine Art der Identität beider, eine wirkliche Darstellung des Allgemeinen im Besondern hervor.*[83] Sagt Schelling *eine Art der Identität*, so deutet er auf den Unterschied dieser Identität, die das Allgemeine und das Besondere im Besonderen erlangen, von jener anderen, deren Schauplatz das Allgemeine ist (nämlich im Epos) und von der Synthese beider, die als einzige der absoluten Identität entspricht: im Drama.

Daß in der lyrischen Poesie die Freiheit dominiert, erkennt Schelling darin, daß keine Dichtart so wenig wie die Lyrik einem Zwang unterworfen ist: *Seien ihr doch die kühnsten Absprünge von der gewohnten Gedankenfolge erlaubt, indem alles nur darauf ankommt, daß ein Zusammenhang im Gemüth des Dichters oder Hörers sey, nicht objektiv oder außer ihm. In dem Epos waltet vollkommenste Stetigkeit, im lyrischen Gedicht ist diese aufgehoben, wie in der Musik, wo lauter Differenzen, und zwischen dem einen Ton und dem folgenden eine wahre Stetigkeit unmöglich ist, dagegen in Farben alle Differenzen wieder in Eine Masse, wie aus Einem Guß, zusammenfließen.*[84] Auch hier ist deutlich, daß die Freiheit, die Subjektivität, zwar das herrschen-

83 Ebd., S. 284.
84 Ebd., S. 284 f.

de, nicht aber das einzige Moment der Lyrik ist: auch ihr ist es um die Vermittlung von Freiheit und Notwendigkeit, Besonderem und Allgemeinem miteinander zu tun, aber dieser Zusammenhang gewinnt in ihr keine objektive Realität, sondern verbleibt im Rahmen der Subjektivität.
Indem Schelling beim Epos von Stetigkeit spricht, meint er ein Zweifaches: die Sprache des Epos wie auch das, was sich in ihr ausdrückt. Einerseits also die Gleichförmigkeit des Rhythmus, des Hexameters, andererseits das Statische der Identität von Unendlichem und Endlichem, von Notwendigkeit und Freiheit. Dem kontrastiert er die Lyrik. Sie sei am meisten dem Rhythmus untergeordnet, d. h. dem Prinzip der Differenz; in ihrem Ablauf sei das innere Lebens- und Bewegungsprinzip zugleich der Gegensatz des Unendlichen und Endlichen. Anders als im Epos, sei dieser Gegensatz in der Lyrik *erklärt*, d. h. explizit, thematisch. Die vorzüglichsten Gegenstände des lyrischen Gedichts seien daher *moralisch, kriegerisch, leidenschaftlich.* Auch dies widerspricht dem heutigen Lyrikverständnis, das sich allzu sehr von der liedhaften Poesie der späteren Romantik hat bestimmen lassen. Noch die Lyrik der Weimarer Klassik und, besonders prägnant, die Hölderlins, dient nicht dem Ausdruck seligen Harmoniegefühls, sondern hält, ob als Gedankenlyrik, ob als leidenschaftlicher Gesang im Stil Pindars, den Gegensatz fest, in dem sich die Freiheit des Ich zur Notwendigkeit der Natur erhebt und ihrer selbst allererst bewußt wird. Es wäre der Mühe wert, diesen Unterschied zwischen Schellings Lyrikkonzeption und der in der Germanistik vorherrschenden, die sich besonders deutlich in Emil Staigers *Grundbegriffen der Poetik* niedergeschlagen hat, genauer zu untersuchen. Dabei würde wahrscheinlich auch der temporale Aspekt wichtig werden, unter dem Schelling und Staiger die lyrische Gattung geradezu konträr bestimmen. *Das Epos erzählt die Vergangenheit. Das lyrische Gedicht besingt die Gegenwart,* schreibt Schelling[85], während in den *Grundbe-*

85 Ebd., S. 287.

griffen der Poetik bekanntlich das Epos der Gegenwart, die Lyrik der Vergangenheit zugeschrieben werden. Der Widerspruch läßt sich vielleicht verstehen, wenngleich nicht aufheben, wenn man einsieht, daß in Schellings Formel: *Das Epos erzählt die Vergangenheit,* die der Goethe-Schillerschen These, daß der Epiker die Begebenheit als vollkommen vergangen vorträgt, entspricht, die Möglichkeit epischer Vergegenwärtigung nicht negiert wird: das epische tempus par excellence, das Imperfekt, unterscheidet sich ja vom Perfekt dadurch, daß es die Vergangenheit nicht auf die Gegenwart bezieht und so als Vergangenheit von ihr abhebt (im Englischen ist es anders), das Imperfekt kann darum als die Zeitform hypostasierter Vergangenheit in der Erzählung eine imaginäre, eine künstliche Gegenwart erschaffen.[86] Die Gegenwart der Lyrik ist dagegen für Schelling eine reale, sie gehe *bis zur Verewigung der einzelnsten und vergänglichsten Blüthe* [der Gegenwart] *herunter.*[87] Definiert demgegenüber Staiger den lyrischen Stil als Ausdruck der Erinnerung, so läßt sich der Verdacht schwer unterdrücken, es habe darin sein Verhältnis zur eigenen Gegenwart, die er der Verewigung nicht für wert hält, niedergeschlagen. Hölderlin verstand seine Gedichte als solche, deren *Inhalt* – wie er 1803 dem Verleger Wilmans schrieb – *das Vaterland angehn soll oder die Zeit*[88]; nicht anders versteht Schelling die Lyrik, die sich als solche auf die Gegenwart bezieht und den Kontrast von Allgemeinem und Besonderem in ihr festhält, als eine eminent politische Dichtform. Sie ist es nicht nur dann, wenn sie sich, wie in Griechenland, der Polis widmet, sondern nicht minder in der Abkehr von ihr, in jener Verinnerlichung, welche die

86 Zu diesem Fragenkomplex vgl. H. Weinrich, *Tempus. Besprochene und erzählte Welt.* Stuttgart 1964, und D. Wunderlich, *Tempus und Zeitreferenz im Deutschen.* München 1970.
87 *Philosophie der Kunst,* a.a.O., S. 287.
88 StA 6, S. 435.

neuzeitliche Lyrik prägt als Reaktion auf das Schwinden des öffentlichen Lebens.
Indem Schelling diesen Entstehungs- und Wirkungszusammenhang der Lyrik bedenkt, geht er auf die Geschichte der lyrischen Dichtung ein. Das widerspricht nicht dem unhistorischen Wesen der Schellingschen Kunstphilosophie, haben wir doch gesehen, daß diese ihren identitätsphilosophischen Prämissen treu bleibt, nicht indem sie von der Geschichte abstrahiert, sondern indem sie in der Konstruktion historischer Gegensätze und Unterschiede, welche die Geschichtlichkeit der einzelnen Werke und Gattungen sonst ausmachen, diese Unterschiede und Gegensätze, als bloß quantitative und scheinbare, aufhebt. Indem der Schelling der Identitätsphilosophie als den Grundirrtum aller bisherigen Philosophie die Voraussetzung ansieht, *die absolute Identität sei wirklich aus sich herausgetreten,* negiert er zwar die Geschichte als Medium für den absoluten Geist, als das sie bei Hegel erscheinen wird, sie negiert insofern ihre philosophische Relevanz; aber die Deduktion der Gattungen aus Potenzen, deren Gleichzeitigkeit die Identitätsphilosophie postuliert, findet nicht jenseits der Geschichte statt, sondern in ihr.
Die *Philosophie der Kunst* hat es, wie schon erwähnt, durchaus nicht auf den Nachweis abgesehen, daß die Formen der Kunst von der Geschichte unabhängig sind. Schelling verweist im Zusammenhang seiner Behauptung, daß die vorzüglichsten Gegenstände des lyrischen Gedichts moralisch, kriegerisch, leidenschaftlich sind und Leidenschaft der Charakter des Endlichen oder der Besonderheit im Gegensatz mit der Allgemeinheit ist, auf die Entstehung und erste Entfaltung der lyrischen Poesie in Griechenland, deren Gleichzeitigkeit mit dem Aufblühen der Freiheit und Entstehen des Republikanismus er hervorhebt. Zuerst verband sich die Poesie mit den Gesetzen und diente zur Überlieferung derselben. Bald wurde sie als lyrische Kunst für Ruhm, Freiheit und schöne Geselligkeit begeistert. Sie wurde die

Seele des öffentlichen Lebens, die Verherrlicherin der Feste. Unter Berufung auf Friedrich Schlegels *Geschichte der Poesie der Griechen und Römer* bezeichnet er die lyrische Kunst als republikanische Poesie und stellt sie dem homerischen Epos gegenüber, das vom Prinzip des Königtums und der Herrschaft als dem heroischen Prinzip bestimmt sei. Und ähnlich verknüpft Schelling die Entstehung der neuzeitlichen Lyrik mit einem historischen Moment: *Wie die höchste Blüthe der lyrischen Kunst der Griechen in das Entstehen der Republik, der höchsten Blüthe des öffentlichen Lebens fällt, so der erste Beginn der modernen Lyrik im 14. Jahrhundert in die Zeit der öffentlichen Unruhen und der allgemein geschehenden Auflösung des republikanischen Verbands und der Staaten in Italien.*[89] Indem das öffentliche Leben mehr oder weniger verschwand, mußte es sich nach innen richten. Und nach kurzen Ausführungen zu Dante und Petrarca heißt es: *Bild und Begleitung eines öffentlichen und allgemeinen Lebens – eines Lebens in einem organischen Ganzen – konnte die Lyrik in den modernen Staaten nicht mehr werden. Es blieben für sie keine andern Gegenstände als entweder die ganz subjektiven, einzelne momentane Empfindungen, worein sich die lyrische Poesie auch in den schönsten Ergüssen der spätren Welt verloren hat, und aus denen nur sehr mittelbar ein g a n z e s Leben hervorleuchtet, oder dauernde auf Gegenstände sich beziehende Gefühle, wie in den Gedichten des Petrarca, wo das Ganze wieder eine Art von romantischer oder dramatischer Einheit wird.*[90] Klingt hier auch ein leiser Ton der Kritik an der modernen, d. h. neuzeitlichen Lyrik an (sie habe sich in ganz subjektive Empfindungen verloren), so hält doch Schelling an seiner These fest, daß noch aus diesem Subjektivsten, wie sehr auch mittelbar, ein g a n z e s Leben hervorleuchtet, nämlich die Einheit des Subjektiven mit dem Objektiven. So dient der historische Abriß, in den Schellings

89 *Philosophie der Kunst,* a.a.O., S. 287 f.
90 Ebd., S. 289.

Bestimmung der Lyrik mündet, nicht so sehr einer Differenzierung, als dem Aufweis einer überhistorischen Konstante: der Einbildung des Unendlichen ins Endliche. Von der Geschichte unabhängig ist nicht die Lyrik, sondern die Potenz, von der sie deduziert wird: die der Besonderheit.[91] Mag auch Schelling sowohl den historischen Wandel der lyrischen Gattung als auch die Chronologie der Gattungen selbst, in der Nachfolge Friedrich Schlegels, eingesehen haben – die griechische Lyrik sei entstanden, weil *die im Epos noch geschlossene Knospe gebrochen ist,* heißt es etwa – für das System der Gattungen ist dies ohne Belang, folgt es doch statt der historischen Ordnung der wissenschaftlichen, d. h. philosophischen: Schellings Gattungssystem enträt der Geschichte, nicht weil es die Gattungen als überhistorische setzt, sondern weil es sich als System der Potenzen versteht.

91 Ebd., S. 286.

6

Inwiefern Schellings Lehre von den drei poetischen Gattungen in deren Deduktion aus den drei Potenzen besteht, die den Aufbau seines ganzen identitätsphilosophischen Systems konstituieren, inwiefern also sein System der Dichtarten das System der Potenzen reproduziert, wird in seiner *Philosophie der Kunst* besonders deutlich an der Stelle, welche die Behandlung des Epos eröffnet:

Das lyrische Gedicht bezeichnet überhaupt die erste Potenz der idealen Reihe, also die der Reflexion, des Wissens, des Bewußtseyns. Es steht eben deßwegen ganz unter Herrschaft der Reflexion. Die zweite Potenz der idealen Welt überhaupt ist die des Handelns, des an sich Objektiven, wie das Wissen des Subjektiven. Gleichwie aber die Formen der Kunst überhaupt die Formen der Dinge an sich sind, so muß diejenige Dichtart, welche der idealen Einheit entspricht, nicht überhaupt nur das erscheinende Handeln, sondern das Handeln absolut betrachtet, und wie es in seinem An-sich ist, darstellen. – Handeln, absolut oder objektiv betrachtet, ist Geschichte. Die Aufgabe der zweiten Art ist also: ein Bild der Geschichte zu seyn, wie sie an sich oder im Absoluten ist. – Daß diese Dichtart das Epos ist, wird sich am bestimmtesten daraus ergeben, daß alle aus dem angegebenen Charakter abzuleitenden Bestimmungen sich in dem Epos vereinigen und zusammentreffen.[92]

Noch einmal werden wir hier, wenn Schelling das lyrische Gedicht der ersten Potenz der idealen Reihe, der Reflexion, entsprechen läßt, daran erinnert, daß die Reihenfolge der Potenzen, die auch die Reihenfolge der Gattungen im Schellingschen System ist, der historischen Ordnung widerspricht, wie sie zumal innerhalb der griechischen Dichtung

92 *Philosophie der Kunst,* a.a.O., S. 289 f.

gegeben ist, deren Entwicklungsgeschichte für Schellings wichtigsten Gewährsmann, Friedrich Schlegel, zu einem historischen System wurde. Zwar übernimmt Schelling von Schlegel die Vorstellung, daß die Lyrik einer späteren Phase des griechischen Staatslebens und Geistes entspricht als das Epos: dennoch geht in seinem poetischen System die Lyrik der Epik voraus. Weiterhin ist in dem zitierten Abschnitt bemerkenswert, wie als Ausgangspunkt der Überlegung nicht etwa das Epos erscheint, sondern die Bestimmung der zweiten Potenz. Nicht die Dichtart wird mit Hilfe philosophischer Begriffe erfaßt – das wäre in Schellings Terminologie: bloße Theorie der Kunst –; die von ihm intendierte Philosophie der Kunst ist Wissenschaft des All in der Form der Kunst, d. h. die Kunst, ebenso wie ihre einzelnen Arten und Gattungen, soll als Erscheinungsweise des All, der absoluten Identität, aufgezeigt werden, und zwar nicht als zufällige, sondern notwendige, ihrerseits in das System gehörige, aus ihm ableitbare Manifestation. Darum ist das Vorgehen in dem zitierten Abschnitt das der Deduktion und nicht der Induktion. Der philosophische Stellenwert der epischen Gattung wird nicht einer Analyse dessen, was Epen sind, entnommen, sondern auf Grund der Potenz des Handelns wird behauptet, wie die ihr entsprechende Dichtart beschaffen sein müsse, worauf dann der Nachweis folgt, daß es sich bei der also deduzierten Dichtart um die epische handelt. Es dürfte einleuchten, daß allererst auf Grund einer solchen Deduktion zureichend begründet werden kann, daß es drei und nur drei Dichtarten gibt, wie denn die pragmatische Lehre von den Dichtarten die Dreizahl der Gattungen meist gar nicht kennt, oder, in der nachidealistischen Zeit, ausdrücklich bekämpft.[93*]

Es ist wiederholt darauf hingewiesen worden, daß Schelling zur Konkretisierung seiner Gattungstheorie die Erkennt-

93* Zuletzt Fr. Sengle in seinem Aufsatz *Die literarische Formenlehre. Vorschläge zu ihrer Reform.* Stuttgart 1967. Dichtung und Erkenntnis 1. S. 10 f., insbes. S. 16.

nisse seiner Zeitgenossen verwertet hat, vor allem der Brüder Schlegel, dann Schillers, Goethes, Humboldts; bereits der erste Herausgeber der *Philosophie der Kunst* schrieb 1859, Schelling habe wohl nicht zuletzt deshalb niemals im Sinn gehabt, seine Ästhetik zu publizieren, weil er darin *vielfach nur die von Schiller, Goethe, den Schlegels vertretene Literatur benutzt* hatte.[94] Besonders in der Darstellung des Epos wird man auf den Einfluß der Schriften der Schlegels und des *Hermann und Dorothea*-Aufsatzes von Humboldt stoßen, dennoch ergeben sich auch hier wichtige Differenzen.

Friedrich Schlegel hatte bekanntlich in seiner *Geschichte der Poesie der Griechen und Römer* von 1798 behauptet, daß, was im Epos *getan und gelitten wird, weder als Handlung der Freiheit, noch als notwendige Fügung des Schicksals erscheint, sondern als zufällige Begebenheit;* die Begriffe der unbedingten Notwendigkeit und der unbedingten Freiheit seien in der Lyrik und im Drama *herrschend und einheimisch,* dem Epos aber fremd.[95] Schelling sieht den Gegensatz, der hier zwischen dem Handlungsraum des Epos und der Tragödie behauptet wird, ästhetisch, mit Bezug auf das im Kunstwerk Dargestellte ähnlich: aber er begreift diesen Gegensatz anders. Es lohnt sich, nach den Gründen dieser Differenz zu fragen, denn sie lassen zugleich die Verschiedenheit des frühromantischen und des identitätsphilosophischen Standpunkts erkennen, die bei einer Deutung der Schellingschen Philosophie als einer romantischen leicht übersehen wird. An der erwähnten Stelle begründet Schlegel, warum man das Wort *Handlung* aus der Erklärung des Epos entfernen sollte: *Zwar wird allerdings, wie man das Wort im unbestimmten Sprachgebrauch zu nehmen pflegt, im epischen Gedicht gehandelt; ja, es ist oft wie eine stetige Reihe von Handlungen. Im strengen und eigentlichen Sinne kann doch aber im Leben und in der darstellenden Kunst*

94 Nachdr. des Vorwortes in der Ausg. der Wiss. Buchges., a.a.O., S. VII f.
95 JS, Bd. I, S. 288 f.

nur dasjenige Handlung genannt werden, was Wirkung einer freyen Willensäußerung wirklich ist, oder als solche erscheint. Demgegenüber heißt es in Schellings *Philosophie der Kunst* zur Begründung, warum das Epos, bzw. die epische Dichtart, das Handeln, absolut betrachtet und wie es in seinem An-sich ist, darstellt: *Nicht daß überhaupt nur Handlung, Geschichte dargestellt wird, sondern daß sie in der Identität der Absolutheit erscheint, ist das Auszeichnende des Epos. Das Handeln objektiv angesehen oder als Geschichte ist in dem An-sich als reine Identität, ohne Gegensatz des Unendlichen und Endlichen. Denn in dem An-sich, von dem alles Handeln die bloße Erscheinung ist, ist das Endliche im Unendlichen, und also außer Differenz mit ihm. Das Letztere* [also die Differenz] *ist nur möglich, wo das Endliche etwas für sich, real ist, also inwiefern das Unendliche im Endlichen repräsentirt ist. Der Gegensatz der Besonderheit und Allgemeinheit drückt sich in Bezug auf das Handeln als der der Freiheit und der Nothwendigkeit aus. Auch diese also sind in dem An-sich des Handelns eins. Ist also im Epos kein Gegensatz des Unendlichen und Endlichen, so kann auch kein Streit zwischen Freiheit und Nothwendigkeit in ihm dargestellt seyn. Beide erscheinen eingewickelt in einer gemeinschaftlichen Einheit.*[96]

Daß das epische Geschehen nicht der freien Willensäußerung des Helden entspringt, durch die sich seine Freiheit in Widerspruch zu der objektiven Notwendigkeit setzen würde, behauptet Schelling nicht anders als Schlegel. Aber während es für Schlegel Handlung nur als durch Freiheit des Subjekts begründet geben kann, nämlich in der Tragödie, ist für Schelling jene Identität von Freiheit und Notwendigkeit, die sich aus der tragischen Handlung als dem Streit beider herstellt, in dem An-sich des Handelns, im Handeln absolut betrachtet, immer schon gegeben. Wenn die Einheit von

96 *Philosophie der Kunst*, a.a.O., S. 290.

Freiheit und Notwendigkeit in der Tragödie sich erst herstellt, so darum, weil sie sich der Synthese von Differenz und Identität verdankt, gattungspoetisch gesprochen: der Synthese von Lyrik und Epik. Anders als die Hegelsche Dialektik, in der sich die Subjektivität der Lyrik und die Objektivität der Epik im Drama verbinden, ist für die Schellingsche Identitätsphilosophie in der Lyrik das Unendliche, also das Objektive, ins Endliche, ins Subjektive, eingebildet, wodurch die Lyrik den Charakter der Differenz erhält, im Epos dagegen das Endliche ins Unendliche, so daß im Epos bereits die Identität beider herrscht, eine Identität, der die Identität, wie sie die Tragödie erlangt, aber insofern überlegen ist, als sie keine bloße Identität ist, sondern Identität von Differenz und Identität, in der Terminologie der Identitätsphilosophie: absolute Identität. Kennzeichnend für die Frühromantik ist an Schlegels Bestimmung der Handlung das Moment der *freien Willensäußerung* als conditio sine qua non: mit einem mißverständlichen Schlüsselwort Schlegels: der Willkür – mißverständlich, weil Schlegel nicht das Arbiträre der Entscheidung meint, sondern deren Freiheit. Antifrühromantisch ist in der Schellingschen Konzeption dagegen die Vorgegebenheit einer Einheit von Freiheit und Notwendigkeit, die seine Bestimmung dessen, was Handeln *absolut betrachtet* ist und so auch seine Bestimmung des Epos prägt: es wäre unter Berücksichtigung von Schellings Behandlung der Gegensätze Antike–Moderne und naiv–sentimentalisch, zu prüfen, ob dieser antifrühromantische Impuls sein Denken mehr dem Ideal realisierter Harmonie annähert, wie es die Weimarer Klassik kennt, oder mehr dem Ideal der in die Unendlichkeit entrückten und zum Gegenstand der Sehnsucht gewordenen Harmonie, wie es die Heidelberger Romantik auszeichnet, oder ob er gar den Versuch einer Synthese beider darstellt. Nicht nur in dem genannten Punkt übernimmt Schelling von Schlegel Beobachtungen zur Beschaffenheit des epischen Kunstwerks, freilich um sie unter der Voraussetzung der Identitätsphilosophie anders zu verstehen und zu begründen. So hatte ja Friedrich Schlegel die epische Dichtart – in seinem 1796 in der Zeitschrift *Deutschland* erschienenen Aufsatz *Über die Homerische Poesie* als jene Dichtart bestimmt, die *eine unbegrenzte Vielheit möglicher, äußrer, durch ursachliche Verknüpfung verbundener Gegenstände durch Gleichartigkeit des Stoffs und Abrundung der Umrisse zu einer bloß sinnlichen Einheit* ordnet. Das epische Gedicht stelle im Gegensatz zur Tragödie *keineswegs eine einzige vollständige poetische Handlung, sondern eine unbestimmte Masse von Begebenheiten dar.* Daher sei *auch der Umfang des epischen Gedichts durchaus unbegrenzt: denn jede Begebenheit ist ein Glied einer endlosen Reihe, die Folge früherer und der Keim künftiger Begebenheiten.* [...] *Die reine dichterische Erzählung, welche keinen bestimmten Zweck hat* [wie das Drama], *sondern nur nach Fülle und sinnlicher Harmonie strebt, kennt ihrem Wesen nach weder Anfang noch Ende.*[97] Soweit Schlegel, dessen Behauptung ein Jahr später im Briefwechsel zwischen Goethe und Schiller polemisch aufgegriffen wird. Am 28. April 1797 schreibt Goethe, wie bereits zitiert, nach Jena, es sei *sonderbar, wie* [Schlegel], *als ein guter Kopf, auf dem rechten Wege ist und sich ihn doch gleich wieder selbst verrennt. Weil das epische Gedicht nicht die* d r a m a t i s c h e E i n h e i t *haben kann* [...], *so soll das epische Gedicht keine Einheit haben, noch fordern, das heißt, nach meiner Vorstellung: es soll aufhören, ein Gedicht zu sein.*[98] Und mit einer Pointe gegen die in Schlegels Aufsatz sich bereits abzeichnende Wandlung der Gattungspoetik vom Empirisch-Paradigmatischen zur Theorie fügt Goethe hinzu: *Und das sollen reine Begriffe sein, denen doch selbst die Erfahrung, wenn man genau aufmerkt, widerspricht.* Schelling nun behauptet dasselbe

97 *Über die Homerische Poesie*, JS, Bd. I, S. 222 (vgl. *Von der normativen zur spekulativen Gattungspoetik*, Nr. 6, S. 100, Anm. 97).
98 *Briefwechsel*, Bd. I. Nr. 305 (vgl. *Von der normativen zur spekulativen Gattungspoetik*, Nr. 5, S. 76, Anm. 69).

wie Schlegel, gibt aber der am konkreten Werk gemachten Beobachtung eine philosophische Begründung, genauer: deduziert diese Eigenart des Epos aus den philosophischen Setzungen: *Da die Absolutheit nicht auf der Extension, sondern auf der Idee beruht, und daher in dem An-sich alles gleich absolut und das Ganze nicht absoluter ist als der Theil, so muß auch diese Bestimmung auf das Epos übergehen. Es ist also der Anfang wie das Ende in dem Epos gleich absolut, und inwiefern überhaupt das Nichtbedingte sich in der Erscheinung als Zufälligkeit darstellt, erscheint beides als zufällig. Die Zufälligkeit des Anfangs und des Endes ist also in dem Epos der Ausdruck seiner Unendlichkeit und Absolutheit. Mit Recht ist derjenige Sänger, der den trojanischen Krieg von dem Ei der Leda anfangen wollte, dadurch zum Sprichwort geworden. Es ist gegen die Natur und Idee des Epos, daß es rückwärts oder vorwärts bedingt erscheine. In der Succession der Dinge, wie sie im Absoluten vorgebildet ist, ist alles absoluter Anfang, aber eben deßwegen ist hier auch kein Anfang. Das Epos, indem es absolut beginnt, constituirt sich eben dadurch selbst zu einem gleichsam aus dem Absoluten selbst herausgehörten Stück, das, in sich absolut, doch wieder nur Bruchstück eines absoluten und unübersehbaren Ganzen ist, wie der Ocean, weil er nur durch den Himmel begrenzt wird, unmittelbar an die Unendlichkeit hinausweist.*[99]

Die Ausführungen Schlegels und Schellings zum selben Charakteristikum der epischen Gattung zeigen mit großer Deutlichkeit die Verschiedenheit ihrer Betrachtungsweise. Schlegel sagt, das Epos stelle *eine unbestimmte Masse von Begebenheiten dar* und folgert daraus, daß es seinem Wesen nach weder Anfang noch Ende kennt. Schelling dagegen begründet, warum das Epos eine unbestimmte Masse von Begebenheiten darstellt, warum es, obwohl ohne Anfang und Ende im immanent-ästhetischen Sinn,

99 *Philosophie der Kunst*, a.a.O., S. 294 f.

dennoch ein Kunstwerk, ein Gedicht sein kann. So ist Schellings Deduktion zugleich eine unbeabsichtigte Antwort auf Goethes Einwand: auch das Epos müsse eine Einheit haben, denn ein Gedicht ohne Einheit sei keines. Wenn die Diskussion über den epischen Anfang, wie schon die Ausdrücke *in medias res* und *ab ovo* zeigen, auf deren letzteren Schelling in der angeführten Stelle anspielt, eine lange Tradition hat, so bezieht sich die in den hier diskutierten Texten damit verknüpfte Behandlung der Frage nach der Einheit des Epos natürlich auf die Thesen, die der klassische Philologe Friedrich August Wolf 1795 in seinen *Prolegomena ad Homerum* vertreten hat. Auf Wolf nehmen sowohl Goethe als auch Schelling Bezug. *Am Ende,* schreibt Goethe in dem schon zitierten Brief, *ist diese neue Schlegelsche Ausführung doch nur zu Gunsten der Wolfischen Meinung, die eines solchen Beistandes gar nicht einmal bedarf. Denn daraus, daß jene großen Gedichte erst nach und nach entstanden sind, und zu keiner vollständigen und vollkommenen Einheit haben gebracht werden können (obgleich beide vielleicht weit vollkommner organisiert sind als man denkt), folgt noch nicht: daß ein solches Gedicht auf keine Weise vollständig, vollkommen und Eins werden könne noch solle.* Und auch der früher angeführte Satz aus dem Brief enthält in Parenthese eine Spitze gegen die Wolfsche Deutung: *Weil das epische Gedicht* – schreibt Goethe – *nicht die dramatische Einheit haben kann, weil man eine solche absolute Einheit in der Ilias und Odyssee nicht gerade nachweisen kann, vielmehr nach der neuern Idee sie noch für zerstückelter angibt als sie sind; so soll das epische Gedicht keine Einheit haben, noch fordern* [...][100] Schelling dagegen weiß seine Bestimmung des Epos gestützt durch die Thesen des Philologen, und ebenso diese legitimiert durch seine, Schellings, Deduktion: *Wenn man diese als Zufälligkeit erscheinende Absolutheit, die tief im Wesen des Epos gegründet ist, auffaßt, so*

100 Vgl. Anm. 98.

reicht diese allein hin, die neuere Wolfsche Ansicht des Homer nicht so fremd und unfaßlich zu finden, als sie von den meisten gefunden wird. Sie haben sich aus den gewöhnlichen Theorien gewisse Grundsätze über die Künstlichkeit des Epos genommen, und können damit die Zufälligkeit nicht reimen, womit, nach ihrer Art sich die Wolfsche Hypothese zu deuten, der Homer zusammengekommen. Freilich ist diese grobe Zufälligkeit aufgehoben, sobald man sich der Idee bemächtigt, wie ein ganzes Geschlecht einem Individuum gleich seyn kann (wovon schon früher in der Lehre von der Mythologie geredet war); aber auch diejenige Zufälligkeit, die in dem Entstehen der Homerischen Gesänge wirklich gewaltet hat, trifft eben hier mit dem Nothwendigen und der Kunst zusammen, da das Epos seiner Natur nach sich mit einem Schein der Zufälligkeit darstellen muß.[101] Der letzte Satz weist zurück auf Schellings These, daß das Nichtbedingte, d. h. das Absolute, sich in der Erscheinung als Zufälligkeit darstellt, ein Satz übrigens, der jedesmal, wenn in einer Interpretation von Zufall die Rede ist, berücksichtigt werden sollte. – Es dürfte sich verstehen, daß wir hier nicht die Thesen Wolfs und die um sie geführte Auseinandersetzung zu diskutieren haben. Entscheidend für das Thema: den Wendepunkt der Gattungspoetik in der Goethezeit, sind die Möglichkeiten, welche der Theorie der Dichtarten durch die spekulative Begründung zuwachsen. Vergleicht man die zitierten Sätze Goethes und Schellings, so fällt auf, daß der vermeintliche Empiriker Goethe sehr viel mehr zu bloß Behauptetem seine Zuflucht nehmen muß als der spekulative Philosoph Schelling. Zwar kann man, wie Goethe einräumt, in der *Ilias* und der *Odyssee* keine Einheit im Sinn der dramatischen Einheit nachweisen, zwar haben sie *zu keiner vollständigen und vollkommenen Einheit* gebracht werden können, aber – und nun erfolgt der Sprung aus der Empirie in die pure Behauptung, die der

101 *Philosophie der Kunst*, a.a.O., S. 295.

Beobachtung widerspricht, ohne sich doch auf eine andere Instanz berufen zu können und wollen – aber *Ilias* und *Odyssee* dürften dennoch *weit vollkommener organisiert* [sein] *als man denkt*, und daß sie keine vollständige und vollkommene Einheit haben, besage nicht, daß sie nicht *vollständig, vollkommen und Eins*[102] seien. Schelling dagegen vermag das, was in der immanent ästhetischen Betrachtung als dem Kunstwerkcharakter widersprechend erscheinen muß: nämlich Zufälligkeit und Mangel an Einheit, auf deren philosophische, d. h. zugleich: kunstphilosophische Gründe zurückzuführen. Weil das Epos, anders als die Tragödie, die Identität von Subjekt und Objekt nicht selber herstellt, sondern ihre – der zentralen These der Identitätsphilosophie zufolge – immer schon vorhandene und keiner Wandlung unterworfene, d. h. der Zeit enthobene Identität spiegelt, hat es seine Einheit nicht an sich selber, ist es, als Ausdruck des Absoluten selber, gerade nicht absolut. Nun wird man natürlich fragen, ob diese Unterscheidung der epischen und dramatischen Dichtung nicht mit Schellings identitätsphilosophischer Prämisse steht und fällt, nüchterner gefragt: ob sie, einmal unterstellt, daß niemand von uns auf dem Standpunkt der Identitätsphilosophie steht, es überhaupt verdient, ausführlich erläutert zu werden. Darauf wäre zu antworten, daß eine solche Frage dem spezifisch historischen Interesse nicht gerecht wird. Da aber mit der Frage die Legitimität dieses historischen Interesses selbst, zumal in Zeiten, da die Wissenschaft wieder einmal politisiert werden, politisch aufgemöbelt werden soll, in Frage gestellt sein dürfte, erscheint es mir sinnvoller, darauf hinzuweisen, daß Schellings Theorie der epischen Dichtart, wie sehr sie auch an ihre identitätsphilosophischen Prämissen gebunden ist, Erkenntnisse aufbewahrt, die n a c h der Verabschiedung dieser Prämissen, einer Verabschiedung, die zugleich ein politisches Faktum ist, in modifizierter Form ins

102 *Briefwechsel*, Bd. I, Nr. 305 (vgl. Anm. 98).

spätere gattungspoetische Denken haben eingehen können. Die erste Modifikation ließe sich in Hegels Ästhetik aufzeigen. Indem die bei Schelling als zeitjenseitig gesetzte Identität in den geschichtlichen Prozeß hereingenommen wird, verwandelt sich die absolute Identität, deren Reflex das Epos ist, in das, was Hegel einen allgemeinen Weltzustand nennt. Was aber bleibt, ist die Erkenntnis, daß das Epos nicht bloß einen anderen Weltzustand voraussetzt als die Tragödie, sondern daß es von diesem Weltzustand auf ganz andere Weise abhängig ist als die Tragödie. Diese Differenz hat Lukács in den Begriffgegensatz *extensive* und *intensive Totalität* gefaßt. Zentrale Fragen auch der heutigen Gattungsdiskussion, etwa die nach dem Nachahmungscharakter oder dem Stilisierungsgrad, der in den beiden Gattungen unterschiedlich, deren Differenz für die beiden Gattungen darum konstitutiv sein dürfte, lassen sich gleichfalls in der historischen Fluchtlinie der Schellingschen Kunstphilosophie lokalisieren.

Was uns zu diesem Exkurs über die Aktualität von Schellings Kunstphilosophie veranlaßt hat, war seine Begründung der Zufälligkeit, genauer: des Scheins der Zufälligkeit, der Anfang und Ende des epischen Kunstwerks charakterisiert. Nun darf dieses Strukturmoment natürlich nicht isoliert betrachtet werden, es ist mit anderen Merkmalen des Epos verknüpft, die gleichfalls der zeitgenössischen Diskussion, und in besonderer Weise dem Briefwechsel zwischen Goethe und Schiller, zum Gegenstand wurden und auch aus der heutigen gattungspoetischen Reflexion nicht wegzudenken sind. Wie das bis jetzt Besprochene werden auch diese Merkmale von Schelling aus seiner identitätsphilosophischen Prämisse bzw. aus der für die epische Gattung angesetzten Potenz der Identität deduziert, und wiederum scheint mir diese Deduktion, wenn sie auch hinfällig geworden ist durch den Wegfall der spekulativen Begründung, des Wovon der Deduktion, für die Gattungspoetik unserer Zeit ihre Relevanz behalten zu haben.

Die Merkmale, an die ich hier in erster Linie denke, sind 1.) die Selbständigkeit der Teile im epischen Kunstwerk gegenüber der Funktionalität und Finalität, die den Aufbau des Dramas kennzeichnen; 2.) die spezifische Zeitlichkeit der epischen Dichtart und 3.) das epische Ich. Bevor wir Schellings Darstellung des Epos verlassen, haben wir kurz Schellings Erklärung, d. h. Deduktion, der drei genannten Merkmale zu betrachten.

Der erste Punkt, den ich mit einem Ausdruck Schillers als *Selbständigkeit der Teile* bezeichnet habe, ist am engsten mit dem Problem der Zufälligkeit von Anfang und Ende verknüpft. Daß Anfang und Ende des epischen Gedichts den Schein der Zufälligkeit haben, heißt ja nichts anderes, als daß die betreffenden Stellen nicht im Hinblick auf ihre Funktion als Eröffnung und Abschluß ausgewählt wurden, sondern Episoden sind wie jede andere. Schiller schreibt in dem Brief, *die bloße, aus dem Innersten herausgeholte Wahrheit* [sei] *der Zweck des epischen Dichters: er schildert uns bloß das ruhige Dasein und Wirken der Dinge nach ihren Naturen; sein Zweck liegt schon in jedem Punkt seiner Bewegung, darum eilen wir nicht ungeduldig zu einem Ziele, sondern verweilen uns mit Liebe bei jedem Schritte.*[103] Ganz ähnlich schildert Schelling den Epiker. Aber während Schiller, in der Nachfolge Kants, diese Eigenart der epischen Verfahrungsweise wirkungspsychologisch sieht, indem er feststellt, daß dem Leser so *die höchste Freiheit des Gemüts*[104] erhalten bleibe, leitet sie Schelling aus der Potenz der Identität ab: *Auf eine viel vollkommenere Weise als in der gemeinen Erscheinung* entstehe im Epos *das Bild der Identität aller Dinge im Absoluten, die Stetigkeit. Alles was zu derselben gehört, die unbedeutend scheinenden Handlungen des Essens, Trinkens, des Aufstehens, zu Bettgehens, des Anlegens der Kleider und des Schmucks – alles*

103 *Briefwechsel*, Bd. I, Nr. 301 (21. 4. 1797). (Vgl. *Von der normativen zur spekulativen Gattungspoetik*, Nr. 4, S. 65, Anm. 57.)
104 Ebd.

wird mit der verhältnißmäßigen Ausführlichkeit, wie alles andere beschrieben. Alles ist gleich wichtig oder unwichtig, gleich groß und klein.[105] Man wird vielleicht erstaunt sein, die hier bezeichnete Liebe zum unbedeutenden Detail im Zusammenhang der These von der Identität aller Dinge im Absoluten zu sehen: sollte sich diese Identität wirklich in der Schilderung des Zubettgehens und des Anlegens der Kleider ästhetisch realisieren lassen? Das Erstaunen würde wahrscheinlich schwinden, sähe man diese Paradoxie im Zusammenhang der dialektischen Struktur, die der Ästhetik Schellings wie seiner Zeitgenossen, Hölderlin und Solger, eigen ist, und besonders auch deren Konzeption der Darstellung, anti-mimetisch, bestimmt: Die von Schelling gegebene Charakteristik des Epikers wäre so im Zusammenhang von Hölderlins Bestimmung des epischen Gedichts zu sehen, in dem der Widerspruch des naiven Kunstcharakters, eben der anschaulichen und ausführlichen Darstellung, und des heroischen Grundes in einem idealischen Geist des Gedichts aufgelöst wird; der idealische Ton aber dürfte sich, in einer philosophischen Analyse von Hölderlins Konzeption der drei Töne, als Entsprechung der Schellingschen intellektuellen Anschauung, d. h. der absoluten Identität erweisen.

Die spezifische Temporalität des Epos bestimmt Schelling als *Indifferenz gegen die Zeit.*[106] Das Handeln sei in seinem *An-sich zeitlos, denn alle Zeit ist nur Differenz der Möglichkeit und Wirklichkeit, und alles erscheinende Handeln ist nur Zerlegung jener Identität, in der alles zumal ist.* Das Epos müsse also ein Bild der Zeitlosigkeit sein. Die Frage, wie dies möglich sei, da doch die Poesie als Rede an die Zeit gebunden, so daß alle poetische Darstellung notwendig sukzessiv sei, beantwortet Schelling folgendermaßen: *Die Poesie selbst als solche muß wie außer der Zeit, von der Zeit unberührt seyn, sie muß daher alle Zeit, alles Successive rein in den Gegenstand legen und dadurch sich*

105 *Philosophie der Kunst*, a.a.O., S. 295 f.
106 Ebd., S. 294.

selbst ruhig erhalten und unbewegt von dem Strom der Aufeinanderfolge über ihm schweben. So ist in dem An-sich alles Handelns, an dessen Stelle die Poesie tritt, keine Zeit, nur in den Gegenständen als solchen ist sie, und jede Idee, indem sie aus dem An-sich als Gegenstand hervortritt, tritt in die Zeit ein. Das Epos selbst also muß das Ruhige und dagegen der Gegenstand das Bewegte seyn.[107]

Diese *Indifferenz gegen die Zeit* ist im Zusammenhang dessen zu sehen, was ich oben über das epische Imperfekt gesagt habe, das nicht so sehr das Vergangene vergegenwärtigt, als die Differenz der beiden Zeitebenen aufhebt. Zugleich begründet sie die Funktion des epischen Ich, des Erzählers. Bei der Diskussion der lyrischen Dichtart weist Schelling darauf hin, daß Dionys von Halikarnass als das Ausgezeichnetste des Epos bestimmt, daß der Dichter nicht erscheine, während die lyrische Kunst die eigentliche Sphäre des Selbstbewußtseins ist. Das Ich des Epos schwebe, schreibt Schelling, über allem wie ein höheres, von nichts angerührtes Wesen. *Nur innerhalb des Umkreises, den sein Gedicht beschreibt, stößt und drängt eins das andere, Begebenheit Begebenheit, Leidenschaft Leidenschaft; er selbst tritt nie in diesen Umkreis herein, und wird dadurch zum Gott und zum vollkommensten Bild der göttlichen Natur. Ihn drängt nichts, er läßt alles ruhig geschehen, er greift dem Lauf der Begebenheiten nicht vor, denn er ist selbst nicht davon ergriffen; er schaut ruhig auf alles herab, denn ihn ergreift nichts von dem, was geschieht. Er selbst empfindet nie etwas von dem Gegenstand, und dieser kann daher das Höchste und das Niedrigste, das Außerordentlichste und das Gemeinste, tragisch und komisch seyn, ohne daß er selbst, der Dichter, je hoch oder niedrig, tragisch oder komisch würde. Alle Leidenschaft fällt in den Gegenstand selbst.*[108]

Soweit Schellings Darstellung des Epikers. Es fragt sich nun,

107 Ebd., S. 292.
108 Ebd., S. 296.

welchen Modifikationen dieses Bild in der Behandlung des modernen oder romantischen Epos unterworfen ist, das Schelling durch die Feststellung seiner Gegensätze wie auch seiner Übereinstimmung mit dem alten Epos betrachtet. Mehr noch als bei jenem bin ich hier gezwungen, von zahlreichen Einzelbemerkungen Schellings abzusehen und auf die Hauptthesen seiner Darstellung zu achten. Ich übergehe dabei das meiste, was er über das moderne Epos im strengen Wortsinn, also über die Werke des Ariost und Tasso sagt, wie auch seine Analyse der *Göttlichen Komödie*, die übrigens als einziger Abschnitt seiner Vorlesungen über die Philosophie der Kunst unter dem Titel: *Über Dante in philosophischer Beziehung*[109] von Schelling selbst publiziert wurde. Generell stellt Schelling fest, daß das stärkere Hervortreten des Individuums oder Subjekts in der modernen Welt für das Epos die Konsequenz hatte, daß dieses *die absolute Objektivität des alten Epos verlor, und mit dieser Gattung nur als ihre vollkommene Negation vergleichbar ist.*[110] Wie für Schlegel und später für Lukács steht so auch für Schelling fest, daß die epische Gattung im Gegensatz zur lyrischen und dramatischen den Gegensatz von Antike und Moderne in zwei konträren Formen spiegelt. Sind auch die epischen Formen der Moderne die Negation der absoluten Objektivität des antiken Epos, so bleibt ihnen dennoch als Gattungsmerkmal die Intention auf die Objektivität, die sie aber, wie Schelling sagt, *auf andere Art zu Stande bringen* müssen.[111] Ich habe bereits im Zusammenhang der Frage, ob Schellings Geschichtsphilosophie sein System der Dichtarten bestimmt, auf die abstrakte Art hingewiesen, in der er die beiden epischen Formen der Moderne, das Rittergedicht und den Roman, einander konfrontiert. Das Rittergedicht sei *durch*

109 (1803) In: *Schellings Werke*, a.a.O., Bd. 3, S. 152 ff. (Nachgedruckt als *Ergänzung 4* in der Neuausgabe der *Philosophie der Kunst*, a.a.O., S. 395 ff.).
110 *Philosophie der Kunst*, a.a.O., S. 314.
111 Ebd., S. 315.

den Stoff episch, d. h. der Stoff ist mehr oder weniger universell [Schelling betont, daß bei Ariost der Held nicht herausgehoben ist, daß es eine Mehrzahl von Helden gibt], *durch die Form aber* [...] *subjektiv, indem die Individualität des Dichters dabei weit mehr in Anschlag kommt, nicht nur darin, daß er die Begebenheit, welche er erzählt, beständig mit der Reflexion begleitet, sondern auch in der Anordnung des Ganzen, die nicht aus dem Gegenstand selbst sich entwickelt, und weil sie die Sache des Dichters ist, überhaupt keine andere Schönheit als die Schönheit der Willkür* [i. e. der Freiheit] *bewundern läßt.*[112] Schelling übernimmt hier Friedrich Schlegels These von der Rolle *dirigierender Begriffe* in der modernen Dichtung, die er darum als künstliche Bildung der natürlichen der Antike gegenüberstellt. Als die zweite Form der modernen Epik wird der Roman bestimmt. Ebensowenig wie das Rittergedicht stellt der Roman die absolute Objektivität dar. Wie dort spielt auch hier das Subjektive eine bestimmende Rolle. Aber der Roman erlangt die Objektivität nach Schelling, indem er – spiegelbildlich gleichsam zum Rittergedicht – *an einem partiellen oder beschränkteren Stoff* [...] *die allgemein gültigere und gleichsam indifferentere Darstellung versucht.*[113] Das Wort *versucht* weist auf den Unterschied, den Lukács der Sache nach so gefaßt hat, die Totalität sei dem Epos vorgegeben, dem Roman aufgegeben.[114] Und wie später bei Lukács und vor Schelling schon bei Friedrich Schlegel, erscheint die Ironie als das Mittel, die Objektivität auf subjektivem Grund herzustellen. Der Gegenstand des Romans müsse beschränkt sein, ebenso durch seine Bindung an einen Helden wie dadurch, daß seine Handlung, im Gegensatz zur antik-epischen, in sich abgeschlossen ist, so daß der Roman sich dem Drama annähert, ja in dieser Beziehung nach Schelling *als eine Mischung*

112 Ebd., S. 316.
113 Ebd., S. 317.
114 Vgl. *Die Theorie des Romans*, a.a.O., S. 32 f.

des Epos und des Drama beschrieben werden kann. Die epische Allgemeingültigkeit muß der Romandichter, dessen Gegenstand dergestalt beschränkt ist, *durch eine relativ noch größere Gleichgültigkeit gegen den Hauptgegenstand oder den Helden ersetzen, als diejenige ist, welche der epische Dichter übt. Er darf sich daher nicht zu streng an den Helden binden, und noch viel weniger alles im Buch ihm gleichsam unterwerfen. Da das Beschränkte nur gewählt ist, um in der Form der Darstellung das Absolute zu zeigen, so ist der Held gleichsam schon von Natur mehr symbolisch als persönlich und muß auch so im Roman genommen werden, so daß sich alles leicht ihm anknüpft, da er der collective Name sey, das Band um die volle Garbe.*[115] Ein solcher kollektiver Name ist wohl *Wilhelm Meister*, von dessen *Lehrjahren* Schelling sagt, daß es mit dem *Don Quixote* die beiden einzigen Romane sind, die es *bis jetzt* gibt. Die Gleichgültigkeit aber, fügt Schelling hinzu, darf so weit gehen, daß *sie sogar in Ironie gegen den Helden übergehen kann, da Ironie die einzige Form ist, in der das, was vom Subjekt ausgeht oder ausgehen muß, sich am Bestimmtesten wieder von ihm ablöst und objektiv wird.*[116] Man wird kaum bestreiten können, daß mit diesem Satz eine gültige Definition der sogenannten romantischen Ironie gegeben ist, und man wird zu fragen haben, warum die Identitätsphilosophie Schellings dieser mit mehr Verständnis gegenüberstehen kann als die Hegelsche Dialektik. Denn ihren Subjektivismus hätte Schelling den Romantikern mehr noch als Hegel vorwerfen müssen. Das Verständnis Schellings und die Gegnerschaft Hegels erklären sich aber wohl dadurch, daß die romantische Ironie, darin nicht unähnlich der Identitätsphilosophie, das Subjekt über den Schatten seiner Beschränktheit springen und eine Identität in der Selbstobjektivierung, gleichsam spielend, erlangen läßt. Ähnlich hat Schelling gehandelt, als er das Telos der idealistischen Philo-

115 *Philosophie der Kunst*, a.a.O., S. 319.
116 Ebd.

sophie kurzerhand zu einer Vorgegebenheit machte, während es Hegel um das Austragen der Gegensätze als den objektiv-dialektischen Prozeß geht, dessen Intention das Subjekt-Objekt ist.

Obwohl ich zu Schellings Theorie des Romans – im folgenden werde ich seine Deduktion der dramatischen Dichtart darzustellen haben – hier leider nicht mehr ausführen kann, dürfte aus dem Wenigen, das ich erwähnt habe – eine gewisse Kenntnis der Hegelschen Ästhetik vorausgesetzt – immerhin deutlich geworden sein, daß Friedrich Sengles Polemik gegen die Lehre von den drei Dichtarten, in der Staigers *Grundbegriffen der Poetik* vorgeworfen wird, daß darin *als Lehrmeister der Epik noch immer, wie im 18. Jahrhundert, Homer fungiert, so als ob es inzwischen keinen Gottfried Keller, Balzac und Tolstoj gegeben hätte*[117], auf die Gattungspoetik des Deutschen Idealismus, der vor der Staigerschen Poetik freilich das Bewußtsein von der Geschichtlichkeit der Gattungen voraushat, keineswegs zutrifft: auch wenn seinen Philosophen wie Schelling und Hegel die Autoren Keller und Tolstoj aus Gründen, denen man einiges Verständnis entgegenbringen sollte, unbekannt geblieben sind, so genügten ihnen wie schon Friedrich Schlegel Romane wie der *Wilhelm Meister* und der *Don Quixote*, um die Konzeption der epischen Dichtart nicht allein am Epos der Griechen zu orientieren, sondern eine Theorie des Romans zu begründen, deren dankbarer Erbe Georg Lukács und mit ihm die Poetik unserer Zeit ist.

117 F. Sengle, *Die literarische Formenlehre*, a.a.O., S. 6.

7

Die entwicklungsgeschichtliche Darstellung von Schellings Gattungspoetik, wie sie hier versucht wurde, war ausgegangen von der Tragödieninterpretation, die in seiner Jugendschrift, den *Philosophischen Briefen über Dogmatismus und Kriticismus* enthalten ist. Wenn ich mich im Rahmen der Diskussion von Schellings *Philosophie der Kunst* von 1802 nun seiner Deduktion der dritten poetischen Gattung, der dramatischen zuwende, so ist das zugleich eine Rückkehr zu jenem Anfangspunkt. Da die Deutung der *Briefe über Dogmatismus und Kriticismus* bereits im Hinblick auf die in ihr angelegte, wenn auch in keiner Weise angedeutete, geschweige denn formulierte Gattungsbestimmung dargestellt wurde, habe ich nicht vor, Schellings Theorie des Tragischen in diesem neuen Kontext noch einmal zu analysieren. Auf die Wiederaufnahme jenes Textes in der *Philosophie der Kunst* und auf die Modifikationen, denen er unterworfen ist, muß ich hier um so weniger eingehen, als schon dort die Interpretation des Früheren unter dem Licht des Späteren stand: vor allem sei daran erinnert, daß die Konzeption der Indifferenz von Freiheit und Notwendigkeit erst in der *Philosophie der Kunst* zum Schlüsselbegriff der Tragödiendeutung wird, obwohl ohne diese Konzeption nicht recht zu verstehen ist, warum in den *Briefen über Dogmatismus und Kriticismus* die Rede überhaupt auf die Tragödie kommt.

Wenn im folgenden Schellings Behandlung der dramatischen Dichtart dargestellt wird, so kann dieser Ursprung nicht bloß seiner Gattungspoetik, sondern – wie bei der Diskussion des Schlußabschnitts des transzendentalen Idealismus deutlich wurde – seiner Ästhetik insgesamt, als bekannt vorausgesetzt werden. Die anderen Fragen, auf die ich dafür mich hier konzentrieren möchte, betreffen die Umwandlung des Begriffs des Tragischen, wie er in den

Briefen entworfen ist, in einen deduktiven Gattungsbegriff des Dramas sowie Fragen, die darin impliziert sind: die nach dem Verhältnis von tragischem Inhalt und Tragödienform, ferner nach dem Verhältnis von Tragödie und Komödie.

Was zunächst den methodischen Unterschied zwischen der Tragödiendeutung der *Briefe* und dem Kapitel über das Drama in der *Philosophie der Kunst* betrifft, so kann man ihn, wohl ohne allzusehr zu vereinfachen, als die Differenz von Induktion und Deduktion bestimmen. In den *Briefen* geht Schelling von der Tragödie aus, dem, was in ihr geschieht, und erst die Deutung dieses Geschehens führt ihn auf die Konzeption jener Auseinandersetzung von Freiheit und Notwendigkeit, in der die Freiheit sich noch im Untergang behauptet. Demgegenüber ist das Verfahren in der *Philosophie der Kunst* deduktiv, und zwar in zweifacher Weise. Schellings Ästhetik ist deduktiv, insofern sie die Formen der Kunst und die Gegensätze ihrer Geschichte aus der Reihe der sogenannten Potenzen ableitet, die im System der Identitätsphilosophie die Begründung dafür sind, daß trotz der realen Identität aller Dinge der Schein ihrer Verschiedenheit entsteht – einer Verschiedenheit, welche die Lehre von den Potenzen als bloß quantitative Unterschiede zu fassen erlaubt. Wie die Lyrik von der Potenz der Differenz, die Epik von der der Identität abgeleitet wurde, so das Drama von jener Potenz, in der die beiden anderen zur Indifferenz kommen. D. h. aber zugleich – damit sind wir bei dem zweiten Sinn der Deduktion –, daß von vornherein feststeht: die Gattung, die aus der Indifferenz von Differenz und Identität zu deduzieren ist, stellt eine Synthese der beiden Gattungen dar, die diesen beiden Potenzen entsprechen: eine Synthese von Lyrik und Epik. Indem wir also danach fragen, wie die in den *Briefen über Dogmatismus und Kriticismus* aus der Betrachtung der – oder besser: einer – Tragödie (nämlich des *Ödipus Rex*) gewonnene Erkenntnis nun zum Deduktionsergebnis umgeformt wird, fragen wir zugleich nach dem Verhältnis, in das Schelling die dramatische Gattung zu den beiden anderen setzt. Was bereits früher, bei der Darstellung von Schlegels und Hölderlins Gattungspoetik klar wurde, bestätigt sich wieder: die spekulative Gattungspoetik des Deutschen Idealismus unterscheidet sich von der pragmatisch-normativen der vorausgehenden Jahrhunderte nicht zuletzt darin, daß sie die einzelnen Gattungen und Formen nicht isoliert, sondern ihr Wechselverhältnis zu bestimmen bemüht ist: im strengen Sinn stellt nur diese spekulative Poetik ein System der Dichtarten auf, während man bei den früheren Gattungstheorien eher von Klassifikation sprechen sollte. Die beiden Deduktionen: die der Gattung von der Potenz und die der dritten Gattung von den beiden anderen sind für Schelling so sehr eine und dieselbe, daß er zu Beginn des Kapitels über das Drama dieses unmittelbar von den beiden anderen Gattungen, nämlich als deren Synthesis, ableiten kann. In einem schon zitierten, sichtlich von Friedrich Schlegel inspirierten, Rückblick auf die Geschichte der griechischen Poesie, in der auf das epische Gedicht, als auf die Identität, das lyrische Gedicht folgte, in welchem diese Identität im Fortgang der Bildung zum Widerstreit sich entzündete, wird das Drama als *die reifste Frucht der späteren Bildung* eingeführt, durch die, *auf einer höheren Stufe, die Einheit selbst mit dem Widerstreit sich versöhnte, und beide wieder in einer vollkommneren Bildung eins wurden. Diese höhere Identität ist das Drama,* welches, die Naturen beider entgegengesetzten *Gattungen in sich begreifend, die höchste Erscheinung des An-sich und des Wesens aller Kunst ist.*[118]

Mit Bezug auf den Gegensatz von Notwendigkeit und Freiheit, als der, wie Schelling schreibt, der allgemeine Gegensatz des Unendlichen und Endlichen für die Kunst sich ausdrückt, ergibt sich für die drei Dichtarten folgendes: *Im lyrischen Gedicht ist ein Widerstreit, aber selbst bloß ein subjektiver; es kommt überhaupt nicht zum objektiven Con-*

118 *Philosophie der Kunst*, a.a.O., S. 331.

flikt mit der Nothwendigkeit. Im epischen Gedicht herrscht nur die Nothwendigkeit [...] Im Drama ist ein *wirklicher und demnach objektiver Widerstand beider, der Freiheit und der Nothwendigkeit,* [...] *und zwar so, daß beide als solche erscheinen.*[119] Ich habe bereits bei der Darstellung der Tragödieninterpretation der *Briefe* diese letzte Bestimmung samt ihren Konsequenzen referiert, so daß ich daran hier nur erinnern möchte. Daraus, daß in dem Widerstreit Freiheit und Notwendigkeit einander gegenüberstehen, folgt, daß keine der beiden die andere besiegen kann, da weder Freiheit Freiheit noch Notwendigkeit Notwendigkeit ist, wenn sie einer anderen Instanz weichen muß. So folgt aus den Bedingungen, die das Wesen der beiden Begriffe ihnen diktiert, daß sie aus dem Streit zugleich als siegend und als besiegt, d. h. aber einander gleich hervorgehen müssen. Inwiefern dies in der tragischen Handlung realisiert wird, braucht nicht mehr gezeigt zu werden, wohl aber, welche Folgen es für das Drama als künstlerische Form hat. Wir stehen damit vor der Frage, auf welche Weise Schelling aus seinem frühen Tragikbegriff, der kein primär ästhetischer war, einen Begriff der Poetik macht.

In diesem Zusammenhang nun wird eine Überlegung Schellings wichtig, die zunächst das Epos betrifft, die er aber erst bei der Besprechung des Dramas anstellt: *Im epischen Gedicht ist überhaupt kein Widerstreit; hier herrscht die Nothwendigkeit als die Identität, nur daß sie, wie schon bemerkt, eben weil kein Streit ist, auch nicht als Nothwendigkeit, inwiefern diese Schicksal ist, sondern in der Identität mit der Freiheit, sogar zum Theil als Zufall, erscheinen kann. Das epische Gedicht geht durchaus mehr auf den Erfolg als auf die That. Im Erfolg kommt die Nothwendigkeit oder das Glück der Freiheit zu Hülfe, und führt aus was die Freiheit nicht ausführen kann, Hier also ist die Nothwendigkeit mit der Freiheit einstimmig ohne*

119 Ebd., S. 333.

alle Differenz. Deßwegen kann der Held im Epos nicht unglücklich enden, ohne die Natur dieser Dichtart aufzuheben. Achill, wenn die Hauptperson der Ilias, kann nicht überwunden werden, so wie Hektor, weil er überwunden werden kann, nicht der Held der Ilias seyn kann. Aeneas ist nur als Eroberer von Latium und Gründer von Rom Held einer Epopee.[120]

Der Abschnitt ist wichtig, weil hier die, aus der Lehre von den Potenzen folgende, Unterscheidung von Epos und Drama zu dem Begriffsgegensatz Erfolg und Tat führt. Dieser Begriffsgegensatz präjudiziert, wie schon der Schluß des Abschnitts zeigt, die Entscheidung der Frage, welche Stoffe für die eine, welche für die andere Gattung geeignet sind (bekanntlich eine der Hauptfragen in Goethes und Schillers Briefwechsel); zugleich begründet er, wie noch zu zeigen ist, jenen formalen Unterschied zwischen den beiden Gattungen, der schon bei Aristoteles als die Verschiedenheit der Darstellungsweisen eine wichtige Rolle spielt: die Differenz von Erzählung und aufgeführter Handlung.

Daß das Epos, im Gegensatz zur Tragödie, nicht unglücklich enden kann, gilt der heutigen Gattungspoetik nicht zuletzt darum nicht als spezifisches Charakteristikum der epischen Dichtart, weil der Roman sich darin vom Epos unterscheidet: auch dies ein Punkt, der Schellings These von der Nähe des Romans zum Drama stützt – eine These, die im größeren Rahmen der frühromantischen Theorie des Romans als einer die in der antiken Dichtung getrennten Gattungen vereinigenden Gattung zu sehen ist. Ohne daß ich mich hier auf eine Darstellung des Unterschiedes zwischen Epos und Tragödie in der griechischen Dichtung einlassen könnte, was ohne Rekurs auf die Ursprünge der beiden Formen und auf den kultischen Kontext der Tragödie gar nicht möglich wäre, sei nur festgehalten, daß die griechische Tragödie ihre Stoffe zwar immer wieder den Homerischen Epen entnom-

120 Ebd., S. 332.

men hat; aber es waren Episoden und episodische Gestalten, die in ihr zur Haupthandlung bzw. zum Protagonisten wurden, man denke an Aias bei Sophokles. Schelling nun begreift diesen Unterschied des Ausgangs auf Grund seiner Definition der epischen Gattung als der Identität, der dramatischen als der Indifferenz von Differenz und Identität. Geht diese Indifferenz in der Tragödie aus dem Streit der Freiheit und der Notwendigkeit allererst hervor, so gestaltet das Epos deren Identität als immer schon Gegebenes, und zwar dadurch, daß es, wie eine andere Definition Schellings besagt, das Endliche im Unendlichen darstellt. Wenn so auch das Unendliche, d. h. die Notwendigkeit, im Epos herrschend ist – wie umgekehrt in der Lyrik das Endliche, d. h. die Freiheit –, so setzt sich diese Herrschaft im Epos nicht gegen die Freiheit durch. Ihre Identität äußert sich darin, daß die Notwendigkeit der Freiheit, welche der Held des Epos verkörpert, als Glück zu Hilfe kommt und, Schelling zufolge, das ausführt, was die Freiheit nicht ausführen kann, während sie sich als Notwendigkeit dennoch zu erkennen gibt, indem sie *nicht mit der Freiheit im Bunde erscheinen* [kann], *ohne von der andern Seite gegen sie zu wirken. Achill ist nicht Sieger, ohne daß Hektor unterliegt.*[121] Aber Hauptperson der Ilias ist eben nicht Hektor, sondern Achill.

Dieselbe Überlegung nun begründet für Schelling die Verschiedenheit der epischen und der dramatischen Darstellungsweise: [...] *Wenn im Epos die reine Identität oder Nothwendigkeit herrschen soll,* [so ist] *ein Erzähler nothwendig, der durch den Gleichmuth seiner Erzählung selbst von der allzugroßen Theilnahme an den handelnden Personen beständig zurückrufe, und ihre Aufmerksamkeit auf den reinen Erfolg spanne. Dieselbe Begebenheit, welche, episch dargestellt, nur das objektive Interesse am Erfolg läßt, würde, dramatisch repräsentirt, unmittelbar das an den Personen damit vermischen, und dadurch die reine Objekti-*

121 Ebd.

vität der Anschauung aufheben. Der Erzähler, da er den handelnden Personen fremd ist, geht den Zuhörern in der gemäßigten Betrachtung nicht nur voran und stimmt sie durch die Erzählung selbst dazu, sondern er tritt auch gleichsam an die Stelle der Nothwendigkeit, und da diese ihr Ziel nicht selbst aussprechen kann, leitet er die Zuhörer darauf hin. Im dramatischen Gedicht dagegen, weil es die Natur der beiden entgegengesetzten Gattungen vereinigen soll, muß außer dem Antheil an der Begebenheit auch noch die Theilnahme an den Personen hinzukommen; nur durch diese Verbindung der Begebenheiten mit der Theilnahme an Personen wird sie Handlung und That. Thaten aber, um das Gemüth zu bewegen, müssen angeschaut werden, ebenso, wie Begebenheiten, um das Gemüth ruhiger zu lassen, erzählt seyn müssen. Thaten gehen zum Theil aus inneren Zuständen der Ueberlegung, der Leidenschaften hervor, die, weil sie an sich subjektiv sind, nicht anders objektiv dargestellt werden können, als inwiefern das Subjekt, in dem sie vorgehen, selbst vor Augen gestellt wird. Begebenheiten lassen die innern Zustände weniger erscheinen und berühren sie weniger, indem sie den Gegenstand sowohl als den Zuschauer mehr nach außen reißen.[122]

Liest man diesen Abschnitt aufmerksam, so wird man sich zunächst verwundert fragen, woran es liegt, daß Schelling, der hier versucht, einzelne, u. a. durch den Briefwechsel zwischen Schiller und Goethe ins Zentrum der Gattungspoetik gerückte Charakteristika spezifika der beiden Dichtarten in ihrem Zusammenhang zu begreifen und spekulativ zu begründen – woran es liegt, daß Schelling in der Geschichte der Lehre von den poetischen Gattungen so wenig berücksichtigt wird.[123*] Was man in den historischen Darstellungen der Gattungspoetik über ihn sagt, geht selten

122 Ebd., S. 336 f.

123* In der ästhetisch-philosophischen Literatur verhält es sich anders: auf die große Darstellung von Dieter Jähnig (vgl. Anm. 24), mit der ich mich hier aus Zeitgründen nicht habe auseinandersetzen können, habe ich schon aufmerksam gemacht.

über die Feststellung hinaus, er habe die Gattungen im Rahmen seines identitätsphilosophischen Systems deduzieren wollen, man nennt dann die Begriffe Identität und Differenz, allenfalls noch die Reihenfolge der Gattungen, die Schelling postuliert. Doch die Tatsache, daß er spekulativ-deduzierend vorgeht, ist einer sich voraussetzungslos dünkenden Geschichte der Gattungspoetik Grund genug, die Frage gar nicht mehr zu stellen, inwieweit Schelling, so verfahrend, über die Erkenntnisse seiner Zeitgenossen hinausging, und zwar, wie gesagt, nicht bloß im Hinblick auf die philosophische Deduktion, sondern, dank dieser, auch in der Synthesis der gattungsspezifischen Merkmale, in ihrer Konstruktion zu dem, was man mit Benjamin die Idee der einzelnen Gattung, der einzelnen Form, nennen kann. Es zeigt sich hier die konstitutive Schwäche aller positivistischen Historiographie: im Bestreben, sich keiner Schule zu verschreiben, die Fakten gleichberechtigt in ihrer Positivität, d. h. als Gegebenheit gelten zu lassen und zu verzeichnen, wird sie den Fakten selbst – hier den verschiedenen gattungspoetischen Systemen – nicht gerecht, weil sie es unterläßt, diese zunächst aus sich selber zu verstehen, was ohne das Eingehen auf die philosophische Intention selbst gar nicht möglich ist. Statt dessen wird Geschichte zu schreiben versucht, indem man allein die gattungspoetischen Konzeptionen der einzelnen Systeme miteinander vergleicht, ohne den Grund der Differenzen wahrnehmen zu können, oder man faßt Geschichte als eine aus den beiden Fäden Tradition und Fortschritt geknüpften Strang auf, der vom Historiker allein unter dem Gesichtspunkt der Doppelfrage *»Wo kommt das zum erstenmal vor?«* und *»Wo ist das auch schon einmal dagewesen?«* adäquat abgewickelt werden kann, es sei denn, man bekenne sich offen zu jener legendären Sonne, unter der es nichts Neues gibt.

Demgegenüber scheint es mir, auch angesichts der zitierten Stelle über die Verschiedenheit der epischen und dramatischen Darstellungsweise nicht zu genügen, Schellings Konzeption dieser Darstellungsweisen mit den überlieferten Konzeptionen, die ja auf Plato und Aristoteles zurückgehen, zu vergleichen und Einzeldifferenzen festzuhalten, d. h. die Analyse im Rahmen der genannten Doppelfrage zu belassen: vielmehr kommt es darauf an, die Synthese nachzuvollziehen, die Schelling für die einzelnen Gattungsmerkmale versucht, und diese Synthese aus der philosophischen Intention Schellings zu begreifen.

Zunächst freilich fallen die Übereinstimmungen und Differenzen auf, wobei aber nicht zu vergessen ist, daß – bei allen Fragen dieser Art – erst das spezifische Verständnis, eines, das auf die Grundlagen einer bestimmten Konzeption rekurriert, darüber entscheiden kann, ob das, was Übereinstimmung oder Abweichung zu sein scheint, es auch tatsächlich ist. Schelling betont bei der epischen Gattung, ich paraphrasiere die zitierte Passage, die Existenz eines Erzählers, dessen Funktion es ist, dem Leser eine allzugroße Teilnahme an den handelnden Personen unmöglich zu machen. Statt dessen wird die Aufmerksamkeit auf den Erfolg gespannt. Der Erzähler demonstriert zugleich die Haltung, die dem Erzählten gegenüber einzunehmen sei: er ist gleichsam der erste, der normative Zuhörer bzw. Leser. Dem gegenüber betont Schelling beim Drama die unmittelbare Teilnahme des Zuschauers an der Handlung, damit eine gewisse Identifikation mit den dramatis personae (also die dramatische Illusion). Diese ist nur möglich, wenn die Begebenheit nicht von jemand erzählt wird, sondern angeschaut werden kann, d. h. sich selber darstellt, woraus wohl nicht gefolgert werden sollte, daß das Drama erst Drama ist, wenn es in der Aufführung realiter Gegenstand der Anschauung wird, da auch beim Lesen eines Dramas der entscheidende Unterschied gegenüber einem epischen Werk erhalten bleibt: der Leser eines Dramas kommt ohne die Vermittlung des Erzählers aus und nimmt gleichsam an einer imaginären Aufführung teil, deren Regisseur er zugleich ist. Schließlich begründet Schelling die Funktion der direkten Rede, die im Drama, anders als in der Epik, nicht mit der indirekten Rede und dem Bericht des Erzählers konkurriert, sondern, absolut gesetzt, das dramatische Formprinzip abgibt. Erzählt der Epiker Begebenheiten, so soll der Zuschauer des Dramas an diesen unmittelbar teilnehmen. Das kann er aber nur, wenn er sie in ihrem subjektiven Ursprung, in ihrem Hervorgang aus der Subjektivität der dramatis personae anschauen kann: was von Hause aus subjektiv ist, darf nicht, durch die Vermittlung eines Erzählers, objektiviert werden, sondern muß sich als ein Subjektives objektivieren, nämlich im Ausdruck durch das Subjekt selbst.

Dies die Grundgedanken des zitierten Abschnitts. Isoliert man die einzelnen Behauptungen, so lassen sich leicht die Querverbindungen zu den gattungspoetischen Bestimmungen von Schellings Vorgängern, Zeitgenossen und Nachfolgern ziehen. Die Differenz im Hinblick auf Erzählung und direkte Handlung führt auf Plato und Aristoteles zurück, der Unterschied von epischem Gleichmut und dramatischem Mitgerissensein spielt u. a. bei Goethe und Schiller eine bedeutende Rolle, die Konzeption der sich objektivierenden Subjektivität kehrt bei Hegel wieder, allerdings mit dem charakteristischen Unterschied, daß für Hegel im Drama ebenso die Subjektivierung des Objektiven wie die Objektivierung des Subjektiven stattfindet. Als auffallendste Abweichung von den üblichen Ansichten wird indessen erscheinen, daß Schelling vom Epiker sagt, er spanne die Aufmerksamkeit auf den *reinen Erfolg*, sieht man doch, spätestens seit Staigers *Grundbegriffen*, die Spannung, die Finalität, als das dramatische Moment kat'exochen an. Nun widerspräche Spannung als Merkmal der Epik auch Schellings eigener Konzeption, wie sie etwa durch den Begriff des Gleichmuts gekennzeichnet ist oder in dem Satz zum Ausdruck kommt, Notwendigkeit sei im epischen Gedicht als eine ewig gleichmäßig fließende Identität herrschend, die keine Bewegung der Seele verursacht, sondern sie ganz ruhig läßt. Man wird also die Stelle, in der von der Spannung die Rede ist, genauer auf ihren Kontext prüfen müssen, d. h. fragen, 1. was mit dem *reinen Erfolg* gemeint ist, auf den die Aufmerksamkeit gespannt werde, und 2. um wessen Aufmerksamkeit es sich handelt. Sucht man zunächst die Antwort auf die zweite Frage, so ist der Satz als Ganzes zu betrachten: *Um noch bei diesem Gegensatz des Drama als einer wirklich vorgestellten Handlung mit dem Epos zu verweilen, so ist wenn im Epos die reine Identität oder Nothwendigkeit herrschen soll, ein Erzähler nothwendig, der durch den Gleichmuth seiner Erzählung selbst von der allzugroßen Theilnahme an den handelnden Personen beständig zurückrufe, und ihre Aufmerksamkeit auf den reinen Erfolg spanne.*[124] *Ihre Aufmerksamkeit*, heißt es – und dieses *ihre* kann sich, vorausgesetzt, es handle sich nicht um eine Flüchtigkeit in Schellings Manuskript, nur auf die handelnden Personen beziehen, ist doch von den Zuhörern bzw. Lesern weder in diesem Satz, der übrigens einen neuen Abschnitt eröffnet, noch auch in den vorausgegangenen Sätzen die Rede. Ob es sich aber um einen Flüchtigkeitsfehler handelt, ob Schelling nicht doch an die Zuhörer denkt, wenn er *ihre Aufmerksamkeit* sagt – allgemeiner: ob in diesem Fall der Vorgriff der Vollkommenheit bzw. der Richtigkeit, ein Grundprinzip der Hermeneutik, vom Text selber dementiert wird, darüber kann nur die Interpretation des *Erfolg*-Begriffs entscheiden, die ergeben müßte, ob die Aufmerksamkeit auf den reinen Erfolg von den handelnden Personen oder von den Zuhörern bzw. Lesern zu fordern ist. Man wäre damit bei der ersten Frage angelangt, zugleich bei dem Fragenkomplex, auf den ich zu Beginn schon hingewiesen habe: auf Schellings Einführung des Begriffspaares *Erfolg* und *That* und seine damit zusammenhängende Theorie vom glücklichen Ausgang im Epos und unglücklichen in der Tragödie, eine Theorie, die zugleich – wie leicht einzu-

124 Vgl. S. 296, Anm. 122.

sehen ist – für seine Konzeption der dramatischen Gattung die Konsequenz hat, daß deren Gesetze ihm an der Tragödie reiner als an der Komödie, die ja glücklich endet, abzuleiten sind. So mag die Klärung des *Erfolg*-Begriffs abschließend das Verhältnis vor Augen führen, in das Schelling die Tragödie zur Komödie setzt.

Fragt man zunächst nach dem Begriffsinhalt der Ausdrücke *Erfolg* und *That*, so ist man auf eine schon zitierte, aber noch nicht ausreichend kommentierte Stelle zurückverwiesen, die sich zu Beginn von Schellings Deduktion der dramatischen Dichtart findet:

Im epischen Gedicht ist überhaupt kein Widerstreit; hier herrscht die Nothwendigkeit als die Identität, nur daß sie, wie schon bemerkt, eben weil kein Streit ist, auch nicht als Nothwendigkeit, inwiefern diese Schicksal ist, sondern in der Identität mit der Freiheit, sogar zum Theil als Zufall, erscheinen kann. Das epische Gedicht geht durchaus mehr auf den Erfolg als auf die That. Im Erfolg kommt die Nothwendigkeit oder das Glück der Freiheit zu Hülfe, und führt aus was die Freiheit nicht ausführen kann. Hier also ist die Nothwendigkeit mit der Freiheit einstimmig ohne alle Differenz.[125] Die Behauptung, daß das *epische Gedicht durchaus mehr auf den Erfolg* [*geht*] *als auf die That*, gibt wohl die Erklärung dafür, daß in dem Satz vom Epiker, der die Aufmerksamkeit auf den reinen Erfolg spannt, es sich sehr wohl um die Aufmerksamkeit nicht der Leser, sondern der handelnden Personen handeln kann, wie es auch die grammatische Auslegung nahelegt. Denn Schellings These, das epische Gedicht gehe auf den Erfolg, gibt sich als realästhetische, nicht wirkungsästhetische, spricht er doch von einer Richtung, einem Telos des epischen Werks selbst. Worin dieses Ziel der epischen Dichtung, das Schelling *Erfolg* nennt, besteht, wurde bereits gezeigt und diskutiert: es ist der glückliche Ausgang, Erfolg also im Doppelsinn von

125 Vgl. S. 294, Anm. 120.

Resultat und Reüssieren. Wenn Schelling ihn für das Epos postuliert, so nicht im Sinn einer normativen Poetik, sondern auf Grund seiner Deduktion der epischen Dichtung aus der Potenz der Identität – einer Deduktion, deren Ergebnisse sich freilich mit den Beobachtungen, die an beiden Homerischen Epen gemacht werden können, decken – nichts müßiger, als zu fragen, was für Schellings Gattungspoetik zeitlich primär ist: seine Kenntnis der Dichtung und ihrer Theorie bei Goethe, Schiller, Wilhelm v. Humboldt und den Schlegels oder aber das identitätsphilosophische System. Denn die philosophische Deduktion beansprucht ja nicht die chronologische Priorität dessen, wovon deduziert wird, sondern dessen logisch-systematische Vorgegebenheit.

Erfolg und Tat unterscheiden sich im Rahmen der Identitätsphilosophie darin, daß im Erfolg die Notwendigkeit der Freiheit als Glück zu Hilfe kommt, indem sie ausführt, was die Freiheit nicht ausführen kann: diese Zusammenarbeit von Freiheit und Notwendigkeit spiegelt ihre Indifferenz, jene Identität, die das Epos konstituiert. Tat heißt hingegen der Kampf der Freiheit gegen die Notwendigkeit, wobei in der tragischen Tat Freiheit wie Notwendigkeit als zugleich siegend und besiegt aus dem Kampf hervorgehen, wodurch ihre Indifferenz, die dem Epos als Identität vorgegeben ist, in der Tragödie allererst sich herstellt. Sagt nun Schelling, daß der Epiker die Aufmerksamkeit der handelnden Personen auf den reinen Erfolg spannt, so ist dies im Zusammenhang einer schon zitierten Bemerkung Schellings zu sehen, derzufolge der Epiker in seinem Gedicht gleichsam an die Stelle der Notwendigkeit tritt, einer Notwendigkeit, versteht sich, die dem Helden freundlich gesinnt ist. Indem der Held im Epos, anders als sein Kollege im Drama, nicht auf sich gestellt ist, sondern vom epischen Ich geleitet wird, kann dieses ihn davor bewahren, daß er sich in die Tat, im Sinne von Streit mit der Notwendigkeit, stürzt; es führt ihn vielmehr den Weg, der durch Handlungen verläuft, zu denen auch Kämpfe gehören – aber solche mit anderen Helden, nicht gegen die Notwendigkeit selbst – sicher durch seine Abenteuer hindurch zu jenem Erfolg, in dem die Gunst der Notwendigkeit, deren er sich erfreut, vollends offenbar wird. Da Schelling freilich zugleich auch sagt, daß der an die Stelle der Notwendigkeit getretene Epiker die Zuhörer auf diese hinleitet, kann in dem strittigen Satz auch die Aufmerksamkeit der Zuhörer gemeint sein, wie sehr auch die grammatische Interpretation dagegen spricht.

Dieser Konzeption des Epos steht nun die Konzeption der dramatischen Gattung gegenüber, der Streit von Freiheit und Notwendigkeit um ihrer schließlichen Indifferenz willen, in der die vorgegebene Identität des Epos und die Differenz der Lyrik selber zur Indifferenz kommen und begründen, was in Schellings Terminologie *absolute Identität* heißt. Man wird sich fragen, ob die Komödie, wie die Tragödie zur dramatischen Gattung gehörig, aufgrund dieser Konzeption begriffen werden kann. Und selbst wenn dies der Fall sein sollte, ist die Frage am Platz, warum Schelling die dramatische Gattung als Tragödie deduziert, was nicht zuletzt darin augenfällig wird, daß er den glücklichen Ausgang, den Erfolg, als Gattungsmerkmal des Epos begreift. Die Frage blieb Schelling keineswegs verborgen, er diskutiert sie mit aller Deutlichkeit am Schluß der allgemeinen Darstellung des Dramas, bevor er in zwei Unterabschnitten die Tragödie und die Komödie behandelt: *Wir haben, wie von selbst klar ist, das Drama gleich unmittelbar als Tragödie abgeleitet; insofern also die andere Form der Komödie, wie es scheint, ausgeschlossen. Das erste war nothwendig. Denn das Drama überhaupt kann nur aus einem wahren und wirklichen Streit der Freiheit und Nothwendigkeit, der Differenz und Indifferenz hervorgehen: es ist damit freilich nicht gesagt, auf welcher Seite die Freiheit, und auf welcher die Nothwendigkeit liegt; aber die ursprüngliche und absolute Erscheinung dieses Streits ist doch die, wo die Nothwendigkeit das Objektive, die Freiheit das Subjektive ist; und dieß das*

Verhältniß der Tragödie. Diese ist also das Erste und die Komödie das andere, denn sie entspringt durch eine bloße Umkehrung der Tragödie.[126]

Die beiden Fragen, die dieser Passus aufwirft und mit deren Diskussion ich Schellings Darstellung des Dramas und zugleich die hier versuchte Darstellung der Schellingschen Gattungspoetik abschließen möchte, lauten:

1.) Warum ist die ursprüngliche und absolute Erscheinung des Streits von Freiheit und Notwendigkeit jene, wo die Notwendigkeit das Objektive, die Freiheit das Subjektive ist? Und 2.) Inwiefern entspringt die Komödie durch eine Umkehrung dieses Verhältnisses, das der Tragödie zugrunde liegt?

Die Frage, warum Schelling behauptet, in der ursprünglichen und absoluten Erscheinung des Streits von Freiheit und Notwendigkeit sei die Notwendigkeit das Objektive, die Freiheit das Subjektive – eine Behauptung, aus der sich seine Auffassung von der Komödie als einer gleichsam sekundären Form der dramatischen Gattung ergibt –, ist schnell beantwortet, wenngleich die Antwort manche weitere Frage aufwirft, nicht zuletzt die nach der Richtigkeit und Allgemeingültigkeit von Schellings Komödienkonzeption. Die Antwort liegt nämlich bereit in Schellings Philosophie, und zwar nicht bloß in seiner Identitätsphilosophie, sondern auch in seinem früheren Denken – ja, man kann sagen, daß die Frage spätestens seit Fichte, Schellings Lehrmeister, beantwortet ist, geht doch diese Philosophie von der Freiheit des Ich aus. Daß das Ich, das Subjekt, die Notwendigkeit verkörpern könnte, während ihm die Welt, sei's in ihrem Zusammenhang, sei's in ihren einzelnen Momenten, als Freiheit begegnete, ist für die Philosophie des Deutschen Idealismus, wenn nicht gar für Philosophie überhaupt, ein absurder Gedanke. So aber und nicht anders begreift Schelling die Komödie, womit man bei der zweiten Frage wäre.

126 *Philosophie der Kunst*, a.a.O., S. 337.

Die Komödie entspringt nach Schelling der Umkehrung jenes ursprünglichen Verhältnisses: in der Komödie ist die Notwendigkeit oder Identität das Subjekt, die Freiheit oder Differenz das Objekt. Schelling begründet dies wie folgt:

Jede Umkehrung eines nothwendigen und entschiedenen Verhältnisses setzt einen in die Augen fallenden Widerspruch, eine Ungereimtheit in dem Subjekt dieser Umkehrung. Gewisse Arten der Ungereimtheit sind nun unerträglicher Art, theils inwiefern sie theoretisch pervers und verderblich sind, theils inwiefern sie praktisch nachtheilig sind und ernstliche Folgen haben. Allein in dem angenommenen Fall der Umkehrung wird 1) eine objektive, demnach nicht eigentlich theoretische Ungereimtheit gesetzt, 2) ist das Verhältniß in derselben so, daß das Objektive nicht die Nothwendigkeit, sondern die Differenz ist oder die Freiheit. Die Nothwendigkeit erscheint aber bloß, inwiefern sie das Objektive ist, als Schicksal, und nur insofern ist sie furchtbar. Da also mit der angenommenen Umkehrung des Verhältnisses zugleich alle Furcht vor der Nothwendigkeit als Schicksal aufgehoben, und angenommen ist, daß in diesem Verhältniß der Handlung überhaupt kein wahres Schicksal möglich sey, so ist ein reines Wohlgefallen an der Ungereimtheit an und für sich selbst möglich, und dieses Wohlgefallen ist es, was man überhaupt das Komische nennen kann [...] Und Schelling fügt hinzu: *Wenn wir nun die Umkehrung jedes möglichen Verhältnisses, das auf Gegensatz beruht, überhaupt ein komisches Verhältniß nennen können, so ist ohne Zweifel das höchste Komische und gleichsam die Blüthe desselben da, wo die Gegensätze in der höchsten Potenz, demnach als Nothwendigkeit und Freiheit umgekehrt werden* [...] *Es versteht sich, daß, weil die Nothwendigkeit ihrer Natur nach objektiv ist, die Nothwendigkeit im Subjekt nur eine prätendirte, angenommene seyn kann und eine affektirte Absolutheit ist, die nun durch die Nothwendigkeit in der Gestalt der äußeren Differenz zu*

Schanden gemacht wird. So wie die Freiheit und Besonderheit auf der einen Seite die Nothwendigkeit und Allgemeinheit lügt, so nimmt auf der anderen Seite die Nothwendigkeit den Schein der Freiheit an und vernichtet unter dem angenommenen Aeußeren der Gesetzlosigkeit, im Grunde aber nach einer nothwendigen Ordnung, die prätendirte Gesetzmäßigkeit.[127]

Diese Sätze sind, wie mir scheint, so klar, daß ich sie hier nicht zu explizieren brauche. Zu fragen wäre aber nach ihrer Richtigkeit, nach ihrer Anwendbarkeit auf die Komödienliteratur: d. h. nach den Interpretationsergebnissen einer solchen Anwendung und nach den möglichen Grenzen der Applizierbarkeit des Schellingschen Komödienbegriffs, auf die ich hier nur ganz kurz noch eingehen kann. Sagt Schelling, in der Komödie sei die Notwendigkeit im Subjekt, die Freiheit im Objekt, so läßt sich solche Abstraktion leicht an konkreten Komödienstoffen verifizieren, indem man etwa einerseits die Komik der idée fixe Molièrescher Charaktere, des *Eingebildeten Kranken* oder des *Menschenfeindes* denkt, die ja diese Eigenschaften haben und die daraus folgenden Handlungen begehen nicht aus einem Akt des freien Willens heraus, sondern durch eine Notwendigkeit, der sie sich selber, Opfer eines in ihnen allmächtig gewordenen Charakters, nicht entziehen können, wofür Molière und seine Zeit die Erklärung der Humorallehre, der Lehre von den Säften – schwarze Galle etwa beim *Misanthrope* – zur Verfügung hatte. Andererseits läßt sich die Freiheit des Objekts mit dem reichen Katalog komischer Situationen: zufällige Rencontres, Verwechslungen etc. ebenso leicht verknüpfen wie eine (scheinbare) Freiheit der Objekte all den Szenen zugrunde liegt, die uns zumal aus den Abenteuern etwa Chaplins bekannt sind, in denen die tückischen Dinge eine Art Willensfreiheit zu haben scheinen und dem Menschen, der sich frei wähnt, es zeigen wollen.

127 Ebd., S. 355 ff.

Folgt man Schelling auf die zweite Stufe seiner Analyse des Komischen, wo das Moment des Prätendierten die entscheidende Rolle spielt, so wird man freilich gewisse Zweifel an der Anwendbarkeit seiner Thesen nicht mehr unterdrücken können. Denn so immanent das Moment des Vorgetäuschten und der Vorgang der Enthüllung der Komödie auch sein mag, dem heutigen Komödienverständnis entspräche eher die These, daß die komische Figur Freiheit vortäuscht, wo sie nur einem allgemeinen Gesetz folgt, während man der Welt des Objektiven und der Notwendigkeit eine komische Wirkung schwerlich deshalb zuschreiben wird, weil sie vorgibt, Freiheit zu sein: allzusehr hat für uns Notwendigkeit alle besänftigende Wirkung verloren, allzusehr ist Besänftigung suspekt geworden, als daß wir im Lachen darüber aufatmen könnten, daß, was wir für Freiheit hielten, in Wahrheit Notwendigkeit ist.

Daß ich Schellings Komödienkonzeption solcherart auf unsere eigene Zeit beziehe, ohne damit eine unhistorische Kritik zu intendieren, mag darum gerechtfertigt sein, weil Komik mehr als andere Begriffe wirkungspsychologisch begründet ist: Komisches kann bekanntlich in einer anderen Zeit aufhören, komisch zu sein, während aus Tragischem mit der Zeit Komisches werden kann. Auch dieser Umstand erweist eine gewisse Fragwürdigkeit der Schellingschen Festlegung der beiden möglichen Verhältnisse von Freiheit und Notwendigkeit als allgemeingültiger in Komödie und Tragödie.

Damit schließe ich diese Vorlesung, in der, wie sicher nicht unvermerkt geblieben ist, Schellings Gattungspoetik immer schon im Hinblick auf die Hegelsche Ästhetik betrachtet wurde, wie denn die Identitätsphilosophie als Vorstufe der Hegelschen Dialektik aufgefaßt werden kann und als solche auch heute noch aktuell ist, sowenig man sie als positive Dialektik, folgt man nicht Kojève, sondern Adorno, wird akzeptieren wollen.

Anhang

Gattungspoetik im 19. und 20. Jahrhundert

Gattungspoetik im 19. und 20. Jahrhundert – wer sein Thema mit Hilfe solcher Zeitbestimmungen festsetzt, ist sich darüber im klaren, daß diese seinem Gegenstand äußerlich sind: ob man ein Jahr mit zwei Nullen schreibt oder nicht, wird für die Geschichte der Literatur und der Literaturtheorie schwerlich eine Relevanz haben. Selten beginnt darum in unseren Beschäftigungen das 19. Jahrhundert im Jahr 1800 oder 1801; weder die *Maria Stuart* noch *Die Jungfrau von Orléans*, die in diesen beiden Jahren geschrieben wurden, dürften den sinnvollen Anfang einer Darstellung des deutschen Dramas im 19. Jahrhundert bilden. Ich weise auf diese Selbstverständlichkeit hin, weil es ein doppelter Zufall so gefügt hat, daß diese Vorlesung, die an die des letzten Semesters über die Gattungspoetik der Goethezeit anknüpft, nicht nur im Jahr 1801 einsetzen wird, sondern in der Geschichte ihres Gegenstandes dieses Datum verstehen muß als den wichtigsten Einschnitt, als einen Durchbruch, der die ganze spätere Entwicklung determiniert.

Am 10. März 1801 schrieb Schiller an Goethe, *Schelling* wolle *eine Deduction der verschiedenen Kunstgattungen a priori liefern*, worauf er, Schiller, *begierig* sei.[1] Diese Neuigkeit aus Jena, an dessen Universität Schelling dann im Winter 1802/03 seine *Philosophie der Kunst* las, mußte um so mehr nach Weimar gemeldet werden, als vier Jahre zuvor in zahlreichen Briefen Goethe und Schiller versucht hatten, über die Eigenart der epischen und der dramatischen Gattung sich Klarheit zu verschaffen. Schon der Umstand, daß sie dabei die lyrische Gattung übergehen konnten, zeigt, daß ihr Verfahren nicht das deduktive, sondern das induktive war. Es ging ihnen darum, die beiden Gattungen des Epos

1 *Briefwechsel*, Bd. II, Nr. 796. (Vgl. *Von der normativen zur spekulativen Gattungspoetik*, Nr. 2, S. 42, Anm. 35, und *Schellings Gattungspoetik*, Nr. 1, S. 187, Anm. 1.)

und des Dramas, die in ihren von Homer und Sophokles geprägten Formen ihnen noch immer gültige Muster zu sein schienen, auf den Begriff zu bringen; an ihnen wollten sie die Gesetze der beiden Gattungen begreifen, um in der eigenen Arbeit die Gefahr zu bannen, die Gattungen zu vermischen: Stoffe, die eine dramatische Behandlung erheischen, für ein Epos zu wählen, formale Momente, die dem Epos vorbehalten sind (etwa das Rückwärtsschreiten der Handlung), in einem Drama zu benutzen. Wenn dieser rekapitulierende Hinweis dem Reichtum des Briefwechsels zwischen Schiller und Goethe auch in keiner Weise gerecht werden kann, so macht er doch den Zusammenhang klar, der zwischen der deskriptiv-induktiven Methode einerseits und dem Klassizismus andererseits besteht. Nimmt man als Ausgangspunkt das einzelne Werk und leitet aus ihm Wesen und Gesetze der Gattung ab, so hat man ihm paradigmatische Geltung, Klassizität zuerkannt. Komplexer und darum auch weniger evident ist der Zusammenhang auf der anderen Seite: der zwischen dem deduktiven Verfahren und dem historischen Denken. Es ist ein Zusammenhang, der nicht so sehr logisch als geschichtlich bedingt ist. Nicht jede deduktiv-systematische Gattungspoetik ist historischen Wesens, ja: Systematik und Geschichtlichkeit scheinen sich primär eher auszuschließen, als daß eine die andere voraussetzen würde. Aber in der Geschichte der Ästhetik, und also auch auf dem besonderen Gebiet der Gattungspoetik, sind Deduktion und historisches Denken gleich ursprünglich, beide verdanken sich jener Überwindung der Aufklärung, die unter sehr viel mehr als nur die so bezeichnete Epoche einen Schlußstrich zog: mit ihr ging die Tradition der aristotelischen Wirkungsästhetik zu Ende.

Das Spannungsverhältnis von System und Geschichte bestimmt die Entwicklung der Gattungspoetik in der Goethezeit und im späteren 19. Jahrhundert; ihre Geschichte ist die Geschichte dieses Spannungsverhältnisses, die Geschichte der Versuche, die zunächst mehr aufgegebene als gegebene Vermittlung zu realisieren. Diese Versuche setzen bereits in den neunziger Jahren ein, insbesondere bei Friedrich Schlegel und Hölderlin. So ist denn die Jahrhundertwende zwar ein Markstein, aber nicht ein Neubeginn, und es dürfte sinnvoll sein, der Darstellung der Schellingschen Gattungspoetik einige Bemerkungen zu der aristotelischen Tradition und ihrer Überwindung bei Schlegel und Hölderlin vorauszuschicken.

Die Geschichte der Lehre von den Dichtungsgattungen von Aristoteles bis ins ausgehende 18. Jahrhundert läßt sich in diesem Rahmen freilich nicht nachzeichnen. Versteht man aber unter Gattungspoetik nicht die Lehre von den Gattungen, sondern die von der Einteilung der Dichtung in die drei Gattungen Epik, Lyrik, Dramatik, oder zugespitzter noch: die Lehre von ihrer Einteilbarkeit – und diese Bedeutung drängt sich auf, wenn man von der Gattungspoetik des 19. und 20. Jahrhunderts handelt –, so erscheint die aristotelische Tradition trotz der Vielfalt, die sie im Wechsel der Epochen – Renaissance, Barock, Aufklärung, um nur die letzteren vor der Goethezeit zu nennen – kennzeichnet, als Einheit, als das nämlich, was sich der eben angegebenen Definition der Gattungspoetik als einer deduktiv-systematischen nicht fügt.

Ich habe zu Beginn des vergangenen Semesters anhand der Untersuchung der Curtius-Schülerin Irene Behrens *Die Lehre von der Einteilung der Dichtkunst* auf einige charakteristische Züge dieser Tradition hingewiesen und sie an ausgewählten Beispielen zu erläutern versucht. Dabei zeigte sich, daß die Einteilung der Dichtung in drei Gattungen nur eine von vielen ist. Die These, daß es nur drei Dichtarten gebe: Epik, Lyrik und Dramatik, eine These, die allen spekulativ-deduktiven Poetiken der Goethezeit und der späteren Epochen zugrunde liegt, ist zwar nicht erst vom Deutschen Idealismus aufgestellt worden, hatte sich aber in all den voraufgehenden Jahrhunderten, nach dem Nachweis von Irene Behrens, nie gegen die konkurrierenden Lehren durchsetzen können; sie kann auch nicht als eine der wichtigeren bezeichnet werden, nur vereinzelt wird sie bald hier, bald da vertreten, ohne je den consensus für sich gewinnen zu können. Das hat Gründe, die vielfältiger Natur sind: Einmal ist darauf hinzuweisen, daß das, was heute unter Lyrik begriffen wird, weder in der Antike und Spätantike noch in den Jahrhunderten vor der Renaissance bis zur Goethezeit als eine Dichtart aufgefaßt wurde, die der dramatischen und der epischen an die Seite hätte treten können. Zwischen der Ode hohen Stils, dem Sonett, dem einfachen Lied lagen für die herkömmliche, auf strenge Rangordnung bedachte Poetik Welten, die nicht zufällig erst in einer Epoche unwichtig wurden, in der auch die beiden anderen Gattungen ihre Einheitlichkeit verloren: die Epik durch das Hinzukommen des Romans, die Dramatik durch neue Formen, die sich der Zweiteilung in Tragödie und Komödie nicht fügten, besonders also das bürgerliche Trauerspiel.

Ein zweites Moment, das der Lehre von den drei Gattungen den Weg zur Anerkennung verbaute, war die Existenz einer vierten Gattung, die seit der Spätantike von kaum einem Theoretiker übergangen wurde: die didaktische Poesie, insbesondere das Lehrgedicht, wie es etwa in des Lukrez *De rerum natura* vorliegt und paradigmatische Bedeutung erlangte. Die Lehre von den drei Dichtarten konnte sich darum erst durchsetzen, nachdem sich die Vorstellung von Natur und Daseinsberechtigung der didaktischen Poesie gewandelt hatte: auch dies steht, wie kaum gesagt zu werden braucht, im Zusammenhang der Überwindung der Aufklärung. Dabei muß der Ausschluß des Lehrgedichts als selbständiger Dichtart aus dem System der Poesie keineswegs eine kategorische Ablehnung bedeuten. Goethe, der 1827 in einem kurzen Aufsatz schreibt, es sei nicht zulässig, daß man zu den drei Dichtarten: der lyrischen, epischen und dramatischen, noch die didaktische hinzufüge, wies der didaktischen Dichtung zwar einen Platz außerhalb der eigentlichen Poesie, zwischen ihr und der Rhetorik, zu und meinte, *alle Poesie* solle *belehrend sein, aber unmerklich.*[2] Schelling dagegen, um dies vorwegzunehmen, widmet dem Lehrgedicht des Lukrez, das ihm nicht bloß ein Beispiel der Gattung, sondern *Ein absolutes Lehrgedicht* ist, ebenso scharfsinnige wie enthusiastische Seiten, auf denen es als eine besondere Form epischer Poesie deduziert wird.[3] Entscheidend ist also nicht so sehr ein neues ästhetisches Urteil, das über die didaktische Poesie in der nachaufklärerischen Zeit gefällt wird, als vielmehr die Neukonzeption der Gattungspoetik selbst. Diese Neukonzeption folgt jener Wende, die als Absage an die Wirkungsästhetik und Begründung der Gehaltsästhetik, genauer: einer Philosophie der Kunst, zu begreifen ist. Nur solange das Verständnis von Kunst auf deren Wirkung rekurriert, auf ein psychologisches Moment, dem auf der anderen Seite ein nicht minder Subjektives, die Intention des Verfassers, entspricht, kann die didaktische Poesie als eigenständige Gattung, kann das Belehrende als Gattungsmerkmal erscheinen. Lautet die Frage nicht mehr, in welcher Absicht das Lehrgedicht geschrieben wird und was mit dem geschieht, der es liest; fragt man vielmehr danach, was das Gedicht selber ist, was in ihm selber geschieht, so mag das Lehrgedicht, wie Schellings Ästhetik erweist, seinen Platz in der Poesie behaupten, wird aber einer der drei anderen Dichtarten, nämlich der epischen, subsumiert.

Die didaktische Poesie ist freilich nicht die einzige Gattung, die einer Dreiteilung der Dichtung lange Zeit im Wege stand, sie war aber eine der hartnäckigsten und hat selbst dort, wo die Lyrik als eine einzige Dichtart begriffen wurde – etwa in Diderots *Encyclopédie* und der Ramlerschen Bearbeitung von Batteux' Kunstlehre (1769) – neben der erzäh-

2 *Über das Lehrgedicht.* In: *Goethes Sämtliche Werke,* a.a.O. (Schriften zur Literatur 3), Bd. 38, S. 71.

3 *Philosophie der Kunst,* a.a.O., S. 308.

lenden, der dramatischen und der lyrischen Poesie die Rolle der vierten Gattung gespielt.

Das Nichtvorhandensein der Gattung Lyrik, das Vorhandensein der Gattung Didaktische Poesie – für viele Jahrhunderte die Lehre von den Dichtarten kennzeichnend – sind einzelne Gründe dafür, daß die uns heute selbstverständliche Dreiteilung lange Zeit nur sporadisch auftreten konnte. Grundsätzlicher [...]

Bibliographie

A. Primärtexte

Aristoteles, *Aristoteles Dichtkunst, ins Deutsche übersetzet, mit Anmerkungen, und besondern Abhandlungen, versehen*, v. Michael C. Curtius. Hannover 1755.

– *De arte poetica. Mit Einleitung, Text und Adnotatio critica, exegetischem Kommentar, Kritischem Anhang* [...] v. A. Gudemann. Berlin u. Leipzig 1934.

– *Poetik*. Übersetzung, Einleitung u. Anmerkungen v. O. Gigon. Stuttgart 1969.

Batteux, Ch., *Les Beaux Arts réduits à un même principe*. Erstausgabe Paris 1746. In: Ch. B., *Principes de la Littérature*. Bd. I. Repr. Genf 1967.

Cascales, F., *Tablas poeticas del lic. Francisco Cascales. Anãdese en esta II impresion: epistola Q. Horatii Flacci de arte poetica in methodum redacta, versibus Horatianis stantibus, ex diversis tamen locis ad diversa loca translatis, item novae in grammaticam observationes, item discurso de la cindad de Cartagena*, Madrid 1779.

Dante A., *La divina Commedia. – Die göttliche Komödie*. Italienisch und deutsch. Übers. v. H. Gmelin. 3 Bde. Stuttgart 1949. 2. Aufl. 1954/55.

– *Dantes Commedia*. [*La divina Commedia*.] Deutsch v. R. Borchardt. Hg. v. M. L. Borchardt unter Mitarbeit v. E. Zinn u. O. Ott. Stuttgart 1967.

– *Die Göttliche Komödie*. [*La divina Commedia*.] Deutsch v. Karl Vossler. München 1969.

Diomedes, *Ars grammatica*. Hg. v. H. W. Lawton. In: *Handbook of French Renaissance Dramatic Theory*. Manchester 1949.

Fichte, J. G., *Grundlage der gesamten Wissenschaftslehre* (1794). Neudr. auf der Grundl. der zweiten, v. Fr. Medicus hg. Aufl. v. 1922. Hamburg 1961.

– *J. G. Fichtes Briefwechsel*. Krit. Gesamtausg. in 2 Bden. Ges. u. hg. v. H. Schulz. Leipzig 1925.

Goethe, J. W., *Sämtliche Werke*. Jubiläumsausg. in 40 Bden. Stuttgart u. Berlin o. J.

– *Briefwechsel mit Friedrich Schiller*. Hg. v. E. Beutler. In: J. W. G., *Gedenkausgabe der Werke, Briefe und Gespräche*. Bd. 20. Zürich 1964.
(Die Numerierung der Briefe differiert von der von Sz. benutzten

und dieser Publikation zugrunde gelegten Gräf-Leitzmannschen Ausg. Vgl. Schiller, Fr., *Der Briefwechsel...*)

Gottsched, J. Chr., *Versuch einer Critischen Dichtkunst vor die Deutschen* [...] Leipzig 1730. Unveränderter photomech. Nachdr. der 4. Aufl. (Leipzig 1751). Darmstadt 1962.

Griepenkerl, Fr. K., *Lehrbuch der Aesthetik*. Braunschweig 1826.

Hegel, G. W. F., Werke. *Vollständige Ausgabe durch einen Verein von Freunden* [...] [Ph. Marheineke, J. Schulze u. a.] Berlin 1832 ff. Darin: *Aesthetik*. Hg. v. H. G. Hotho. Bd. 1 1835; Bd. 2 1837; Bd. 3 1838.

– Sämtliche Werke. Krit. Ausg. Hg. v. G. Lasson (fortgef. v. J. Hoffmeister). Leipzig 1911 ff.
Darin: Bd. 10a *Vorlesungen über die Ästhetik*. 1931.

– *Ästhetik*. Hg. F. Bassenge. Berlin 1955 (mit einem einführenden Essay von G. Lukács). Wieder aufgel. in 2 Bden. Berlin, Weimar u. Frankfurt a. M. o. J.

– *Briefe von und an Hegel*. Hg. v. J. Hoffmeister (2. unveränderte Aufl.) Bd. 1-4. Hamburg 1952-61.

Herder, J. G., *Sämtliche Werke*. Hg. v. B. Suphan. Reprograph. Nachdr. der Ausg. Berlin 1892. Hildesheim 1967.

Hölderlin, Fr., *Sämtliche Werke. Große Stuttgarter Ausgabe*. Hg. v. F. Beißner. Stuttgart 1943 ff.

Horaz (Horatius Flaccus Quintus), *Horace on the Art of Poetry* [*De Arte poetica*]. Lateinischer Text, englische Prosaübersetzung und Anmerkungen sowie Ben Jonsons englische Versübersetzung. Hg. v. H. Blakeny (1928). Repr. Freeport, N. Y. 1970.

Jonson, Ben, *Discoveries* (1641). *Conversations with William Drummond of Hawthornden 1619*. Repr. New York 1966.

– *Ben Jonson's Literary Criticism*. Hg. v. D. Redwine. Lincoln 1970.

Kant, I., *Kritik der Urteilskraft*. Berlin u. Libau. Neudr. der Vorländerschen Ausg. v. 1924. Hamburg 1959.

Milton, J., *Of Education*. In: *The Works of John Milton*. New York 1931-40. Bd. 4.

Minturno, A. S., *L'Arte poetica* (1564). Nachdr. München 1971 (*Poetiken des Cinquecento 6.*).

Pindar (Pindaros), *Siegeslieder* [*Epinikia*]. Deutsche Übertragungen, zusammengest. v. U. Hölscher. Frankfurt a. M. 1962.

Platon, *Politeia* (*Der Staat*). Nach der Übersetzung von Fr. Schleiermacher, mit der Stephanuspaginierung. In: P., *Sämtliche Werke*. Hg. W. F. Otto, E. Grassi, G. Plamböck. Hamburg 1959.

Proklos (Proclus Diadochus), *Procli Fragmenta Chrestomathia*. Brüssel 1962.

– *Chrestomathia grammatica*. (Ausz., griech. u. franz.) Paris 1963. In: Severnys, A., *Recherches sur la Chresthomathie de Proclos*.

Ramler, K. W., *Kurzgefaßte Einleitung in die schönen Künste und Wissenschaften.* Görlitz 1798.

– *C. W. Ramlers Einleitung in die schönen Wissenschaften. Nach dem Französischen des Herrn Batteux, mit Zusätzen vermehret.* Bd. 1-4. Leipzig 1756-58; 4. Aufl. 1774.

Robortello, Fr., *In librum Aristotelis De arte poetica Explicationes. Paraphrasis in librum Horatii, qui vulgo De arte poetica ad Pisones inscribitur.* (1548) Nachdr. München 1968. (*Poetiken des Cinquecento 8.*).

Scaliger, J. C., *Poetices libri VII.* Faks.-Neudr. der Ausg. von Lyon 1561. Mit einer Einl. von A. Buck. Stuttgart–Bad Cannstatt 1964.

Sidney, Ph., Sir, *The defence of poesie.* In: S. P. S., *The prose works of Sir Philip Sidney.* Hg. v. A. Feuillerat. Repr. Bd. 1-4. Cambridge 1962.

Schelling, F. W. J., *Schellings Werke.* Nach der Originalausg. in neuer Anordnung hg. v. M. Schröter. (Unveränderter Neudr. der 1927 erschienenen Münchener Jubiläumsausgabe.) München 1965.

– *Philosophie der Kunst* (1802/03). Unveränderter photomech. Nachdr. der aus dem handschr. Nachlaß hg. Ausg. v. 1859. Darmstadt 1960.

– *System des transzendentalen Idealismus.* Hg. v. R.-E. Schulz. Hamburg 1957.

Schiller, Fr., *Schillers Werke. Nationalausgabe.* Hg. (seit 1961) v. L. Blumenthal u. B. v. Wiese. Weimar 1943 ff.

– *Der Briefwechsel zwischen Schiller und Goethe,* im Auftrag des Goethe- und Schiller-Archivs nach den Handschriften herausgegeben von H. G. Gräf und A. Leitzmann. 3 Bde. Leipzig 1912.

Schlegel, A. W., *Kritische Schriften und Briefe I. Sprache und Poetik.* Hg. v. E. Lohner. Stuttgart 1962.

Schlegel, Fr., *Friedrich Schlegel 1794-1802. Seine prosaischen Jugendschriften.* Hg. v. J. Minor. 2 Bde. Wien 1882; 2. Aufl. Wien 1906.

– *Kritische Friedrich-Schlegel-Ausgabe.* Hg. v. E. Behler unter Mitwirkung v. J. Anstett u. H. Eichner. Paderborn–München–Wien 1958 ff.

– *Literary Notebooks 1797-1801.* Hg. v. H. Eichner. London 1957.

Schlegel, J. A., *Von der Einteilung der Poesie, beigefügt Batteux Einschränkung der schönen Künste auf einen einzigen Grundsatz.* Leipzig 1751.

Schleiermacher, Fr. D. E., *Schleiermachers Leben in Briefen.* Zum Druck vorber. v. L. Jonas, nach dessen Tod hg. v. W. Dilthey. 3 Bde. Berlin 1861.

Wolf, Fr. A., *Prolegomena ad Homerum sive de operum Homericorum prisca et genuina forma variisque mutationibus et probali ratione emendandi.*
Scripsit Frid. Aug. Wolfius. (Cur Rudolfus Peppmüller. Adiectae sunt epistolae Wolfii ad Heynium scriptae). Reprogr. Nachdr. der 3. Aufl. Halle 1884. Hildesheim 1963.

B. Sekundärliteratur

Adorno, Th. W., *Philosophie der neuen Musik.* Tübingen 1949. Neuausgabe: Frankfurt a. M. 1958 (1969).

Barrault, J.-L., *Phèdre, Mise en scène et commentaires.* Paris 1946. 2. Aufl. 1972.

Behrens, I., *Die Lehre von der Einteilung der Dichtkunst. Vornehmlich vom 16. bis 19. Jahrhundert. Studien zur Geschichte der poetischen Gattungen. (Beihefte zur Zeitschrift für romanische Philologie 92.* Halle a. d. Saale 1940.)

Benjamin, W., *Ursprung des deutschen Trauerspiels.* Berlin 1928; revidierte Ausgabe, besorgt v. R. Tiedemann. Frankfurt a. M. 1963.

Brinkmann, R., *Romantische Dichtungstheorie in Friedrich Schlegels Frühschriften und Schillers Begriffe des Naiven und Sentimentalischen.* In: *Deutsche Vierteljahresschrift für Literaturwissenschaft und Geistesgeschichte 32* (1958), S. 346 f.

Creizenach, W., *Geschichte des neueren Dramas.* 2. Aufl., Halle 1911.

Croce, B., *Estetica come scienza dell' espressione e linguistica generale. Teoria e storia.* Bari 1902. Deutsch: *Ästhetik als Wissenschaft des Ausdrucks und allgemeine Linguistik. Theorie und Geschichte.* Leipzig 1905.

– *Gesammelte philosophische Schriften in deutscher Übertragung.* Hg. v. H. Feist. Reihe 1: *Philosophie des Geistes.* Bd. 1: *Ästhetik als Wissenschaft vom Ausdruck und allgemeine Sprachwissenschaft.* Nach der 6., erweit. italien. Aufl. übertr. v. H. Feist u. R. Peters. Tübingen 1930.

Freud, S., *Der Mann Moses und die monotheistische Religion.* In: S. F., *Gesammelte Werke,* Bd. XVI. London 1950.

Habermas, J., *Das Absolute und die Geschichte. Von der Zwiespältigkeit in Schellings Denken.* Bonn 1954 (Photomech. Nachdr.).

Jähnig, D., *Schelling. Die Kunst in der Philosophie.* Bd. I: *Schellings Begründung von Natur und Geschichte.* Bd. II: *Die Wahrheitsfunktion der Kunst.* Pfullingen 1966.

Jauß, H. R., *Schlegels und Schillers Replik auf die »Querelle des Anciens et des Modernes«.* In: *Europäische Aufklärung,* Festschrift für Herbert Dieckmann. München 1966. Wieder abgedr. in: H. R. J., *Literaturgeschichte als Provokation.* Frankfurt a. M. 1970.

Kroner, R., *Von Kant bis Hegel.* 2 Bde. Tübingen 1921-24; 2. Aufl. (2 Bde. in einem Bd.) Tübingen 1961.

Kuhn, H., *Die Vollendung der klassischen deutschen Ästhetik durch Hegel.* Berlin 1931. Wieder abgedr. in: H. K., *Schriften zur Ästhetik.* München 1966.

Lukács, G., *Die Theorie des Romans. Ein geschichtsphilosophischer Versuch über die Formen der großen Epik.* Berlin 1920; 3. unveränd. Aufl. Neuwied und Berlin 1965.

– *Der Briefwechsel zwischen Schiller und Goethe.* In: G. L., *Goethe und seine Zeit.* Bern 1947; 2. erw. Aufl. Berlin 1950 (in neuer Ausstattung, Berlin 1953).

Markwardt, B., *Geschichte der deutschen Poetik.* Bd. I: *Barock und Frühaufklärung.* Berlin und Leipzig 1937. Bd. II: *Aufklärung, Rokoko, Sturm und Drang.* Berlin 1956. Bd. III: *Klassik und Romantik.* Berlin 1958 (*Grundriß der germanistischen Philologie 13/I-III*).

Muschg, W., *Tragische Literaturgeschichte.* Bern 1948.

Petersen, J., *Zur Lehre von den Dichtungsgattungen.* In: Festschrift für A. Sauer. Stuttgart 1925, S. 72-116.

Ryan, L. J., *Hölderlins Lehre vom Wechsel der Töne.* Stuttgart 1960.

Saintsbury, G., *A History of Criticism and Literary Taste in Europe.* 3 Bde. Edinburgh 1900-04. Neudruck 1949.

Sarraute, N., *L'Ere du Soupçon. Essais sur le roman.* Paris 1959. Deutsch: *Das Zeitalter des Argwohns.* Köln, Berlin 1963.

Scherpe, K. R., *Gattungspoetik im 18. Jahrhundert. Historische Entwicklung von Gottsched bis Herder.* Stuttgart 1968.

Sengle, Fr., *Die literarische Formenlehre. Vorschläge zu ihrer Reform.* Stuttgart 1967. (*Dichtung und Erkenntnis I.*)

Smith, G., *Elizabethan Critical Essays.* Oxford 1904.

Staiger, E., *Grundbegriffe der Poetik.* Zürich u. Freiburg i. Br. 1946; 6. Aufl. Zürich 1963.

Szondi, P., *Versuch über das Tragische.* Frankfurt a. M. 1961.

– *Hölderlin-Studien. Mit einem Traktat über philologische Erkenntnis.* Frankfurt a. M. 1967. 2. Aufl. 1970.

– *Antike und Moderne in der Ästhetik der Goethezeit.* In: P. Sz., *Poetik und Geschichtsphilosophie I, Studienausgabe der Vorlesungen Bd. II.* Frankfurt a. M. 1974.

Walser, J. P., *Hölderlins Archipelagus.* Zürich 1962.

Warren A., Wellek, R., *Theory of Literature.* New York 1942.

Deutsch: *Theorie der Literatur.* Aus dem Engl. übertr. v. E. u. M. Lohner. Bad Homburg 1959.
Wunderlich, D., *Tempus und Zeitreferenz im Deutschen.* München 1970.

Verzeichnis der Abkürzungen

JS = *Friedrich Schlegel 1794-1802. Seine prosaischen Jugendschriften.* Hg. J. Minor. 2 Bde. Wien 1882; 2. Aufl. 1906.
KA = *Kritische Friedrich-Schlegel-Ausgabe.* Hg. E. Behler unter Mitwirkung v. J.-J. Anstett u. H. Eichner. Paderborn–München–Wien 1958 ff.
LN = Friedrich Schlegel, *Literary Notebooks 1797-1801.* Hg. H. Eichner. London 1957.
StA = Fr. Hölderlin, *Sämtl. Werke. Große Stuttgarter Ausgabe,* Hg. F. Beißner. Stuttgart 1943 ff.
Briefwechsel = *Der Briefwechsel zwischen Schiller und Goethe,* im Auftrag des Goethe- und Schiller-Archivs nach den Handschriften herausgegeben von H. G. Gräf und A. Leitzmann. 3 Bde. Leipzig 1912.

Register zu den Vorlesungen

Sachregister

Inhalt

Von der normativen zur spekulativen Gattungspoetik

Schellings Gattungspoetik

stw 21 Victor Erlich
Russischer Formalismus
Aus dem Englischen von Marlene Lohner
Mit einem Geleitwort von René Wellek
Etwa 410 Seiten
»Erlichs Buch ist die einzige umfassende Darstellung des russischen Formalismus in einer westlichen Sprache ... (es) ist eine vorzügliche, authentische Studie über eine Gruppe von Schriftstellern und ein zusammenhängendes Gedankengebäude, die jedem Literaturwissenschaftler bekannt sein sollte.« *René Wellek*

stw 22 *Seminar: Politische Ökonomie*
Zur Kritik der herrschenden Nationalökonomie
Herausgegeben von Winfried Vogt
334 Seiten
Dieser Band repräsentiert die Breite der Kritik an der herrschenden bürgerlichen Nationalökonomie. Die vertretenen Positionen reichen von der Keynesschen Theorie über eine pragmatische Richtung bis hin zur marxistischen Kritik. Von hier aus wird man sehen müssen, inwieweit eine übergreifende theoretische Konzeption möglich ist.

stw 23 Theodor W. Adorno
Philosophische Terminologie Bd. 1
Herausgegeben von Rudolf zur Lippe
240 Seiten
In der »Philosophischen Terminologie« schlägt Adorno den Weg ein, zentrale Begriffe der Philosophie historisch und thematisch zu untersuchen. Die Begriffsanalysen führen in das Denken Adornos, gleichzeitig aber auch in die Kritische Theorie ein.

stw 24 Hans Blumenberg
Der Prozeß der theoretischen Neugierde
Erweiterte und überarbeitete Neuausgabe
von »Die Legitimität der Neuzeit«, dritter Teil
320 Seiten
Die bestimmenden Attribute der Neuzeit leiten sich aus der humanen Selbstbehauptung gegenüber dem theologi-

schen Absolutismus des ausgehenden Mittelalters her. Zur Begründung dieser These wird der Prozeß der Diskriminierung und Rehabilitierung der »theoretischen Neugierde« von der Antike bis zum Ende des 18. Jahrhunderts verfolgt.

stw 25 Thomas S. Kuhn
Die Struktur wissenschaftlicher Revolutionen
Aus dem Amerikanischen von Kurt Simon
227 Seiten
Fortschritt in der Wissenschaft – das ist Kuhns These – vollzieht sich nicht durch kontinuierliche Veränderung, sondern durch revolutionäre Prozesse: Ein bisher geltendes Erklärungsmodell wird verworfen und durch ein anderes ersetzt. Diesen Vorgang bezeichnet sein berühmt gewordener Terminus »Paradigmenwechsel«.

stw 26 Heinrich Zimmer
Philosophie und Religion Indiens
Aus dem Amerikanischen von Lucy Heyer-Grote
597 Seiten
»Es ist das vollständigste und zugleich intelligenteste Buch über die außerordentlich reiche und komplexe Philosophie Indiens, das je geschrieben wurde.« *New York Times*

stw 27 Jean Piaget
Das moralische Urteil beim Kinde
Aus dem Französischen von Lucien Goldmann
463 Seiten
Piaget zeigt, welche Bedeutung in der Entwicklung des moralischen Urteils den gegenseitigen Beziehungen zwischen gleichgestellten Kindern, also dem Solidaritäts- und Verantwortungsbewußtsein, zukommt.

stw 28 George Herbert Mead
Geist, Identität und Gesellschaft
Mit einer Einleitung von Charles W. Morris
Aus dem Amerikanischen von Ulf Pacher
456 Seiten
Mind, Self and Society ist *der* Klassiker der Sozialpsychologie. Das postum aus Vorlesungsnachschriften veröffentlichte Werk verschmilzt »einen von einem moralischen Ethos idealistischer Vernunft beseelten Pragmatismus mit Evolutionismus und einem sozial interpretierten Behaviorismus«. *Helmut Kuhn*

stw 30 *Seminar: Die Entstehung von Klassengesellschaften*
Herausgegeben von Klaus Eder
384 Seiten
Mit der Entwicklung von der »menschlichen Naturgeschichte« zur »menschlichen Vorgeschichte« befassen sich so renommierte Autoren wie Sahlins, Moscovici u. a. Ihre Beiträge sind Ansätze zu einer Theorie der Genese und Struktur von Klassengesellschaften.

stw 31 Alfred Lorenzer
Sprachzerstörung und Rekonstruktion
Vorarbeiten zu einer Metatheorie der Psychoanalyse
248 Seiten
Lorenzers Versuch einer wissenschaftstheoretischen Bestimmung des psychoanalytischen Vorgehens nimmt seinen Ausgang von dem alten Gegensatz von »Erklären« und »Verstehen«. Aus der Untersuchung der psychoanalytischen Operationsschritte wird eine Metatheorie entwickelt, die die Züge einer Sprachanalyse annimmt: Neurose erweist sich als »Sprachzerstörung« und die psychoanalytische Therapie als Rekonstruktion von Sprache.

stw 33 Georg Lukács
Der junge Hegel
896 Seiten
Lukács' Studie untersucht Hegels Auffassung von der Dialektik der menschlichen Gesellschaft in ihrer Entwicklung von den Jugendschriften bis zur Phänomenologie des Geistes. Mit scharfsinniger Polemik gegen die bürgerliche Hegelforschung deckt er ideologiekritisch die idealistischen Züge dieser Dialektik auf. Dabei geht es Lukács um den inneren Zusammenhang von Philosophie und Ökonomie.

stw 34 W. Ross Ashby
Einführung in die Kybernetik
Aus dem Englischen von Jörg Adrian Huber
ca. 400 Seiten
Die Einführung in die Kybernetik ist eines der Standardwerke der jungen Wissenschaft Kybernetik, nicht zuletzt durch des Autors didaktisches Geschick der Grundlagenvermittlung. Ashby vermeidet es, für den Laien unnötig verwirrende Bereiche der Elektronik und der höheren Mathematik in seine Einführung einzubeziehen und verwendet statt dessen allgemeinverständliche Beispiele aus dem Alltag.

stw 35 Ernst Bloch
Geist der Utopie
Unveränderter Nachdruck der bearbeiteten Neuauflage der 2. Fassung von 1923
351 Seiten
Geist der Utopie ist ein Manifest gegen die Leere, Ungläubigkeit und Hohlheit dieser Zeit; es ist die beschwörende Proklamation eines neuen, reichen, frommen Lebens. Von einer Verzweiflung über die Barbarei des Krieges getrieben, eifert Bloch für eine umfassende Revolution, deren politischer Aspekt zwar conditio sine qua non ist, die aber weit darüber hinaus in ein neues Zeitalter führen soll.

stw 36 Reinhart Koselleck
Kritik und Krise
Ein Beitrag zur Pathogenese der bürgerlichen Welt
248 Seiten
Die Frage nach dem Zusammenhang von Kritik und Krise ist geschichtlich und aktuell zugleich. Die Untersuchung umspannt den Zeitraum von den religiösen Bürgerkriegen bis zur Französischen Revolution. Die hypokritischen Züge der Aufklärung werden begriffsgeschichtlich und ideologiekritisch herausgearbeitet. Dabei stoßen wir auf die politischen Grenzen der Aufklärung, die ihr Ziel verfehlt, sobald sie zur reinen Utopie gerinnt.

stw 37 Siegfried Bernfeld
Sisyphos oder die Grenzen der Erziehung
156 Seiten
Bernfeld macht Marx und Freud zu »Schutzpatronen der neuen Erziehungswissenschaft«. Er will, wenn möglich, den Determinismus der Vererbungslehre, der Konstitutionsforschung, der Psychoanalyse, des Darwinismus und den der Klassenlage überwinden. *Klaus Horn*

stw 38 *Seminar: Ideen und Interessen*
Studien zu Max Webers »Protestantischer Ethik«
Herausgegeben von Constans Seyfarth und Walter M. Sprondel
ca. 360 Seiten
Die Zusammenstellung neuerer Beiträge zu Max Webers »Protestantischer Ethik« zielt auf die Klärung verschiedener Aspekte der Beziehung Webers zum Marxismus, der

Komplexität der Genese des kapitalistischen Systems, der Argumente, die in die Richtung einer allgemeinen Theorie soziokultureller Wandlungsprozesse weisen und schließlich der heute höchst aktuellen Frage von Schwellen der soziokulturellen Evolution.

stw 39 Michel Foucault
Wahnsinn und Gesellschaft
Eine Geschichte des Wahns im Zeitalter der Vernunft
Aus dem Französischen von Ulrich Köppen
562 Seiten
Michel Foucault erzählt die Geschichte des Wahnsinns vom 16. bis zum 18. Jahrhundert. Er erzählt zugleich die Geschichte seines Gegenspielers, der Vernunft, denn er sieht die beiden als Paar, das sich nicht trennen läßt. Der Wahn ist für ihn weniger eine Krankheit als eine andere Art von Erkenntnis, eine Gegenvernunft, die ihre eigene Sprache hat oder besser: ihr eigenes Schweigen.

stw 40 Peter Szondi
Poetik und Geschichtsphilosophie 1
Antike und Moderne in der Ästhetik der Goethezeit
Hegels Lehre von der Dichtung
Herausgegeben von Hans-Hagen Hildebrandt
und Senta Metz
537 Seiten
In den Vorlesungen dieses Bandes betrachtet Szondi anhand des Verhältnisses von Antike und Moderne die ästhetische Theorie der Epoche, die etwa als Zeitalter Goethes umschrieben werden kann. Die Darstellung hält die entscheidenden Impulse fest, die den Weg bestimmen, der von der normativen Aufklärungspoetik zur Philosophie der Kunst in den Systemen des deutschen Idealismus führt.

stw 41 C. B. Macpherson
Die politische Theorie des Besitzindividualismus
Von Hobbes bis Locke
Aus dem Englischen von Arno Wittekind
348 Seiten
Macphersons Untersuchung gilt dem Problem einer gesicherten theoretischen Grundlage für den liberal-demokratischen Staat. Als gemeinsame Voraussetzung der englischen politischen Theorie von Hobbes bis Locke erkennt er einen auf Besitz gegründeten und am Besitz orientierten Individualismus.

stw 42 Noam Chomsky
Aspekte der Syntax-Theorie
Aus dem Amerikanischen übersetzt und herausgegeben von einem Kollektiv unter der Leitung von Ewald Lang, Arbeitsstelle Strukturelle Grammatik, Deutsche Akademie der Wissenschaften, Berlin
314 Seiten
In dem Buch wird der Versuch unternommen, jenen Teil einer linguistischen Theorie zu entwerfen, der sich auf die syntaktische, die den Bau des Satzes betreffende Komponente bezieht. Unter der von Chomsky beschriebenen »generativen Grammatik« ist ein System von Regeln zu verstehen, mit denen eine beliebige Zahl von Sätzen erzeugt werden kann. Jeder Sprecher hat sich eine solche generative Grammatik offenbar vollständig angeeignet.

stw 43 Robert Minder
Glaube, Skepsis und Rationalismus
Dargestellt aufgrund der autobiographischen Schriften von Karl Philipp Moritz
294 Seiten
Minders Arbeit gilt als Wendepunkt in der Moritz-Forschung. Er entdeckte damit gewissermaßen einen Zeitgenossen Goethes neu, der ganz zu Unrecht immer gegenüber der Popularität der idealistischen Klassik im Hintergrund blieb. An den Werken von Moritz zeigt Minder nicht nur dessen literarische Qualität und aufklärerischen Impetus, es entsteht auch ein Bild des sektiererischen Kleinbürgertums im ausgehenden 18. Jahrhundert.

stw 44 Rudolf Bilz
Studien über Angst und Schmerz
Paläoanthropologie Band I/2
330 Seiten
Paläoanthropologie: das ist für Bilz die Lehre vom Menschen, der als eigene Art gesehen wird, aber als eine Art, die sozusagen noch nicht fertig ist. Das besondere Interesse von Bilz gilt den Verhaltensähnlichkeiten zwischen Mensch und Tier in typischen Situationen, ohne daß doch vorschnell vom Tier auf den Menschen geschlossen würde.

stw 52 Karl Griewank
Der neuzeitliche Revolutionsbegriff
Entstehung und Entwicklung
Aus dem Nachlaß herausgegeben von

Ingeborg Horn-Staiger
Mit einem Nachwort von Hermann Heimpel
271 Seiten
Karl Griewank war der erste Historiker, der den spezifischen Revolutionsbegriff der Neuzeit herausgearbeitet hat. Es geht ihm dabei nicht um eine Begriffsbestimmung, sondern um die Geschichte des Revolutionsverständnisses seit dem Beginn der sogenannten Neuzeit im Bewußtsein der Beteiligten und historischen Beobachter.

stw 54 Barrington Moore
Soziale Ursprünge von Diktatur und Demokratie
Die Rolle der Grundbesitzer und Bauern
bei der Entstehung der modernen Welt
Aus dem Amerikanischen von Gert H. Müller
635 Seiten
Soziologie von Marx bis Max Weber stand. Er versucht, Moores Buch knüpft an die Tradition soziologischer Analysen von geschichtlichen Zusammenhängen an, in der die die politische Rolle zu erklären, die landbesitzende Oberschicht und Bauernschaft bei der Umwandlung der Agrargesellschaften zu modernen Industriegesellschaften gespielt haben.

stw 76
Die Interpretation
Ein Versuch über Freud
564 Seiten
Aus dem Französischen von Eva Moldenhauer
Die Beziehung von Psychoanalyse und Sprache ist der Gegenstand von Ricoeurs umfangreicher Freud-Analyse. Er untersucht die hermeneutischen Prozesse der Psychoanalyse, in denen es um Entmystifizierung und Illusionsabbau geht. Unter diesem Aspekt stellt er Freud an die Seite von Marx: Ihnen gemeinsam sei die Intention, Bewußtsein als falsches zu entlarven, um mit der Kunst der Interpretation zu einer authentischen Sprache zu gelangen.

Alphabetisches Verzeichnis der suhrkamp taschenbücher wissenschaft